Wolfgang Bauer

Bruchzone

Krisenreportagen

Suhrkamp

Erste Auflage 2018
edition suhrkamp
Sonderdruck
Originalausgabe
© Suhrkamp Verlag Berlin 2018
Alle Rechte vorbehalten, insbesondere das
der Übersetzung des öffentlichen Vortrags
sowie der Übertragung durch Rundfunk
und Fernsehen, auch einzelner Teile.
Kein Teil des Werkes darf in irgendeiner Form
(durch Fotografie, Mikrofilm oder andere Verfahren)
ohne schriftliche Genehmigung des Verlages
reproduziert oder unter Verwendung
elektronischer Systeme verarbeitet,
vervielfältigt oder verbreitet werden.
Satz: Satz-Offizin Hümmer GmbH, Waldbüttelbrunn
Druck: CPI – Ebner & Spiegel, Ulm
Printed in Germany
ISBN 978-3-518-07392-6

Inhalt

Vorwort

An der Front bin ich eine Witzfigur. Ich stolpere in Raqqa über die Trümmer auf der Straße. Ich knicke um, stoße gegen Mauern, komme in der Hitze schnell außer Atem. Wie ein fetter Pinguin versuche ich mich auf die Ladefläche des Kleinlasters zu wuchten, mit dem wir eine vierspurige Straße überqueren wollen. Mit Vollgas wollen wir über sie fahren, da sie im Schussfeld der Scharfschützen des Islamischen Staates (IS) liegt. Wir müssen uns beeilen, doch ich komme nicht auf den Laster, habe nicht genug Kraft, mich hinaufzuziehen. Meine Hände krallen sich fest, meine Füße zappeln. Die schwere Schutzweste zieht mich immer wieder hinunter. Die Kämpfer der kurdischen Volksverteidigungseinheiten stehen im Halbkreis um mich herum und lachen. Sie filmen mich mit ihren Handykameras und werden die Aufnahmen hinterher einander zeigen. Mit brüllendem Lachen. Der Pinguin an der Front. Der deutsche Reporter im Krieg.

Dieses Buch handelt nicht vom Mythos des Kriegsreporters, es doziert auch nicht politologisch über die wahren Gründe der Krisen im Nahen Osten oder im Pazifikraum, es will mehr.

Raqqa, Nordsyrien, die Stadt, die der Islamische Staat zu seiner Hauptstadt gemacht hat, September 2017. Seit drei Monaten bombardieren die Amerikaner den Ort, kurdisch-arabische Milizen dringen auf dem Boden vor. Der IS wehrt sich mit Autobomben und Scharfschützen. Die meisten Häuser sind zu Skeletten aus Beton und Metall zerschossen. Die ganze Stadt ein Gerippe. Darin Fliegen, Fliegen in allen Größen, je näher die Front, desto größer die Zahl der Fliegen, überall Müll, an manchen Stellen liegt er meterhoch. Dieser süßliche Geruch, Verwesungsgeruch, trockenes Blut auf Häuserwänden, Kleidungsfetzen mit bleichen Knochen darin, aufgeschüttete Wälle mit Blindgängern gespickt, Löcher, die in die Fußböden der Häuser gebrochen wurden, die Ausgänge von Tunneln, aus denen nachts der Feind kommt, weit hinter der Front, um seinen Gegner zu überraschen und zu töten, das Glas, das unter den Füßen knirscht, die Plastikflaschen, die den Boden bedecken, die hier absichtlich verstreut wurden, damit jeder Schritt nachts ein lautes Knacken erzeugt.

Ein Ort jenseits jeder Vorstellung. Die Gewalt des Krieges formt sich die Welt nach ihrem Ebenbild. Ich gehe durch Raqqa, der Schweiß rinnt in Schüben über mich. Mein Körper löst sich auf. Ich bin Wasser, Wasser und noch einmal Wasser. Und Wasser erinnert sich an nichts. Ich gehe durch die Straßen von Raqqa, die zu Gesteinshalden geworden sind, ein Gefühl, als liefe ich über die Oberfläche eines fremden Planeten. Aber es ist kein fremder Planet, es ist unserer.

Ich schreibe diese Zeilen, jetzt, einige Monate später in Rudolstadt, einer Kleinstadt in Thüringen, wohin ich mich für dieses Buch zurückgezogen habe, und ich merke, dass ich mich bereits seit zwei Tagen an diesem Vorwort abarbeite. Dabei hatte ich mir vorgenommen, es in zwei Stunden zu schaffen. Und jetzt zwei Tage. In einem leeren Hotelzimmer, umgeben nur von Notizen, Büchern, den Magazinen, ringe ich mit den Worten, die doch immer nur die falschen sind, zu vage, zu unehrlich, zu schwach.

Wie finde ich die Sprache, um das Grauen begreiflich zu machen, wenn mir schon die Sprache fehlt, selbst das Grauen zu verstehen. Wie fasse ich diese Angst in Sprache? Die Angst, die Millionen von Menschen prägt, ganze Generationen. Wie beschreibe ich den enormen Hass, den diese Angst gebärt? Wie die kleine schreckliche schwarze Verhärtung irgendwo in der Brust, die der Mensch im Extremen seiner Existenz fühlt, die immer größer wird, zur Panik wird oder zur entsetzlich vernichtenden Wut? Der Nährstoff ganzer Kriege.

Nie in den letzten Jahrzehnten war es so wichtig, von den Kriegen zu erzählen. In den Tagen von AfD und FPÖ und Trump und dem Front National droht uns die Sensibilität dafür abhandenzukommen, was um uns herum in der Welt passiert. Viel zu früh geben wir uns wieder mit Gerüchten zufrieden, mit nicht überprüfbaren Agenturmeldungen, obskuren Internetquellen. Wir leben wieder in einer Zeit, in der uns nur die eigene Angst interessiert und wir uns von dieser Angst lähmen lassen. Wir nehmen die Welt so wahr, wie wir sie wahrnehmen wollen. Wir richten uns in festen Gedankengebäuden ein. Ich will diese niederreißen. Die Reportagen in diesem Buch sollen wenigstens kleine Risse in sie treiben. Das System der zu raschen Urteile sabotieren.

Dieses Buch versteht sich als eine Art Frühwarnsystem. Die hier versammelten Reportagen, die zwischen 2010 und 2017 entstanden sind, erkunden die Zone, in der unsere Welt zerbricht oder gar schon zerbrochen ist. Sie versuchen die Brüche auszuleuchten, wie Klüfte im Gestein, ihre Tiefe festzustellen, ihre Ausmaße, ihre Verzweigungen. Diese Bruchzone ist der Ort der Umwälzung und Veränderung, dort beginnt, dort platzt auf, was uns kurz darauf auch in Europa und Amerika erfasst.

Die Reisen, die ich für diese Reportagen unternehme, führen mich meistens an die Ränder unserer heutigen Machtzentren. Meine Ziele sind die Sümpfe des Südsudans, die Täler Afghanistans oder die Plattenbauwüste des russischen Ischewsk. Die Kartografen des Mittelalters haben früher diese Gegenden mit dem Schriftzug *hic sunt dracones* übermalt. »Hier sind Drachen«. Darüber schmunzeln wir heute. Aber sind wir ehrlich: Viel mehr als damals wissen wir auch heute nicht über die Ränder unserer Welt. Die Erkundung der Peripherie unseres Weltbildes überlassen wir größtenteils unseren Geheimdiensten. Ihre Fremdheit überwältigt uns noch immer, sie erschüttert uns in unseren Grundfesten.

Die Angst vor »Monstern und Wundern« kann auch im 21. Jahrhundert Regierungen stürzen und Demokratien ins Wanken bringen. Immer noch wissen wir wenig von den Ländern, in denen die Drachen wohnen.

Dieses Buch erzählt von den gesellschaftlichen Umbrüchen in Afghanistan und wie brisant dort die Liebe sein kann, von der Hoffnung junger syrischer Demonstranten, die sich zu Beginn der Aufstände 2011 jeden Abend zusammenschießen lassen, ich habe in meinem Leben nie eine solche Zivilcourage erlebt. Es erzählt von der Magie der Nuba-Berge und dem Verdacht, dass dort seit Kurzem Giftgas eingesetzt wird, wie seit dem Syrien-Krieg in vielen Regionalkonflikten. Die Tragödie des Mohamed Aden, Präsident eines zentralsomalischen Bundesstaates, der das Gute wollte, aber das Schlechte erreichte, vom namenlosen Mörder in Russland, dem schlimmsten noch nicht gefassten Serienkiller auf der Welt, der alte Frauen mordet, aus der reinen Lust, zu töten. Ich habe drei Wochen lang nur aus einem einzigen Grund seine Geschichte recherchiert. Ich wollte wissen, wieso der Mensch beim Morden manchmal diese Lust empfindet. Eine Lust, die so stark ist, dass sie sogar abhängig machen kann.

Das Buch beschreibt den Alltag in Waziristan, wo US-Piloten mit ihren Drohnen töten, ohne jemals die oft viel zu jungen Gesichter ihrer Opfer zu sehen, es erzählt von den 13 Monaten, die der pakistanische Kapitän Ibrahim und seine Mannschaft in somalischer Geiselhaft leben mussten, und schließlich erzählt es von Fatmata in Sierra Leone, einer der tapfersten Frauen, die ich je kennenlernen durfte. Denke ich in meinem Leben an den Schmerz, denke ich an Fatmata.

Die Reihenfolge der Texte ist weder chronologisch noch geografisch geordnet. Die Logik der Abfolge ist eine emotionale. Sie mäandriert an der Schmerzgrenze entlang in der Hoffnung, dass sie nicht überschritten wird, wenigstens nicht zu oft.

Am Ende der Gasse in Raqqa, aus der ich im September 2017 über den Krieg gegen den IS berichte, treffen wir in einem vierstöckigen Wohnblock, in einem höhlenartigen Raum, auf den Jungen, den das Cover dieses Buches zeigt. Ein arabischer Kämpfer, vielleicht 16 Jahre alt, von den Kurden für den Kampf gegen den IS zwangsrekrutiert. Er gehört zu einer kleinen Gruppe von Milizionären, die mit Mühe die letzte Nacht überlebt haben. Die Nacht gehört dem IS, der Tag seinen Gegnern. Wir können nur kurz bleiben, weil es schon dämmert. So weiß ich nur wenig über ihn. Ich weiß noch nicht mal, ob er noch lebt. Aber die Angst in seinen Augen werde ich nie vergessen. In diesem Moment war es auch die meine.

Afghanistan, 2012. Foto: Antonia Zennaro/Zeitenspiegel.

Das Versprechen
Afghanistan, 2011/12

»Denk nicht einmal daran«, sagte der ältere Bruder zu Rafi, als er ihm seinen Plan verriet. »Du bist ein Träumer«, erklärte der Onkel, der Rafi nur mit halbem Ohr zuhörte. Der verrückte Plan eines Kindes, dachte er bei sich. Die Mutter schaute ihrem Sohn lange in die Augen. Mit 17 Jahren ist Rafi ihr Jüngster. »Mein Junge, du wirst uns alle ins Unglück stürzen.«

Der Tag, an dem die Welt in Jabreel, einem Vorort von Herat, Afghanistan, aus ihrer Ordnung bricht, ist der 6. Juli 2011, ein Mittwoch. An diesem Tag entschließen sich Rafi Mohammed und Halima Mohammedi, ihren Plan umzusetzen. Der Plan ist ein denkbar schlichter, und zunächst scheint er aufzugehen.

Halima, deren Familie die Beziehung zu Rafi ablehnt, verlässt am Nachmittag das Haus ihrer älteren Schwester, in der Hand das Handy, das sie ihr gestohlen hat. Die 17-Jährige tritt auf die Straße und wartet auf den Jungen, der zur vereinbarten Uhrzeit mit einem Wagen kommen soll. Doch Rafi verspätet sich. Im Stau der Stadt kommt er nur langsam voran. Sie ruft ihn an, aufgeregt, bald, sagt sie, wird ihre Schwester ihre Abwesenheit bemerken. Halima redet mit viel zu lauter Stimme. So erfahren die Umstehenden von ihrem Plan. Es sind vor allem junge Rikscha-Fahrer, die hier auf Kundschaft warten und nun hören, dass ein Mädchen aus Jabreel ohne Erlaubnis der Familie mit einem Jungen davonlaufen will – noch dazu einem Jungen, der aus einem anderen Viertel kommt.

Als Rafi endlich vorfährt und Halima einsteigt, blockieren plötzlich ein halbes Dutzend Rikschas den Weg. Hunderte aufgebrachter Menschen umringen den Wagen. Hände greifen ins Innere des Toyota, zerren an Rafi, kratzen ihm blutige Wunden, er wehrt sich, doch immer mehr Hände drängen durch die Wagentür, reißen ihn schließlich heraus, in den Staub der Straße. Während sich seine Ohren mit warmem Blut füllen, hört er die Rufe der Menge.

»Hängt sie auf! Tötet sie!«

Fäuste schlagen auf ihn ein, Füße treten ihn, in den Bauch, die Rippen, auf den Kopf. Rafis Nase bricht, die Augen schwellen zu, er windet sich schreiend. Die Masse der Schläger füllt die Straßenkreuzung. »Sie hätten die beiden umgebracht«, erinnert sich später der Polizeikommandeur von Jabreel. Seine Männer sind es, die das Paar schließlich dem Mob entreißen.

Hastig werden Rafi und Halima ins Gebäude der Wache gebracht. Doch die wütende Menge drängt nach. Eine Wand aus Körpern drückt gegen das Metalltor der Polizeistation. Alles gerät binnen Minuten außer Kontrolle. In den Straßen von Jabreel wird jetzt geschossen. Unter die Demonstranten mischen sich auch Soldaten der afghanischen Streitkräfte auf Heimaturlaub, sie schleudern Handgranaten auf die Wache. Längst kämpfen die acht Polizisten, die sich im Gebäude verschanzt haben, nicht mehr nur um das Leben des unglücklichen Paares, sondern auch um das eigene. Als alles vorbei ist, Halima und Rafi knapp mit dem Leben davongekommen sind, haben Polizisten versehentlich einen 19-jährigen Schüler erschossen. Sie haben Dutzende verhaftet, Dutzende verletzt. Aus den Straßen von Jabreel steigen Rauchsäulen auf.

»Was wird dann aus uns werden?«, hat Halima am Vorabend Rafi am Telefon gefragt, und er hat ihr versprochen: »Es wird alles gut. Irgendwann werden sie uns verzeihen.«

Knapp zwei Jahre lang hatten Rafi und Halima an ihrer Flucht gefeilt, sie in nächtelangen Telefonaten besprochen, darüber gelacht, geweint, verschiedene Varianten diskutiert und wieder verworfen. Beide sind 17 Jahre jung, er ein Tadschike und damit Sunnit, sie eine Hazara und damit Schiitin – Angehörige zweier Ethnien, die seit Jahrzehnten miteinander verfeindet sind. Aber sie haben in sich etwas entdeckt, was sie von fast allen ihren Verwandten unterscheidet, das die meisten Afghanen nie kannten und viele sogar fürchten wie einen bösen Fluch. Die Liebe.

Nie zuvor war Afghanistan in so großer Umwälzung. In immer größeren Bereichen des Alltags lösen sich die alten Werte auf. Die Mobiltelefone machen jeden für jeden erreichbar, über alle Lehmmauern hinweg. Die Leute sehen Filme aus Indien mit ungeheuerlichen Bildern, auf denen Menschen einander küssen, sich zärtlich berühren. Männer und Frauen begegnen sich zu Zehntausenden in den Universitäten und in Fabriken, die an den Stadträndern gebaut werden. Menschen lernen sich kennen, die sich nach den Konventionen nie hätten kennenlernen dürfen. Ein Teil der Jugend definiert sein Lebensglück neu. Den Ehepartner wollen sie selber wählen dürfen, den Beruf oder auch nur die Art, die Haare zu frisieren.

Andere Jugendliche klammern sich an das Althergebrachte, kämpfen gegen den Bruch mit den Traditionen, sie tun es mit Worten, mit Stöcken, mit Messern, mit Gewehren. »Wir erleben gerade ein schockierendes Anwachsen der Gewalt«, klagt Suraya Subhrang, die Sprecherin der Unabhängigen Afghanischen Menschenrechtskommission. Es ist Krieg in Afghanistan, aber nicht nur der gegen die Taliban, von dem die ganze Welt weiß. Ein zweiter, stiller Krieg tobt in den Familien. Die Fronten verlaufen im Privaten und werden selten öffentlich. Ein Ende ist nicht absehbar. Dieser Krieg hat erst begonnen.

»Du hast nicht auf mich gehört«, sagt Rafis älterer Bruder. Die beiden sitzen mit gesenkten Schultern auf dem betonierten Gefängnishof in Herat. Rafi meidet den Blick des Älteren. Er sieht über die Mauerkrone, wo am Himmel Nato-Flugzeuge Kondensstreifen ziehen. »Mutter weint jede Nacht. Sie faucht deine kleinen Schwestern wegen jeder Kleinigkeit an.«

Der Plan, mit dem Rafi und Halima sich die Freiheit erzwingen wollten, hat sie hinter die Mauern der Besserungsanstalt für Jugendliche gebracht. Es ist jetzt Ende Oktober. Vier Monate sind vergangen, seit das Paar in Jabreel vom Mob gestoppt wurde. Dieselben Polizisten, die sie gerettet haben, führten sie später in Handschellen und Fußketten hierher. »Ihr habt das Gesetz gebrochen«, sagten sie ihnen. Die Anklage lautete auf »versuchten vorehelichen Geschlechtsverkehr« nach Paragraf 29 des Strafgesetzbuchs. Rafi und Halima leben seither im selben Gebäude, aber in unterschiedlichen Trakten, nur von einer Wand getrennt. Seit ihrer Festnahme haben sie sich nicht mehr gesehen.

Am Vortag hat das Berufungsgericht in Herat die Haftstrafe für beide von einem halben Jahr auf ein ganzes erhöht. Das Vergehen des Paares sei besonders schwer, da es sich bereits zwei Jahre lang heimlich getroffen habe. »Glaubst du, sie weiß schon davon?«, fragt Rafi seinen Bruder. »Ich habe Angst, wie sie darauf reagieren wird.«

»Es wäre doch das Beste, ich wäre tot«, flüstert Halima im Mädchentrakt, 50 Meter von Rafi entfernt. Sie schaut auf die Spitzen ihrer Finger, die Hände liegen in ihrem Schoß. Heute Morgen hat sie vom Urteil erfahren. »Sie sagen, wir sind Verbrecher. Aber wir sind keine Verbrecher.« Im Zellengang hinter ihr hallt das Brüllen der anderen Mädchen. 34 sind hier mit ihr eingesperrt. Ständig gibt es Streit. Zusammengepfercht auf engstem Raum ziehen sie einander kreischend an den Haaren, schlagen sich ins Gesicht, rangeln mit der Gefängniswärterin.»Huren«, rufen die Wärterinnen. Die meisten Insassinnen haben ähnliche Verbrechen begangen wie Rafi und Halima. Sie haben sich in den Falschen verliebt.

Da ist die 15-Jährige, die einen 50-Jährigen heiraten musste und sich dann in einen gleichaltrigen Jungen verguckte. Eine andere wurde von ihrem Vater dabei erwischt, wie sie Textnachrichten mit einem Freund austauschte. Was den Richtern genügte, um sie für ein Jahr einzusperren. Die Jungs, mit denen die Mädchen Kontakt hatten, sind oft ebenfalls in der Besserungsanstalt, doch unter dem Druck der Familien haben sie sich alle von ihren Freundinnen losgesagt. Alle – bis auf Rafi. Rafi sagt immer noch:»Ich liebe sie, aber sie liebt mich zehnmal mehr.« Das hält Halima am Leben.

Rafi und Halima sahen sich das erste Mal vor über zwei Jahren in einer Eiscremefabrik, in der sie beide arbeiteten.

»Seine Augen«, sagt sie.

»Ihr Witz«, sagt er.

Halima kommt aus einer armen Familie, ihre Mutter starb, da war sie sieben. Das Unglück verbindet sie mit Rafi. Sein Vater ist vor acht Jahren ermordet worden, da war Rafi noch keine zehn. Halimas Vater heiratete erneut, doch die neue Frau verstand sich nicht mit Halima. Sie stritten immerzu. Die Fabrikarbeit befreite Halima regelrecht, sie gab ihr Luft zum Atmen. Viele Fabrikbesitzer in Herat schätzen die Frauen, und auch die Kinder, die sie beschäftigen, weil sich zu den niedrigen Löhnen nicht mehr genügend Männer finden. Herat ist Afghanistans Industriestadt. Die Fertigungshallen wachsen weit in die Wüste am Stadtrand hinein. Motorräder und Traktoren werden hier montiert, Säfte abgefüllt und die Super Cola.»Ich habe die Arbeit gemocht«, sagt Halima.

Und irgendwann, nach vielen Blicken, heimlichem Lächeln, hat sie den entscheidenden Schritt getan. Sie steckte Rafi in einem unbeobachteten Moment einen Zettel mit ihrer Handynummer zu.

Die Tage in der Besserungsanstalt bestehen aus einem ummauerten Nichts. Die Leere ist Programm. Das Gefängnis wird von einer Direktorin geleitet, der die Jugendlichen nicht hart genug bestraft werden. »Wir müssen Unsittlichkeit strenger ahnden, sonst werden die das immer wieder tun.« Das Nichts umgibt Halima, wohin sie schaut. Die Wände sind kahl. Die einzigen Möbel in ihrem Trakt, die Metallregale im Zellengang, sind leer. Der Fernseher im Pausenraum funktioniert nicht. Die Mädchen werden von der alten Wärterin Jontab täglich um vier Uhr morgens geweckt.

Die Wärterin trommelt an die Türen. Sie werden früh in den Tag gezwungen, damit sie umso länger die Eintönigkeit spüren. Nach dem Aufstehen gibt es für viele Stunden nichts zu tun, beten, herumhängen, bloß nicht wieder einschlafen, sonst wirft Jontab ihr Schlüsselbund. Um acht Uhr wird das Frühstück verteilt, Brot und ein Löffel voll Zucker. Im Sommer hatten sie Schulunterricht, doch nun ist der Direktorin das Geld ausgegangen. Von sechs Klassenzimmern ist bloß eines offen, dort lehrt ein Lehrer den Stoff der ersten Grundschulklasse. Halima, die als Einzige ihrer Familie lesen und schreiben kann, hat vor ihrer Zeit im Gefängnis bereits die siebte Klasse besucht. Doch Halima ist glücklich über das bisschen Unterricht. Immerhin etwas, um das Nichts zu füllen.

»Was hat sie gesagt?«, fragt Rafi im Jungentrakt nervös. Er durfte seit vier Monaten nicht mit ihr sprechen. Die Direktorin behauptet, das sei gegen das Gesetz. Er wippelt mit den Füßen. »Liebt sie mich noch? Steht sie noch zu mir?« Die Platzwunden in seinem Gesicht sind verheilt. Fingerbreit wächst ihm Flaum über der Oberlippe. Er spricht in kurzen, abgehackten Sätzen, manchmal verschluckt er vor Aufregung Wörter. »Wir sind so rein wie die Milch unserer Mütter.«

Als sie sich gegenseitig Textnachrichten auf ihre Handys

schickten, begannen sie sich als Paar zu fühlen. Flüsternd geführte stundenlange Telefonate. Es war anfänglich ein Kichern und Albern, doch dann wurden die heimlichen Gespräche immer ernsthafter. Sie redeten miteinander, wie sie bisher mit niemandem hatten reden können. Sie erzählten sich von ihren Schwächen. Halima klagte Rafi, wie sehr sie unter ihrer Stiefmutter leide. Die behandle sie wie ein kleines Mädchen, obwohl sie selbst nicht viel älter sei.

Rafi erzählte ihr von seinem Onkel, der sich nach dem Tod des Vaters um ihn kümmerte. Der es gut mit ihm meine, ihn aber nicht ernst nehme, ihn ein »Müttersöhnchen« schimpft. Er erzählte ihr, wie sehr er im Schatten seiner beiden älteren Brüder stehe. An ihnen werde er gemessen. Was sie tun, erwarte der Onkel auch immer von ihm. Rafi und Halima trafen sich alle paar Wochen, für ein, zwei Stunden, meistens in einem Park in Herat. Ein Cousin Rafis begleitete sie dabei, damit sie in der Öffentlichkeit nicht als Liebespaar auffielen. In diesem Park geschah es auch irgendwann, dass Halima Rafi ihre Hand auf die Schulter legte. Ganz warm war sie und leicht wie eine Feder. Er träumt bis heute von dieser Berührung. Es war die einzige in ihrer über zweijährigen Beziehung. Nie haben sie sich geküsst. Nie kam es zwischen ihnen zum Äußersten, das wurde sogar gerichtlich erwiesen.

Nach der Verhaftung brachten Polizisten Halima ins Krankenhaus, wo sie das Mädchen zum Jungfrauentest zwangen. Ein Arzt öffnete ihr dabei mit zwei Fingern die Vagina, untersuchte das Hymen, ob es noch intakt sei, drückte mit den Fingern gegen die Scheidenwände, um die Elastizität der Vaginalmuskeln zu prüfen. Das berichten Gerichtsmitarbeiter. Solche Untersuchungen sind international als Verletzung der Menschenwürde geächtet. In Afghanistans Rechtssystem gehören sie nach wie vor zum Alltag. Es war Halimas und Rafis Glück, dass der Arzt ihr die Jungfräulichkeit attestierte. Bei einer anderen Diagnose hätte das Gericht das Strafmaß vermutlich auf jeweils bis zu fünf Jahre erhöht.

In der Geschichte von Rafi und Halima ist wunderbarerweise das Glück und das Unglück gleich verteilt. Das größte Glück ist Jamila Khisrawi, Halimas Anwältin. Die 27-Jährige gehört zu Afghanistans neuer Generation selbstbewusster Juristinnen. »Die Richter haben mich vor drei Jahren noch angebrüllt und aus dem Gerichtssaal geworfen.« Sie lacht dieses seltsame Lachen, das sie so häufig lacht. Man hört keinen Laut dabei. »Die sagten, für diesen Beruf bist du als Frau viel zu emotional.« Hartnäckig haben sich Khisrawi und ihre drei Kolleginnen seither die Anerkennung der Gerichte erarbeitet. Die Anwältinnen sind angestellt bei der deutschen Frauenrechtsorganisation Medica Mondiale.

Ihr Büro in Herat liegt im Stadtzentrum, an einem geheimen Ort, kein Türschild weist darauf hin. »Wir werden permanent mit dem Tod bedroht«, sagt Khisrawi. Aus Angst gehen die Anwältinnen nie allein vor die Tür, immer sind sie miteinander per Handy verbunden. 70 Prozent ihrer Mandantinnen stehen wegen *moral crimes* vor Gericht, wegen Sittlichkeitsdelikten. Das führt ihre Verteidigerinnen tief in das dunkle Herz Afghanistans.

Khisrawi betreut Mädchen, die als Kindsbräute verheiratet wurden, sich irgendwann in gleichaltrige Jungs verliebten und mit ihnen wegliefen. Die Gerichte verurteilen sie wegen Ehebruchs zu zwei bis drei Jahren Gefängnis. Sie vertritt Frauen, die entführt, über Monate vergewaltigt wurden und später wegen Ehebruchs langjährige Haftstrafen bekommen.

Es ist selten der Mann, der Peiniger, der vor Gericht steht, klagt Khisrawi, sondern fast immer die Frau, die vor ihrem Mann floh. Die Männer können sich häufig der Verhaftung entziehen, sie wissen, wie man die Polizei bestechen kann, die Frauen, die meist zu Hause sitzen, wissen das nicht. Die Fälle auf Khisrawis Schreibtisch werden immer mehr, die

Prozesse im Familiengericht haben sich binnen eines Jahres verdoppelt.

Jamila Khisrawi hat gegen den Widerstand ihrer Familie Jura studiert, ist gegen allen Widerstand Anwältin geworden. »Ich weiß manchmal nicht mehr weiter«, sagt sie. Über mehrere Tage wurde sie neulich von einer Frau angerufen. Ihr Mann habe sie in einem Zimmer zu Hause eingesperrt. Er wolle sie töten. »Das letzte Mal sagte sie plötzlich, dass sie die Schritte ihres Mannes hört. Dann legte sie auf.« Seitdem hat die Anwältin nichts mehr von ihr gehört. Jamila Khisrawi konnte nicht helfen. Das Haus der Frau lag außerhalb Herats, in einem Taliban-Bezirk. Dorthin kann sie nicht reisen. »Ich glaube, dass er sie inzwischen umgebracht hat.«

Die Anwältin ist unverheiratet. »Es ist nicht einfach«, sagt sie, »in Herat einen Mann zu finden, der jemand mit meinem Beruf als Ehefrau akzeptiert.«

Den ganzen Herbst über suchen Halimas Anwältinnen verzweifelt nach Wegen, sie vor dem Schlimmsten zu bewahren. Das Leben ihrer Mandantin zu retten. Ihr Vater hat mehrfach öffentlich angekündigt, sie nach der Haftentlassung zu töten. »Sie hat mich und die Familie in den Schmutz getreten«, sagt er mit zitternder Stimme. »Ich bin jetzt für immer ein Mann ohne Ehre.« Nur der Tod der Tochter, so glaubt er, kann die Familienehre wiederherstellen.

Wie ein altes Uhrwerk, in vielen Jahrhunderten erschaffen, feingliedrig in seiner Mechanik, reguliert sich die afghanische Gesellschaft. Das soziale Regelwerk in diesem Land ist hochkomplex, eines mit vielen kleinen und großen Zahnrädern, die filigran ineinandergreifen, selbstverständlich in seinen Abfolgen, doch dieses Regelwerk greift nicht mehr. Besonders in den Städten. Die Mechanik stockt, seit viele der Jungen die Regeln nicht mehr akzeptieren, die Elemente blockieren sich gegenseitig, drängen gar in unterschiedliche

Richtungen. Die Gesellschaft des Landes ächzt und stöhnt darunter, fast mehr als unter den Kämpfen zwischen den Taliban und den Regierungstruppen.

Während im Gefängnis die Psychologin von Medica Mondiale, Saliha, die Schultern des Mädchens massiert, mit ihr Atemübungen macht, sie lockert, mit ihr weint, damit sie weiter durchhält, das Mädchen sich nicht umbringt, ringt die Anwältin Khisrawi um die einzige mögliche Lösung. Eine Ehe mit Rafi. Unverheiratet müsste Halima ihr Leben im Frauenhaus oder in der Prostitution beschließen. Beinahe die gesamte Familie hat mit ihr gebrochen, sie fürchten die Entscheidung des Vaters, die Schwestern dürfen nicht mit ihr reden, das haben deren Ehemänner verboten.

Nach vielen vergeblichen Telefonaten gelingt es der Anwältin, den Vater Halimas zu einem Treffen zu bewegen. Dreimal wird es anberaumt, dreimal kommt er nicht. Es klappt beim vierten Mal. Die Anwältin begegnet dem Vater auf sicherem Terrain, nicht im Büro, damit er ihr später nicht auflauern kann. Sie laden ihn ins »Mediationszentrum«, so nennen die Frauenrechtlerinnen ihr mit ausgeblichenen Aufklärungsplakaten dekoriertes Besprechungszimmer in einem Regierungsgebäude. »Ich kann diese Beziehung nicht akzeptieren«, sagt Halimas Vater. »Sie raubt mir die Ehre. Ich bin der Spott meiner ganzen Familie.«

»Das ist nicht wahr«, sagt Khisrawi. »Halima und Rafi haben keinen Sex gehabt, aus Rücksicht auf deinen Ruf.« Er wendet widerwillig den Kopf, kneift die Augen zusammen, braucht offenbar alle Kräfte, um nicht sofort aufzustehen und zu gehen.

Es ist ein Gespräch, bei dem das Leben des Mädchens an jeder Silbe hängt. Einmal hat die Anwältin Khisrawi das Gefühl, der Vater wird das Mädchen schonen. Er zeigt Einsicht. Wenig später ist sie wieder überzeugt: Ihre Klientin ist bereits tot.

»Sie hätte es mir sagen sollen«, klagt der Vater.

»Sie hatte Angst vor dir!«

»Der Junge ist Sunnit, wir Hazara sind Schiiten. Die werden meine Tochter zwingen, ihren Ritus anzunehmen.«

»Ich kenne glückliche Ehen zwischen Schiiten und Sunniten in meiner eigenen Familie«, kämpft Khisrawi unverdrossen. »Wenn sich deine Tochter deinetwegen umbringt, wirst du wegen Mordes angeklagt.«

Ganz Jabreel schaue auf ihn, erklärt der Vater. Der Druck von außen auf ihn sei enorm. Der Ungehorsam Halimas mache alle in der Familie zu Außenseitern, zum Abschaum des Viertels. Was sie sich in Generationen aufgebaut hätten, ihr Ruf, die soziale Stellung – mit dem Fluchtversuch der Tochter sei auf einmal alles dahin. Nach zwei weiteren Treffen schaffen es die Anwältinnen am Ende des Herbstes doch noch, dass er einer Hochzeit zustimmt. »Wir müssen das ja irgendwie beenden«, sagt er in der letzten Besprechung zu Khisrawi. »Trau meinem Vater nicht«, sagt Halima in ihrer Zelle zur Anwältin. »Er wechselt schnell seine Meinung. Er hält sein Wort nicht.«

Die Ehe zwischen Rafi und Halima wäre die zwischen Erzfeinden. Die Hazara, zu denen Halimas Familie zählt, mongolisch stämmig, leben in Herat in einer prekären Situation. Als mittellose Einwanderer werden sie misstrauisch beäugt von den alteingesessenen Tadschiken, zu denen Rafis Familie zählt. Für sie sind die Hazara keine richtigen Muslime, sondern Ungläubige, die Prostitution und Sünde nach Herat bringen. Die Hazara sind das gedemütigte Volk Afghanistans, ihren einst unabhängigen Staat, Hazaradschat, haben Tadschiken und Paschtunen vor 100 Jahren zerschlagen. Unter den Taliban waren es wieder die Tadschiken, die gegen die Hazara kämpften. In Herat leben nun Freund und Feind auf engem Raum, angelockt von Jobs und relativem Frieden.

Der Ort ist wie ein einziger Rohbau, es staubt, es dampft, Baugerüste überall, Berge von roten Backsteinen, ein Wildwuchs an Armierungseisen, es boomt, alles unkontrolliert, alles neu, im Neuen ist aber schon wieder der Verfall. Sobald etwas errichtet ist, brösel es und bröckelt es und bricht. Alle Dinge scheinen aus der Balance. Auch die Seele der Menschen. Nirgendwo verbrennen sich mehr Frauen als in der 300 000-Einwohner-Stadt Herat. 75 waren es allein 2011, nirgendwo in Afghanistan zählen die Behörden mehr Scheidungen. Die Entführungsindustrie floriert. Im Ringen zwischen Tradition und Moderne ist Herat so etwas wie Afghanistans Brandungszone.

Es wird Winter vor den Mauern der Besserungsanstalt, bald gilt er als der strengste seit Jahrzehnten. Raureif bildet sich in den Fugen, das Radio vermeldet zweistellige Minustemperaturen. Halima schneidet sich im Dezember mit einer Rasierklinge tief in die Hände. Eine Freundin verrät es der Psychologin Saliha, die zweimal in der Woche die Frauen besucht.

»Was willst du, Mädchen«, sagt die 45-Jährige. »Du willst sterben, aber du willst auch mit Rafi leben, das ist doch ein Widerspruch.« Halima überlebt diesen Winter, und Rafi findet inzwischen immer neue Wege, Nachrichten in den Mädchentrakt zu schmuggeln. Er besticht die Wärterin Jontab, steckt ihr Geld zu, er schenkt ihrer Tochter eine SIM-Karte, ihrer Enkelin gibt er Trockenfrüchte. Er bleibt freundlich zu Jontab, auch wenn sie launisch ist und Halima absichtlich falsche Nachrichten zuträgt. »Ich liebe dich nicht mehr«, hat Jontab ihr einmal – vermeintlich von Rafi – ausgerichtet. Halima brach in Weinkrämpfe aus. So spielt die grimmige Alte manchmal mit ihnen. Jede Woche, zum Besuchstag, kommen der Bruder oder der Onkel vorbei, und versorgen Rafi mit neuem Geld.

Die Direktorin ist eine studierte Juristin aus gutem Hause,

die hart das Kinn hochzieht, wenn ihr etwas nicht behagt. Sie trägt kunterbunte Kopftücher und hat es sich in ihrem Knast nach Belieben eingerichtet. Sie könnte in ihrer Launenhaftigkeit die Zwillingsschwester der Herzkönigin aus *Alice im Wunderland* sein. »Ich stehe immer im Dienst der Kinder«, sagt sie. Doch meistens schaut sie in einem Hinterzimmer fern, sommers wie winters, beleibt und leicht reizbar, die Beine auf einem Hocker. Nur in Notfällen verlässt sie diese Position. Ihr dreijähriger Sohn rast tagein, tagaus durch die Gänge und bespuckt aus Spaß das Personal.

Er spuckt auf den Anstaltsarzt, der gelangweilt vor seinem Pillenschränkchen hockt und den inhaftierten Mädchen, wie es heißt, mit Vorliebe Injektionen in den Oberschenkel gibt, nie in den Arm. »Hier kommen die Jugendlichen schlimmer raus, als sie reingekommen sind«, räsoniert der Arzt über die Anstalt. »Ich persönlich wäre ja für die Prügelstrafe.«

Der Kleine rennt auf seinen Runden auch am Büro des Buchhalters vorbei, der es zur hohen Kunst entwickelt hat, hinter dem Schreibtisch mit offenen Augen zu schlafen. Rennt weiter an Türen vorbei, hinter denen Sachbearbeiter für diverse Zuständigkeiten dösen, ohne etwas Sinnvolles zu tun. Gleichzeitig bleiben die jungen Häftlinge in ihren Zellentrakten sich selber überlassen. Die älteren befehligen die jüngeren. In Rafis Zelle ist es ein Mitglied der Taliban. Selten setzt ein Erwachsener einen Fuß hier herein.

Überraschend nimmt Halimas Vater seine Zustimmung zur Heirat eines Tages im Februar wieder zurück. »Er fordert jetzt eine Million Afghani Brautgeld oder ein Mädchen aus Rafis Familie für seinen ledigen 50-jährigen Bruder«, klagt Khisrawi. Rafis Familie ist entsetzt. Die horrende Summe von umgerechnet fast 16 000 Euro kann sie nicht aufbringen. Rafi ist im Knast. Sein Vater in einer Nachbarschaftsfehde vor Jahren ermordet worden. Der ältere Bruder ist arbeitslos, nur der Onkel verdient mit einer Baumschule etwas Geld. Rafis Schwestern seien mit sieben und zehn Jahren fürs Heiraten noch zu jung, findet seine Mutter. Die Verhandlungen zwischen den Familien scheinen erneut festgefahren.

Rafi brennt an diesem Tag mit einem Bügeleisen den Buchstaben »H« in die Armbeuge. Es ist jetzt schon das vierte »H« auf seinem Körper. Auf der Schulter schnitt er sich ein »H« mit Rasierklingen in die Haut, mit Streichhölzern brannte er sich ein »H« in den rechten Oberarm, mit Nadeln stach er sich ein »H« in den linken Arm. Er liegt in seiner Zelle oft lange wach und grübelt bis weit hinein in die Nacht.

Dem Land vor den Anstaltsmauern steht noch einmal eine Zeitenwende bevor. In der Hauptstadt Kabul plant die Regierung unter Hamid Karzai für die Jahre nach 2014. Die ausländischen Bündnistruppen sollen bis dahin Afghanistan verlassen haben. Der Westen hat angekündigt, obendrein die Entwicklungshilfe drastisch zu kürzen. Karzai sucht einen Interessenausgleich mit den Taliban, gegen die er sich allein nicht wird halten können. Das gibt den konservativen Mullahs in der afghanischen Politik wieder Raum, spürbar gewinnen die Radikalen an Einfluss. »Wir Frauenrechtlerinnen werden jetzt geopfert«, fürchtet Khisrawi. Die Anwältinnen haben Angst und verbringen ihre Mittagspausen im Büro mit bangen Diskussionen.

Im Präsidentenpalast hat die Versammlung der Mullahs, der Rat der Ulema, vor ein paar Tagen ihre neuesten Beschlüsse verlesen, und Karzai hat dazu kräftig applaudiert. Frauen dürfen künftig nicht mehr ohne männliche Begleitung aus dem Haus. Frauen dürfen nicht mehr mit fremden Männern reden. Es wird ihnen das Recht entzogen, Anteil am öffentlichen Leben zu nehmen. Listen dieser neuen Verbote werden bereits überall im Land in den Moscheen verteilt. Noch sind es nur Empfehlungen, noch haben sie keine

Gesetzeskraft. Als aber neulich eine der Anwältinnen für eine Weiterbildung nach Kabul fliegen wollte, wurde sie prompt am Flughafen angehalten. Ob ein Mann ihrer Familie Bescheid wisse? Seit der Taliban-Herrschaft, sagt Khisrawi, sei das nicht mehr passiert.

Das Verhandeln mit Halimas Vater wird zum Wettlauf gegen die Zeit. In den ersten Apriltagen soll das Paar entlassen werden, drei Monate vor Ablauf ihrer Strafe. Ein Gnadenersuch der Anwältinnen beim Obersten Gericht in Kabul hatte Erfolg.

»Ich will 250000 Afghani«, sagt der Vater zwei Wochen vor Ablauf der Haft. Noch einmal hatten sich beide Familien im Mediationszentrum getroffen. »Ich könnte von anderen für das Mädchen eine Million Afghani bekommen.« Am Ende einigen sich die Parteien auf 5000 Dollar, zahlbar in zwei Tranchen, die eine sofort, die andere am Tag der Hochzeit. Mit ihren Fingerabdrücken besiegeln sie den Vertrag.

Am Tag vor der Entlassung hat die Direktorin Halima und Rafi zu sich ins Büro bestellt. Es ist das erste Mal seit ihrer Festnahme, dass sich die Liebenden wiedersehen. Sie sitzen einander gegenüber, jeder auf einem Polstermöbel. Sie mustern sich, hören, was die Direktorin über die bevorstehende Entlassung zu sagen hat, und sind verblüfft. Wie sehr hat sie die Gefangenschaft doch verändert! »Halima ist jetzt ganz anders«, sagt Rafi hinterher verunsichert. »Sie ist so still. Das ist nicht das Mädchen, das ich kenne.« Er hat sie heiter in Erinnerung. Am Telefon hatte sie früher mit ihm oft nur gekichert und ausgelassen herumgealbert.

Auch Halima ist von Rafi überrascht. Das Gefängnis, erzählt sie ihren Freundinnen in der Zelle, hat einen anderen Menschen aus ihm gemacht. »Wie der mit der Direktorin reden konnte. So selbstbewusst.« Über sich sagt Halima, die Anstalt habe ihren Lebensmut zerstört. »Ich werde nie wieder wie früher.« Rafi dagegen tröstet sich und schiebt Zweifel beiseite. Sobald sie hier raus ist, glaubt er, dann wird sie wieder ganz dieselbe sein.

»Ich habe große Angst um Halima«, sagt die Psychologin Saliha am selben Abend. Halimas Vater ist bei seinem letzten Besuch in der Anstalt belauscht worden, wie er zum wiederholten Mal einem Wärter verriet:»Ich mach das jetzt, damit sie rauskommt. Aber das Mädchen muss sterben.«

In der Nacht können beide Liebenden nicht schlafen. Rafi redet mit seinem besten Freund in der Anstalt, einem 14-jährigen Dieb, der sich ohne ihn schutzlos fühlt. Die Jungs weinen. Halima schläft nicht, weil zur Aufregung auch noch ihre Regel kommt. Unterleibskrämpfe, schmerzhaft wie nie zuvor.

»Fühlst du auch das Glück, das ich fühle?«, flüstert Rafi am nächsten Morgen in ein schneeweißes Handy. Er hat einen Wachmann bestochen, um Halima anrufen zu können. Sie wiederum hat der alten Jontab Geld zugesteckt, um das Gespräch annehmen zu dürfen. »Was machst du? Stehst oder sitzt du?« Jedes Mal, wenn einer der Wächter in den Raum kommt, verbirgt Rafi das Telefon in der hohlen Hand. »Erinnerst du dich, dass ich dir gesagt habe, eines Tages kommen wir raus? Heute ist dieser Tag.«

Im Leben von Halima und Rafi beginnt das Räderwerk der Traditionen endlich wieder zu greifen, seine Regeln und Bräuche. Erleichtert weiß jeder, was bei den Hochzeitsvorbereitungen zu tun ist. Daheim hat Rafis Familie ein Zimmer mit neuen cremefarbenen Wandbehängen dekoriert. Hier sollen die Frischvermählten die ersten Nächte verbringen. Die Tanten kaufen Bonbons und Schokolade, mit denen der Weg ins Haus bestreut wird. Cousinen gehen auf den Markt, um Fleisch und Gemüse für das Festmahl zu holen. Idyllisch liegt das Lehmhaus an einem kleinen Fluss, der sich durchs Viertel windet. Die Baumschule des Onkels ist gleich nebenan. Der Winter ist vorbei, aus den Kiefern brechen zarte Triebe. »Ich werde mein Leben geben, um meinen Neffen vor Halimas Vater zu beschützen«, sagt Rafis Onkel in einer ruhigeren Minute. »Aber wenn er noch ein einziges Mal Schande über uns bringt, breche ich mit ihm.«

Rafis älterer Bruder ist für die Hochzeit aus Kabul zurückgekehrt. Er ist bleich und in sich gekehrt. Seit einigen Monaten transportiert er als Lastwagenfahrer Mineralwasser zwischen Herat und der Hauptstadt hin und her. Als Maurergehilfe verdient er zu wenig, um Halimas Brautsteuer zu bezahlen. Eine riskante Arbeit. Er zeigt Bilder, die er auf der Fahrt mit dem Handy gemacht hat. Wracks ausgebrannter Lkw. Die Armee fackelt in Gebieten, die auf seiner Strecke liegen, Opiumfelder ab. Taliban beschießen die Truppen. Rafis Bruder fand sich auf der Straße plötzlich zwischen den Fronten. »Drei meiner Freunde haben sie in den letzten zwei Monaten getötet.« Zweien schlugen sie auf der Straße den Kopf ab, den anderen banden sie ans Lenkrad und zündeten den Wagen an. Die Mutter sorgt sich jetzt um beide Brüder.

An dem Tag, an dem die Welt zurück in ihre Ordnung gerückt werden soll, dem Tag der Hochzeit und der Haftentlassung, füllt sich das Gefängnis mit den Mitgliedern beider Familien. In Festtagstracht treten sie durch das Tor. Rafis Mutter unter der Burka, Onkel und Tanten, der ältere Bruder, der Imam, der die Trauung vornehmen wird, die kleine Gruppe der Anwältinnen.

Halima probiert in ihrer Zelle ein lachsfarbenes Hochzeitskleid an, eng geschnitten, dazu Stöckelschuhe, ein Geschenk ihrer älteren Schwester. So unsichtbar Mädchen in Herat sonst sein sollen, so herausfordernd stellen sie bei der Hochzeit ihre Körper zur Schau. »Ich zieh das nicht an!«, schreit Halima. »Das sitzt viel zu eng!« Zwei Freundinnen umsorgen sie, stimmen sie um, packen ihre Koffer, legen alles säuberlich zusammen, schließen die Arme um Halima.

Dann wird sie herausgeführt, vor das Zimmer der Direktorin, wo die anderen warten. Rafi, in weißen Kleidern, die Brust goldbestickt. Nervös läuft er den Gang auf und ab.

Die Direktorin tritt aus der Tür, das Kinn hat sie ganz nach oben gezogen, was kein gutes Zeichen ist. Noch am Vortag bestand sie darauf, die Zeremonie im eigenen Büro abzuhalten. Jetzt sagt sie:»Das alles ist illegal!« Anwältinnen und Direktorin brüllen sich über das zwischen ihnen stehende Brautpaar hinweg an. »Du Dreckstück!«, schreit diese Jontab an, die alte Wärterin. »Bring das Mädchen wieder in die Zelle!« Warum Halimas Vater nicht da sei, brüllt die Direktorin, obwohl sie um die Probleme weiß. Ein Onkel Halimas ist von ihm beauftragt worden, das akzeptiert die Direktorin nicht. Der Onkel ruft Halimas Vater an.

Hoffentlich geht er ran, bangt eine Anwältin. Sie haben Glück. Es klingelt, und laut schallt es aus dem Hörer. »Ich bin mit der Heirat einverstanden.« Trotzdem verweigert ihnen die Direktorin die Zeremonie. In Wahrheit verfolgt sie ihre eigenen Interessen. Schon frühmorgens hat sie ihren Buchhalter in Rafis Zelle geschickt. Wem Gutes widerfahre, solle auch anderen Gutes tun, ließ sie ausrichten. 300 Euro will die Direktorin von Rafis Familie. Der Junge lehnte ab, zu viele Schulden hat sein Onkel schon für ihn aufgenommen.

Die Hochzeit platzt. Halima wird in ihre Zelle zurückgeführt und bricht dort zusammen. Das Mädchen kriecht unter das Bettlaken und weint. Ihre Zellengenossinnen, die sonst streiten und zetern, streicheln sie jetzt flüsternd. Sie bestäuben die Weinende mit Parfüm. Die Anwältinnen ringen mit der Direktorin hinter verschlossener Bürotür. Eine Stunde lang, danach stürmen sie heraus, mit hochroten Gesichtern. »Der geht es nur ums Geld«, ist eine Anwältin empört. »Vielleicht hat sie einen Handel mit dem Vater gemacht. Das wäre nicht das erste Mal.« Immer wieder, das wissen

Frauenrechtlerinnen in Herat, entlässt die Anstaltsleitung Mädchen vorzeitig und übergibt sie den Familien, die ihnen nach dem Leben trachten. Es soll Staatsanwälte geben, die solche Absprachen decken und die Hälfte der Bestechungssummen erhalten. Das Jugendgefängnis ist eine Anlage zur Abschöpfung von Bestechungsgeldern.

»Ich liebe dich wie meinen Sohn«, sagt die Direktorin zu Rafi, als er sich von ihr verabschiedet, immer noch in weißen Hochzeitskleidern. Der Kommandant der Wachleute breitet grinsend die Arme aus. »Kein Geschenk?« Die Direktorin steht daneben und lässt ihn gewähren. Rafi entschuldigt sich, er sei pleite, dann beeilt er sich hinauszukommen – nach zehn Monaten. Als die Familie in der Registratur der Haftanstalt steht, wo sich alle Besucher ein- und austragen müssen, sagt der Pförtner, auch ein Hazara, zu Halimas Onkel: »Wie kannst du es wagen, eins unserer Mädchen an die Tadschiken zu verheiraten! Hast du schon vergessen, was die uns angetan haben?« Der Onkel schweigt.

In dieser Geschichte, in der es so viel Glück gibt wie Unglück, ist es großes Glück, dass die Familien auch bis zum nächsten Morgen nicht die Geduld verlieren. Sie treffen sich in den Fluren des Familiengerichtes. Die Anwältinnen wollen die Trauung hier vollziehen lassen. Halima ist derweil für die Nacht in einem Frauenschutzhaus untergebracht worden. Die Gerichtsbeamten sind freundlich, wollen aber die Personalausweise der Brautleute sehen – weder Rafi noch Halima besitzen einen Ausweis. In Afghanistan hat fast niemand so etwas. Die Beamten verweisen auf die Beamten der Bezirksverwaltung, die die Dokumente ausstellen könnten. Dort wollen die Beamten sie jedoch nur gegen Bestechung bearbeiten. Ein zweites Mal droht die Hochzeit zu scheitern.

»Machen wir es doch einfach bei uns zu Hause«, schlägt jetzt Rafis Onkel vor. Halimas Onkel stimmt zu, auch die Anwältinnen nicken. »Warum nicht? Eine Nikah«, sagen sie.

Es ist die althergebrachte Art, in Afghanistan zu heiraten. Dazu braucht es nur den Imam. Drei Suren, die dreimal wiederholte Zustimmung der Brautleute. Eine Sache von zwei Minuten. So war es in Afghanistan schon immer. Die Anwältinnen haben die Ehe aus Angst vor Halimas wankelmütigem Vater offiziell beurkunden lassen wollen, was sich aber jetzt als fast unmöglich erweist. Die beiden Familien wenden sich von den Institutionen des neuen Staates ab, von all seinen Paragrafen und Klauseln, den aktenüberladenen Büros und zahllosen Stempeln, die für sie letztlich völlig nutzlos sind.

Im Taxi des Onkels fährt Halima in die Freiheit. Der Wind weht durch das offene Fenster. Er lässt Halimas Kopftuch an den Rändern flattern. Er streicht ihr über das Gesicht, sie legt den Kopf auf die Schulter ihrer Tante.

Rafi sitzt vorne, er lacht über das ganze Gesicht. Für einen Moment sind die Morddrohungen des Vaters vergessen. Der Wagen ist an den Flanken verrostet, die Reifen sind ohne Profil. Der gelbe Lack ist in breiten Streifen abgeplatzt, doch für Halima und Rafi könnte es kein schöneres Hochzeitsauto geben.

Rafi will sich eine Arbeit als Lastwagenfahrer suchen, wie sein Bruder, trotz der Gefahr durch die Taliban. Die Schulden müssen zurückgezahlt werden. Halima möchte an der Universität in Herat Computerwissenschaft studieren, vielleicht. Sie ist nun auch das einzige Mitglied in Rafis Familie, die schreiben kann. Die nächsten Wochen wird das Paar nicht aus dem Haus gehen, aus Angst vor Halimas Vater.

Der Imam hebt die Arme, Rafi tut es ihm nach, während Halima nebenan im Zimmer der Frauen sitzt. Sie hört durch die Wand das Rezitieren der Koransuren und beginnt zu weinen. Halimas Onkel geht vom Zimmer des Bräutigams in das der Braut und fragt sie, ob er in ihrem Namen zustimmen könne. Sie sagt: »Ja.« Er zählt das Brautgeld, das ihm

Rafis Onkel überreicht hat. Ein Vertrag wird aufgesetzt, auf der Seite eines Schulheftes, und der Erhalt des Geldes bestätigt. Sie unterschreiben mit ihren Fingerabdrücken, die Fingerabdrücke beider Onkel und die von Rafi und Halima. Das wichtigste Dokument ihres Lebens. Vier blaue Flecken, dicht im Kern, an den Rändern auslaufend, schön wie Sternennebel.

Anschließend sitzen sie endlich nebeneinander, zum ersten Mal seit ihrer Flucht, für das Hochzeitsfoto. Fast können sie sich mit den Knien berühren. Rafis Familie macht sich Sorgen, die beiden könnten sich bald entzweien. Sie fragen sich, ob Halima zu den Frauen des Hauses passt. Hoffentlich, sagen sie, ist das nicht bloß eine Verrücktheit zweier Kinder, sondern tiefe Liebe, hoffentlich ist nicht alles längst vorbei. Rafi starrt in die Kamera. Halima schaut beim ersten Foto zu Boden. Beim zweiten Foto hebt sie den Kopf ein bisschen, bei der dritten Aufnahme lächelt sie.

Dann lächeln sie zusammen.

Rafi und Halima heiraten an einem Donnerstag. Ebenfalls an diesem Tag, wie in jeder Woche, geht der Lehrer Sayeed Sardar, 51, in Jabreel, wo die Hazara wohnen, einen schweren Gang. Er zieht sich die dunkle Anzugsjacke über und tritt hinaus auf die staubigen Straßen. Immer donnerstags besucht der Lehrer Sardar seinen Sohn Murtaza, den talentiertesten seiner fünf Söhne. Bei dem Tumult vor einem Jahr, den der Fluchtversuch von Rafi und Halima auslöste, erschoss die Polizei seinen Sohn. Eine Kugel riss ihm die Schädeldecke ab. Sardar schrieb 15 flehende Briefe an Gouverneur und Stadtverwaltung und forderte eine Untersuchung. »Ich will doch nur, dass sich irgendjemand verantwortlich zeigt.« Nie erhielt er Antwort. Die Grabplatte lässt er mit Wasser und Seife von kleinen Kindern waschen, die auf dem Friedhof damit ihr Geld verdienen. »Hier ist das Grab des Märtyrers Murtaza«, hat der Vater auf die Steinplatte meißeln lassen. »Er starb mit 19 Jahren, im Frühling seines Lebens. Sein Geist soll heiter sein.« Er senkt seinen Kopf und betet.

So stößt in Afghanistan das Glück des einen das Unglück des anderen an.

Homs, Syrien, Anfang 2012. Foto: Marcel Mettelsiefen.

Die ersten Tage des Krieges
Syrien, 2011

Das Klopfen ist leise, kaum hörbar zunächst, vorne an der Tür, dieses billige Holzimitat aus Asien, dem letzten Schutz vor dem Schrecken da draußen. Faten steht in der Küche, räumt Geschirr ein, erstarrt dabei. Lauscht. Ahmed, ihr Mann, sitzt im Sessel und sieht fern. Er schaltet auf lautlos, legt den Kopf schief. »Scheiße«, sagt er.

Das Klopfen steigert sich, wird hart und drängend. Durch die Wohnung hallen dumpfe, laute Schläge. »Scheiße«, wiederholt Ahmed und reißt sich aus dem Sessel. »Wer ist das?« Er hastet mit vier, fünf Schritten an die zugezogene Gardine, hält den Kopf nah an den Stoff, um hindurchsehen zu können. Blickt aus dem Fenster zur Straße, dann aus dem Fenster zum Nachbarn, dann aus dem Fenster Richtung Hof. Faten steht am Türspion, fahrig, aufgeregt, zögert einen Moment, hindurchzuschauen. Da wird es plötzlich still.

»Ich sehe niemanden«, flüstert Faten mit einer Stimme knapp vor der Panik, Faten, die der Familie stets ein Ruhepol sein will, mit herbem Humor alle Gefahr wegzulachen versucht. Ahmed tritt zu ihr, sieht ihr kurz in die Augen, fasst sie an den Schultern und öffnet die Tür.

Den ganzen Morgen haben sie in Homs, der drittgrößten Stadt Syriens, Dutzende Menschen aus ihren Wohnungen gezerrt. Keiner weiß, wie viele, Gerüchte schwirren. Bewaffnete Geheimpolizisten gehen von Tür zu Tür. Schussgarben durchschneiden die Stille in den Straßen. Als Ahmed jetzt vors Haus tritt, mit geradem Rücken, um bloß keine Angst zu zeigen, wie der Mittfünfziger immer sagt, das riechen die, sagt er, darauf sind die gedrillt, da flüchte ich, der Besucher aus dem Ausland, in den hinteren Teil der Wohnung.

Das Haus von Ahmed und Faten ist mein Versteck. Im Familienrat haben sie diskutiert und beschlossen, für mich das alles aufs Spiel zu setzen, die Freiheit und ihr Leben – damit diese Reportage geschrieben werden kann.

»Ihr müsst berichten!«, hatte Ahmed gesagt. »Die Welt muss erfahren, was in unserer Stadt passiert!«

Die syrische Revolution ist der überraschendste aller arabischen Aufstände. Zu fest, dachte man auch im Ausland, sitzt Baschar al-Assad im Netz seiner zwei Dutzend miteinander konkurrierenden Geheimdienste. Mit brachialer Gewalt geht er seit einem halben Jahr gegen Demonstranten vor. Panzer feuern auf Zivilisten, Kriegsschiffe auf Städte. Doch die Brutalität erreichte bisher nur das Gegenteil von dem, was Assad wollte. Die Proteste weiten sich aus, sie streuen ins ganze Land, immer mehr Menschen beteiligen sich. Das Regime hat seit Beginn der Unruhen die Grenzen für die ausländische Presse abgeriegelt, es will keine Zeugen. Offiziell gibt es derzeit keinen einzigen unabhängigen Korrespondenten im Land. Zu gut weiß Assad, der einstige Augenarzt, um die Macht der Bilder. Er weiß, dass internationale Medien nur berichten, was sie zeigen können. Lässt sich nichts zeigen, wird meist auch nicht berichtet.

Die Welt kann Syrien seither nur noch unscharf sehen, verwackelt und grob gepixelt. Die Handyfotos der Demonstranten aus Damaskus und Homs wirken so weit entfernt wie die Aufnahmen, die Nasa-Roboter vom Mars zur Erde funken. Als sei Syrien plötzlich aus der Welt gefallen.

Ich lege meinen Notizblock in das Bücherregal der Familie, er ist als Bibel getarnt, um ihn vor Beschlagnahmung zu schützen. Ich spüre meinen Herzschlag bis zum Hals. Ahmed läuft ums Haus, kommt wieder herein. Er ist unschlüssig. »Der Junge von nebenan vielleicht?«, sagt er zu Faten.

Noch eine Weile schauen sie angestrengt durch die weißen Vorhänge, dann stellt Ahmed den Ton des Fernsehers wieder an, Faten wendet sich erneut der Küche zu. Sie klammern sich an jedes Stück Normalität, das ihnen geblieben ist in Homs.

Die Stadt ist ein bedeutendes Wirtschaftszentrum Syriens, rund eine Million Einwohner, aufstrebend, mit einer Ölraffinerie, umgeben von ausgedehnten Industriegebieten. Ein Profiteur der vorsichtigen ökonomischen Öffnung des Landes, die Baschar al-Assad seit zehn Jahren betreibt. Doch in Homs haben die Dinge jetzt ihre alte Bedeutung verloren. Straßen sind Schussbahnen geworden. Schulen sind Gefängnisse. Auf den Kreuzungen stehen Panzer, schlafende Riesen, deren Typenkennung sich die Kinder von Homs gegenseitig aufsagen, T-60, T-62, T-72, hin und wieder feuern sie in die Häuser.

Die Stadt ist zum Schlachtfeld geworden. Die meisten Geschäfte haben geschlossen, viele Einwohner sind geflohen, nach Damaskus, nach Aleppo, ins Ausland, wenn sie konnten. Trotzdem protestieren die Menschen noch in Massen, Hunderttausende an manchen Tagen. Die Nachbarschaften der Innenstadt, sunnitisch, arm, Zentren des Aufstandes, haben ihre Gassen verbarrikadiert. Sie legten Strommasten quer und verkeilten Müllcontainer in ihnen. Wie zufällig am Straßenrand geparkt, riegeln Privatwagen im Notfall die Fahrbahnen ab. Wieder und wieder versucht die Armee, in die Viertel einzufallen. Nachts zeichnen Geschosse am Himmel rote Bahnen.

»Möchte noch jemand Eiscreme?«, fragt Faten in einem Anflug von Heiterkeit in die Runde, als abends alle am Esstisch sitzen. Ihre Söhne lachen und halten ihr die Porzellanschalen entgegen, der zwölfjährige Sammy mit den Pausbacken. Der 25-jährige Mazen, der sich so verändert hat in den Monaten, seit die Proteste in Syrien begannen. Mazen ist meist in der vordersten Reihe, schwer kann er sich zügeln, sein berstendes Temperament. Die Eltern versuchen, ihn zurückzuhalten, doch sogar seinen Freunden fällt es schwer, ihn auf den Protestzügen zu beruhigen. Mazen hat Polizisten verprügelt und Scharfschützen vom Dach gestoßen.

Zwölf seiner Freunde starben in den letzten Wochen, allein acht in den vergangenen Tagen. »Er stand neulich mit blutigem T-Shirt in der Küche«, sagt Faten, »weil er einen Verletzten von der Straße gezogen hatte.«

Nach dem Essen ist Faten mit dem Abwasch beschäftigt, als Mazens Handy klingelt. »Sie haben vor einer halben Stunde einen Freund von mir festgenommen«, ruft er über den Küchentisch zur Mutter. Der Vater schaut fern. »Mich schnappen die als Nächsten«, sagt Mazen. Er presst die Hände auf sein Gesicht. »Jetzt wissen die meinen Namen.« Faten legt das Trockentuch zur Seite.

»Was willst du tun?«, fragt sie.

»Ich muss ihn freibekommen.«

»Das ist so gefährlich, Mazen«, fleht die Mutter. Was aber ist ungefährlich in dieser Lage? Mazen läuft in der Küche auf und ab, telefoniert, organisiert Freunde. Dann verschwindet er in der Nacht.

Das Ungeheuerliche vollzieht sich in dieser Stadt in immer gleichen, festen Abläufen. Es wird Zeit, sagt Ahmed, er zieht mich nach draußen zum Auto, schweigend, rasch, damit mich niemand hört und sieht. Die Gasse liegt abends in völliger Finsternis, weil Ahmed mit den Nachbarn die Straßenbeleuchtung abgeschaltet hat. Die Scharfschützen des Regimes sollen es nicht so einfach haben. Es ist kurz vor acht. Immer näher rückt der Augenblick, auf den täglich ganz Homs hinfiebert, ob Regimegegner oder -anhänger.

Die Stadt spannt ihre Muskeln an. Das Militär fährt in Bussen zu seinen Bereitstellungsräumen. Die Demonstranten sammeln sich auf den Straßen. In kleinen Gruppen streben sie zu den Treffpunkten in ihren Vierteln. Es sind auch Kinder dabei, kleine Jungs, nicht älter als zehn. Wie immer im Ramadan werden sie um 22 Uhr, nach dem Fastenbrechen, die Trommeln schlagen, ihre Fäuste in den Himmel recken und in Sprechgesängen fordern: »Assad, hau ab! Assad, hau ab!« Wie immer wird der Protest nur wenige Minuten dauern, dann beginnt das Militär zu schießen. Ahmed möchte, dass ich zuvor die Organisatoren treffe, er fährt durch leere Straßen, Müll auf ihnen, Fassadenteile, die von beschossenen Häusern fielen.

So rasch, wie wir aus dem einen Haus kamen, entschwinden wir in einem anderen. Im dunklen Flur begegne ich drei Herren um die 60, nervöse Blicke, feste Umarmungen. Ich bin der erste Journalist, zu dem sie sprechen, auch sie riskieren viel. Die drei nennen keine Namen, ich frage nicht. Die Männer sind Geschäftsleute, Mitglieder des Komitees, das die Widerstandsgruppen in der Stadt koordiniert. Sie entscheiden, wo wann demonstriert wird. Sie geben Geld, verteilen Mikrophone und Kameras.

»Wir können nicht mehr zurück«, sagt einer von ihnen. »Hören wir mit den Protesten auf, halten wir sie nicht mehr beschäftigt, dann werden sie uns holen, einen nach dem anderen.«

Ursprünglich ist es ihnen in Homs nicht um den Sturz des Regimes gegangen. Sie hatten nur die Absetzung des Bürgermeisters gewollt. Der korrupteste des Landes, sagen sie, »der größte Dieb«. Er kassierte, wo es ging, auf jeden Neuwagen etwa erließ er eine Privatsteuer von 1400 Euro, auf Stromzähler eine von 6500 Euro. Doch das Regime habe sofort mit Tränengas reagiert und von 200 Demonstranten die Hälfte verhaftet. Der erste Protestzug forderte die Absetzung des Stadtoberhaupts. Der zweite folgte eine Woche später, dieses Mal kamen 7000 Menschen, dieses Mal forderten sie: Freiheit!

Am 18. April 2011 schließlich wollten es die Homser machen wie die Demonstranten auf dem Tahrir-Platz in Kairo. 80 000 kamen zum Mittelpunkt der Stadt, dem »Platz der alten Uhr«, es herrschte Euphorie. Reden wurden gehalten. Sie glaubten an den Druck der Straße, stellten Zelte auf, um den Platz zu besetzen. Nachts um 1:55 Uhr eröffnete das Militär das Feuer. Hunderte starben. Manche sprechen von mehr als 1000. Bis heute ist nicht klar, wie viele genau ihr Leben ließen.

Angestrengte Blicke zur Uhr, hastiger Aufbruch, es eilt, zurück in Ahmeds Wohnung. In der Küche erklärt mir Faten, vor wem ich mich in Acht nehmen müsse in der Stadt. Wie Pilzsporen durchdringt der Überwachungsstaat den Alltag in Homs. Die Taxifahrer seien fast alle Informanten der Spitzeldienste, sagt sie. Dazu kämen die Straßenfeger und die Leute von der Stadtreinigung. »Manchmal sehe ich einen von denen, wie er immer wieder seinen Kopf über unseren Zaun reckt.« Faten imitiert seine Bewegungen. Sie lacht.

Ihr Sohn kommt ins Haus, atemlos, das Handy am Ohr, er wisse jetzt, sagt er, welcher Geheimdienst seinen Freund verhaftet habe, es ist der berüchtigtste, der Militärgeheimdienst. »Wie hast du das erfahren?«, fragt seine Mutter. »Wir geben denen Geld«, sagt Mazen. Er hofft, ihn über Mittelsmänner freikaufen zu können. So machen sie es oft.

»Komm mit«, sagt Mazen zu mir. Er will mir heute Nacht das befreite Syrien zeigen. Zu meinem Schutz hat Mazen 18 Männer mitgebracht, unter ihren Hemden tragen sie Pistolen. Wir fahren in Kolonne, drei Wagen hintereinander, ich im mittleren, alle über Walkie-Talkie verbunden. »Manchmal lauert uns die Geheimpolizei auf, aber wir kennen die Schleichwege«, sagt Mazen. Seine Gruppe ist der harte Kern im Armenviertel Baba Amr, das die Armee seit Monaten zu stürmen versucht. Der Konvoi rast durch die Stadt. Es gibt

Ampeln, vor denen wir bei Rot halten, vereinzelt begegnen uns Autos mit Frauen und Kindern – die versprengten Reste des Alltags. Über sein Handy erfährt Mazen, dass die Proteste in Homs begonnen haben, an zwei Dutzend Orten, zwölf Verletzte gebe es schon und einen Toten. Unser Ziel ist das Krankenhaus, das »befreite Syrien«, wie es Mazen halb ironisch nennt. Denn er sagt: »Wir halten es.«

Die Klinik ist in blaues Neonlicht gehüllt. An den Flanken stehen Wachposten mit Kalaschnikows. Eine halbe Stunde lang könnten sie Angriffe des Militärs abwehren, sagt Mazen stolz. Die Männer nehmen mich erneut in die Mitte, wir hasten in den Eingang.

Schwarz gekleidete Frauen sitzen auf den Fluren. Ärzte rauschen von Zimmer zu Zimmer, wechseln misstrauische Blicke. Ich sehe einen elfjährigen Jungen auf blutverschmierten Laken, die Mutter steht an seinem Bettende. Eine Kugel traf seinen linken Fuß, der aufgequollen ist zur Größe eines Fußballs, ein Splitter zerriss den anderen Fuß, beide sind bandagiert. Er lächelt tapfer. Im Nachbarraum liegt ein Mittzwanziger mit einer Kugel im Rücken. Der Arzt, der gerade den Katheter prüft, sagt, er werde vermutlich nie wieder laufen können. Dann ein Bauchschuss. Als Nächstes ein Schuss in die Brust, ein Durchschuss im Bein. Viele kleinere Splitterwunden. Die Ärzte riskieren ebenfalls, in den Kerkern der Staatssicherheit zu enden. Syriens Krankenhäuser sind für Regimegegner keine Zuflucht, sondern eine Gefahr. »Du kommst mit einer Kugel im Bein rein«, sagte mir in Damaskus ein oppositioneller Mediziner, »und mit einer Kugel im Kopf wieder raus.« Denn nachts kommen die Männer vom Geheimdienst an die Betten.

Überall im Land haben Ärzte deshalb Untergrundstrukturen aufgebaut, es gibt Untergrundlazarette in Privatwohnungen und geheime Apotheken. Um verwundete Aufständische aufzuspüren, hat der Staat die Ausgabe von Arzneien gegen Tetanus und Beutel für Blutkonserven einer zentralen Aufsicht unterstellt. Wenn Ärzte zu viel davon bestellen, fallen sie dem Geheimdienst auf. Die Revolution in Syrien ist bisher eine, bei der nicht Waffen ins Land geschmuggelt werden, sondern Tausende von Plastikbeutel für Blutkonserven.

Mazens Männer ziehen mich von Raum zu Raum, sie sagen, ich solle alles sehen. Nur den Verrückten im Keller nicht. Er war einer von ihnen, jetzt verstört er sie. Er ist nicht mehr tapfer, heroisch. Mazen erzählt, der weine nur noch, brabbele, schmiere seine Exkremente an die Wände. Vor wenigen Tagen ist der Mann aus der Haft entlassen worden, geschlagen, gefoltert. Die Haut seines Hodensacks haben seine Peiniger mit Rasierklingen in Fetzen geschnitten. Unter die Fingernägel haben sie ihm Metallstifte getrieben und die dann unter Strom gesetzt. Wochenlang. Die Pfleger haben ihn an eine Kellerwand gekettet, sie fürchten, dass er versucht, sich das Leben zu nehmen.

»Ich werde mich nicht festnehmen lassen«, sagt Mazen, der heute einen Revolver der Marke Smith & Wesson geschenkt bekam. Er sagt es seiner Mutter, als wir wieder in der Küche über Kaffeetassen sitzen. »Vorher erschieße ich mich.« Hilflos sieht sie ihn an.

Die Stadt droht auseinanderzubrechen, der Druck auf die Gemeinschaft ist enorm. Knapp die Hälfte der Einwohner sind Sunniten, 20 Prozent Alawiten, der Rest Christen, Jesiden und Zaiditen. Die Risse zwischen ihnen werden täglich größer. Das Regime misstraut dem Ort, seit er sich 1982 beim Aufstand der Muslimbrüder gegen die Assads erhoben hat. In der Folge versuchte die Regierung, das damals mehrheitlich sunnitische Homs zu entschärfen. Ringsherum ließ es Dörfer für Familien der alawitischen Minderheit bauen, ihrer eigenen Glaubensgruppe. Die Sunniten fühlten sich eingekreist – was sie jetzt auch tatsächlich sind. Die meisten Alawiten sind mittlerweile aus der Innenstadt geflohen. In den Außenbezirken zerstörten alawitische Schlägertrupps sunnitische Geschäfte. Es gab erste Tote. Die Einfallstraßen zu ihren Wohngebieten haben die Alawiten mit Checkpoints gesichert. Ihre Straßensperren sind nicht mit Militär bemannt, sondern mit Zivilisten.

Sie fürchten, in einem Syrien ohne Assad vernichtet zu werden. So wie es mit den meisten Minderheiten im benachbarten Irak geschah, nachdem Saddam Hussein gestürzt worden war. Homs ist in diesen Tagen eine Stadt wie Beirut in den achtziger Jahren, wo es an vielen Straßenabzweigungen hieß, da können wir nicht hineinfahren, da werden wir beschossen. In der Nacht schlafe ich unruhig. Im Schrank am Kopfende meines Bettes lagern Mazens Versuche, Rohrbomben zu bauen.

»Das ist der gerechte Preis, den wir jetzt zahlen«, sagt Ahmed am nächsten Morgen. »Der Preis für all die Jahre, die wir als Gesellschaft geschwiegen haben.« Beim Frühstück berichtet Faten, dass neue Panzerkolonnen in die Stadt einrücken, eine Kollegin hat ihr Bilder aufs Handy geschickt. »Was haben die vor?«, grübelt Faten. Die Freundin war das letzte Mal vor zwei Tagen zu Besuch, völlig aufgelöst. Ihre beiden Töchter waren zur Schule gelaufen, die geschlossen war wegen der Ferien, doch sie fanden einen Weg hinein, zum Spielplatz, auf dem sie toben wollten – und sahen ihn voller Blut.

»Was bedeutet das?«, fragte ihre Kollegin, deren Kinder weinend nach Hause gerannt kamen. »Sie benutzen Schulen als Gefängnisse«, erzählte ihr Faten. »So machen sie das überall in der Stadt.«

5500 Euro verlangen die Geheimpolizisten, die Mazens Freund am Vortag festgenommen haben. Der Informant gab ihm zu verstehen, dass jener Freund seit gestern gefoltert werde. »Oh Gott«, sagt Mazen und tigert durch die Wohnung. »Ich muss was tun!« Er hat das Geld noch nicht zusammen. Der 25-Jährige ist grau um die Augen, das Gesicht ist wie eine Maske, es bleibt ausdruckslos, auch wenn er sich erregt.

»Wo ist mein Sohn?«, schreibt Faten heute in ihr Tagebuch. »Dieser Junge, dessen Lachen so ansteckend war, der sich dreimal am Tag wusch, über dessen Sauberkeitswahn wir uns alle lustig machten. Wo ist er jetzt? Ich vermisse sein Grinsen, sein verschmitztes Lächeln, sein verrücktes Tanzen, und am meisten vermisse ich: seine Liebe zum Leben.«

Wie ein Bienenvolk seine Königin umsorgen Mazens Männer ihren Scheich, einen jungen Bärtigen, der mir im Hauptquartier der Gruppe vorgestellt wird, charismatisch, ruhig und besonnen. Den Ehrentitel Scheich haben ihm die Männer im Lauf der Proteste verliehen, wie von selbst wurde er zu ihrer Führungsfigur. »Er wird vom Geheimdienst gesucht, tot oder lebendig«, sagt Mazen beeindruckt. »Wir achten darauf, dass immer viele Jungs um ihn herum sind.«

Ein Haus in einer engen Gasse in Baba Amr, überall verstecken sich Wachposten der Widerstandskämpfer, die nach Armee und Polizei Ausschau halten. Der Scheich hat mich zu sich gebeten, weil er mir besondere Gäste vorstellen will. Kleine Kinder wuseln um seine Beine, die ängstlich zu mir hochschauen, alle Besucher mussten ihre Waffen abgeben. Im Empfangszimmer des Scheichs sitze ich dann zwei Männern in weißen Gewändern gegenüber. Ich bin angespannt, habe Sorge, dass diese Einladung eine Falle sein könnte. »Sie wollen dich sprechen«, sagt der Scheich.

Die Männer gehören zu den hochrangigen Geheimdienstoffizieren der Stadt. Bisher hatte ich alles getan, um in Homs genau solchen Leuten auf gar keinen Fall zu begegnen. Der ältere von ihnen steht auf, um mir die Hand zu reichen und fragt: »Wie geht es Ihnen?«

Der Mann scheint die Ruhe selbst zu sein, gerader Rücken, offenes Lächeln. Fast reglos sitzt er auf dem Teppichboden, allein sein rechter Daumen zuckt nervös. Er versorge die Rebellen mit Informationen, erklärt der Offizier, wo wann wie die Einheiten der Sicherheitsdienste in Homs zuschlagen. Er könne dem Morden nicht länger tatenlos zusehen. Desertieren könne er ebenfalls nicht, weil das seine Familie gefährde.

»Ein Freund von mir hatte sich losgesagt. Sie kamen in sein Haus, vergewaltigten seine Frau und nahmen ihn mit.« So gehe er weiterhin ins Büro, jeden Morgen, Innendienst, betont er. 45 Prozent der Kollegen des Geheimdienstzweiges, dem er angehöre, seien derzeit krankgeschrieben. Für ihre Atteste hätten sie Ärzte bestochen. »Die, die bereits getötet haben«, sagt er, »können nicht gehen. Sie würden von beiden Seiten gesucht.«

Früher sei er stolz gewesen, Offizier beim Geheimdienst zu sein. Die Elite, sagt er. Das Vaterland. Der Kampf gegen Israel. »Es ging bei uns zu 80 Prozent um Abschreckung und nur zu 20 Prozent ums Prügeln. Inzwischen dreht sich alles nur noch ums Prügeln.« Früher sei er in den Restaurants umsonst bewirtet worden, jeder versuchte sich mit ihm gut zu stellen. Die Leute hatten Respekt vor ihm gehabt. Jetzt sei er froh, wenn ihn draußen niemand erkenne. »I am lost«, sagt er. Ich bin verloren.

Männer wie ihn gebe es viele in den Geheimdiensten, Schläfer der Rebellen, in fast allen Abteilungen, sie alle beobachteten die Gräueltaten, notierten die Namen der schlimmsten Mörder und Folterer, führten heimlich Protokoll über Gefangene und Tote. Für den Tag, an dem eine neue Regierung sie zur Rechenschaft ziehe. 120000 Menschen seien derzeit in Haft, behauptet mein Gegenüber. Im ganzen Land seien provisorische Internierungslager entstanden – in Kinos, Fabriken und Universitäten. Allein in Homs nutzten sie 25 Schulen und Lagerhallen als Gefängnisse. »Dort bleiben die Inhaftierten maximal eine Woche. Sie werden erst geschlagen und dann befragt.« Er nennt mir die Namen einiger Schulen, der Scheich nickt dazu. Ungefähr drei Viertel der Gefangenen würden nach einer Woche freikommen, oft gegen Lösegeld. »Diese Praxis hat der Präsident persönlich veranlasst«, sagt der Offizier. Die Freikäufe helfen den Assads, ihre Schläger und Soldaten zu bezahlen, denn dem Regime gehen allmählich die Rücklagen aus.

Der Ort des größten Schreckens liege außerhalb von Homs, 30 Kilometer vor der Stadt, wo der Militärgeheimdienst in einem Industriegebiet eine unterirdische Zellenanlage betreibe. »Das ist das Schlimmste«, sagt der Offizier. »Die haben da Kapazität für 10 000 Personen, sind aber noch nicht voll.« In den Gefängnissen Syriens seien bisher 12 000 Regimegegner gestorben. 6000 gelten als vermisst. Sie sind in den Niederungen der Geheimdienstwelt verschwunden, zu denen auch er und seine Kollegen keinen Zugang hätten. Er spricht von Massengräbern. Rund um Homs gebe es 32 davon, angelegt vom Militärgeheimdienst. In jedem Grab lägen zwischen 60 und 100 Tote. Die Sicherheitskräfte packten die Leichen in Müllsäcke, einen zögen sie über den Oberkörper, einen zweiten über die Beine. Müllwagen seien es dann auch, die die Toten zu den Gräbern führen. Vielen Opfern seien zuvor Leber, Niere und andere Organe entnommen worden. Der Offizier bestätigt damit das Gerücht, dem zufolge das Regime mit den Organen von Toten Handel treibt. »Die Organe gehen in den Libanon und nach Ägypten. Das berichten unsere Leute in den Krankenhäusern und beim Zoll.«

Die Zahlen des Offiziers sind weit höher als die Angaben syrischer Oppositionsgruppen. Die Lokalen Koordinationskomitees, die im März 2011 in verschiedenen Städten Syriens entstanden sind, sowohl, um die Proteste zu koordinieren als auch, um die Taten des Regimes zu dokumentieren, zählen bisher 2000 Tote und 15 000 Inhaftierte. »Das sind nur die Opfer, die wir mit Namen kennen«, sagt ein Sprecher. »Bei dem Umfang der militärischen Operationen gehe ich davon aus, dass es in Wirklichkeit noch viel mehr sind.«

»Ihr müsst uns helfen«, bittet der Geheimdienstoffizier und meint damit den Westen. Noch versuchten die Regimegegner ihren Protest friedlich zu halten, aber ein Bürgerkrieg sei unvermeidbar. »Es sind zu viele von uns gestorben«, mischt sich der Scheich ins Gespräch ein. Er erzählt, dass sich die Demonstranten zu bewaffnen begännen.

Im Viertel gebe es Verstecke mit Gewehren und Panzerfäusten, panzerbrechenden Raketen und sogar einer Flak, erbeutet von der Armee. Im ganzen Gouvernement Homs, das bis zur irakischen Grenze reicht, seien 10 000 Soldaten desertiert, behauptet der Geheimdienstmann. Tatsächlich häufen sich in Homs die Schießereien zwischen Deserteuren und Soldaten.

Der Offizier spricht etwas an, was in der syrischen Opposition ein Tabu war, was immer wieder verneint und abgelehnt wurde: eine militärische Intervention des Auslandes. »Was unterscheidet uns von Bengasi?«, fragt der Offizier. Er appelliert an den Westen, militärische Berater zu schicken, und Waffen. Er wünscht sich eine auf Homs begrenzte Flugverbotszone. Er will sie, und der Scheich will sie auch. Die drei Koordinatoren, die ich am Vortag traf, wollen sie und auch der besonnene Ahmed. Darin scheint es unter den Führern der Rebellion Einigkeit zu geben: Die Nato muss für Homs etwas tun. Eine Pufferzone einrichten. Satellitentelefone liefern. Irgendetwas. Sie seien sich über die Konsequenzen im Klaren, sagen alle. Aber wenn der Westen jetzt etwas tue, würden sich sehr wahrscheinlich größere Teile der Armee den Revolutionären anschließen. Die syrischen Oppositionsgruppen im Ausland redeten zu viel über politische Gespräche und Verhandlungen. »Assad wird sich nicht darauf einlassen«, sagt der Offizier. Denen sei nicht klar, wie dramatisch die Lage in der Stadt sei. »Die schlafen sicher in ihren Betten.« Er wiederholt, und alle anderen im Raum nicken: »Wir bitten die Nato, uns zu helfen.«

Die Panzer, die sich morgens in Bewegung gesetzt haben, drohen den Ort zu umschließen. Ich höre das Motorengeräusch, so nah ist die Kolonne bereits. Der Scheich drängt mich, die Stadt in der Nacht zu verlassen, sonst gebe es womöglich keinen Fluchtweg mehr.

Ich kehre an Fatens Küchentisch zurück. Ahmed hat am Nachmittag Kommunalpolitiker getroffen, mit denen er eine neue Partei gründen will. Die alten Herren haben schon große Teile des Programms niedergeschrieben. »Sehr sozialdemokratisch«, sagt Ahmed und grinst. Ganz aufgekratzt ist der Mann, ganz euphorisch. Landesweit versuchten Oppositionsgruppen einen Nationalen Übergangsrat zu formen, so wie in Libyen, damit das Ausland einen Ansprechpartner habe, sagt Ahmed. Es ist bereits der zweite Versuch. Der erste scheiterte mit der Verhaftung fast aller Ratsmitglieder.

»Sollen wir nicht auch gehen?«, fragt mich Faten am Abend, als ich mit Ahmed aufbrechen will. »Ist es nicht besser, Homs zu verlassen? Oder ist es wichtiger, hierzubleiben?« Sie verliert ihre mühsam bewahrte Fassung und weint. Ich streichle ihr über den Rücken, hilflos. Faten würde gehen, zu ihrer Schwester nach Damaskus, aber Mazen weigert sich. Er will bleiben. Alles andere wäre für ihn Verrat an den toten Freunden. Während der Vater über Parteistatuten saß, schoss heute der Sohn auf der Dachterrasse zum ersten Mal mit seiner neuen Pistole.

Das Morden beginnt an diesem Abend noch vor der gewohnten Zeit. »Was mache ich jetzt?«, fragt Ahmed, die Hände am Lenkrad, während um uns herum Schüsse fallen.

Er hat mit seinem Wagen die Hauptstraße erreicht. Die Demonstrationen haben noch nicht begonnen, links und rechts der Straße schlendern junge Männer zu den Moscheen. Plötzlich suchen sie Deckung, hinter Gartenmauern, in Hauseingängen. Aus dem Wagen heraus sehen wir Hunderte Uniformierte, wie sie rennen, stehen bleiben, wieder rennen, stehen bleiben, anlegen, schießen. Und abermals zu rennen beginnen. »Ruhig bleiben«, sagt Ahmed, mehr zu sich selbst. Er biegt in eine Seitenstraße, hofft, dass es dort sicherer ist.

Erst vorgestern hat er das Auto aus der Werkstatt zurückbekommen. Kugeln hatten vor einigen Tagen Kotflügel und die hinteren Türen durchschlagen. In den Seitenstraßen tasten sich andere Wagen voran, die Fahrer kurbeln die Scheiben herunter und geben einander Tipps, wie man die Gefahr am besten umfahren kann.

Faten ruft an. Mazen sei mitten in den Demonstrationen. Ahmed stöhnt. Kämpft gegen die Versuchung, die Nummer seines Sohnes zu wählen. Es könnte ihn im falschen Moment ablenken. Er biegt einmal nach rechts, dann noch einmal – und plötzlich stehen wir direkt hinter der Kolonne der Sicherheitskräfte. Sechs ihrer Busse blockieren die dreispurige Fahrbahn. Eine rollende Kaserne. In Trauben steigen Bewaffnete ein und aus. Hinter dem Konvoi staut sich der Verkehr, davor wird geschossen. Ich höre schwere Explosionen. Sporadisches Maschinengewehrfeuer. Die Busse stoppen für einige Minuten, dann rollen sie weiter, beharrlich, wie ein Pflug den Acker pflügt.

Ahmed trommelt mit den Fingern aufs Lenkrad. Da zeigt ein Soldat im Heck eines Busses auf mich. Drei weitere tun dasselbe. Zum Glück erreicht der Konvoi eine Kreuzung, Ahmed biegt ab.

An diesem Abend werden vier Menschen getötet und 40 verletzt. Mazen wird die Nacht über im Krankenhaus bleiben, um die Verwundeten zu bewachen. Die Jungen wollen jetzt die Waffen aus den Verstecken holen. Ein geheimes Krisenkomitee der syrischen Opposition reist aus der Hauptstadt Damaskus an. Sie bleiben 15 Stunden, reden mit vielen Gruppen, in vielen Vierteln. Die Zeit sei noch nicht reif, sagen sie und warnen. Noch seien die Regimegegner militärisch zu schwach und das Regime zu stark. Die Befürworter eines friedlichen Widerstandes setzen sich am Ende durch – noch einmal.

Am nächsten Tag gehen in Homs wieder Tausende Menschen auf die Straßen, mit nichts in den Händen als ihren Mobiltelefonen.

Aleppo, Syrien, Mitte 2012. Foto: Daniel Etter.

Eine Straße in Aleppo
Syrien, 2012

Die Hände zittern zu sehr, um die Schnürsenkel zu binden, diese albernen Schnürsenkel, sie flattern beim Laufen herum. Ich renne in die Dunkelheit des Treppenhauses, renne die Stufen hinab. Eine weitere Bombe schlägt in ein Gebäude der Nachbarschaft ein, der dritte Abwurf innerhalb von fünf Minuten. Nicht über die Schuhbänder stolpern, denke ich, um an irgendetwas zu denken. Der Boden bebt von der Wucht der Explosion. Ich erreiche das Erdgeschoss, drücke mich an die Wand. An dieser Stelle des Hauses soll der Beton am massivsten sein.

Das Kindergeschrei, das bis eben von der Straße drang, ist verstummt. Eine Ratte trippelt durch das Treppenhaus. Stille. Ich höre meinen eigenen Atem. Fliegen setzen sich auf meine Haut. So viele gibt es jetzt von ihnen. Der Müll zieht sie an. Er bedeckt Plätze und Straßenränder. Die Stadt verfault von innen heraus. »Unsere Stadt Aleppo«, sagen hier viele, »ist jetzt eine Stadt der Fliegen.«

Durch den schmalen Lichtschacht hallt das Triebwerksgeräusch eines Kampfflugzeuges. Hoch oben kreist es wie ein Raubvogel über einem Kaninchenbau. Die Menschen, die in dieser Straße wohnen, die ihnen Zuflucht ist und Falle zugleich, haben sich in ihre Häuser geflohen. Mohammed, der Taxifahrer von gegenüber, dessen Kinder auf dem Balkon eben noch miteinander gestritten hatten, der Schneider im Untergeschoss und der Friseur vom Eck, sie starren auf die Betondecken über ihren Köpfen oder schließen ihre Augen. Sie alle lauschen demselben Geräusch. Dem gleichmäßigen Röhren der Maschine.

Der Tod in Aleppo kommt willkürlich wie ein Gottesurteil. Es gibt keinen Schutz vor ihm. Er trifft die Menschen meist wahllos, plötzlich, an den unterschiedlichsten Orten, fast ohne System. In den vergangenen Monaten ist der syrische Bürgerkrieg immer unerbittlicher geworden, mit beinahe allen Mitteln kämpft das Regime von Baschar al-Assad ums Überleben. Den Aufständischen der Freien Syrischen Armee (FSA) gelang es, die Regierungstruppen aus weiten Teilen des Landes zu verdrängen. Mit Panzerfäusten und Maschinengewehren haben sie den Norden Syriens erobert. Sie kontrollieren die meisten Grenzübergänge zur Türkei und zum Irak. Lange hofften sie darauf, dass sich auch die Einwohner von Aleppo erheben, der zweitgrößten Metropole Syriens – doch sie taten es nicht. Im Norden Syriens ging die Rebellion von den armen Dörflern aus, sie zwangen den Krieg den reichen Städtern auf.

Aleppo, die Stadt, die nur wenig später für das ganze Grauen des syrischen Bürgerkriegs stehen wird, so wie Stalingrad für den Zweiten Weltkrieg oder Srebrenica für den Balkankrieg, ist im Frühsommer 2012 eine der letzten Hochburgen des Regimes. Wirtschaftsmotor des Landes, viel Industrie, viel Handwerk, zwei Millionen Einwohner. So bedeutend wie Mailand oder Madrid oder Marseille. Als die Städter nicht zu Revolutionären wurden, beschlossen die FSA-Kommandeure, sie zu Revolutionären zu machen. Im Handstreich nahmen sie im Juli einen Großteil der Stadt ein. Doch seit vier Wochen haben sich die Kämpfe in den Straßen festgefressen. Assad setzt jetzt eine seiner furchtbarsten Waffen ein, die er bisher zurückgehalten hatte: Kampfflugzeuge.

In diesen Tagen erlebt Aleppo die schwersten Luftangriffe, die es auf eine Großstadt seit dem Vietnamkrieg gegeben hat.

Als der Himmel ruhig wird und sich der Kondensstreifen

des Bombers im Wind verliert, füllt sich die Straße wieder mit Lärm. Kinder kommen aus den Hauseingängen, zuerst nur ein paar, dann viele. Eine Gruppe von ihnen läuft zu ihrer Schule am Ende der Gasse, um zu sehen, ob sie getroffen wurde. Frauen mit Kleinkindern am Arm machen sich auf den Weg zum nahen Gemüsemarkt. Mohammed, der Taxifahrer, tritt ebenfalls wieder auf die Straße, lacht. »Der Pilot muss auftanken!« Er wohnt seit zehn Jahren im Viertel, er kennt hier jeden und hat uns eingeladen, in die Wohnung eines Freundes zu ziehen. »Wir haben aber keinen Strom«, sagt er fast entschuldigend. Er steigt auf eine Metallleiter an der Fassade und prüft mit einem Leuchtstift, welche Drähte intakt sind und welche tot.

Die Bomben des Kampfjets haben die Männer der Straße bei ihrem Versuch unterbrochen, die Stromleitungen zu reparieren. Maschinengewehrgarben der Helikopter kappten sie vor drei Tagen. Seitdem hat die Straße keinen Strom mehr. Die Menschen leben im Dunkeln, die Sommerhitze staut sich in ihren engen Wohnungen an. Sie schlafen in ihrem eigenen Schweiß. Die Hitze steigt auf bis zu 40 Grad. Die Bewohner der kleinen Straße versuchen, die Stromkabel zu flicken, um sich nicht ganz ohnmächtig zu fühlen. Sie arbeiten, um nicht fortdauernd an die Toten zu denken, die sie fast täglich von der Straße tragen.

Der Krieg, von dem sie hier bisher nur gehört hatten, der weit weg zu sein schien, in Homs, in Hama, in den Vororten, ist endgültig auch in ihre Straße gekommen. Zu Beginn traf eine Granate den einzigen Baum in der Gasse, sie schlug ihn in zwei Hälften. Eine andere traf vor sechs Tagen einen Gemüsestand an der Querstraße und tötete zwei Menschen.

Ein Versehen, glaubten die Anwohner da noch. Doch dann griff vor drei Tagen ein Kampfjet die Warteschlange vor der Bäckerei an. Mitten in die Menge warf der Pilot seine Bombe. Hunderte Menschen stehen dort jeden Morgen für

Brot an. Es ist die einzige Bäckerei, die ihnen im Viertel geblieben ist. »Ich habe heute stundenlang Mehl gesiebt«, erzählt Mohammed. »Wir brauchen es, und es ist noch voller Splitter.« Ein Mehllaster hatte zufällig vor der Bäckerei geparkt und einen Großteil der Sprengwirkung abgefangen. Trotzdem starben fünf Menschen, neun wurden verletzt. Mohammed, ein Mann mit breiten Schultern, streckt die Arme aus, um zu zeigen, wie er die Kinder trug.

»Das erste Kind«, sagt Mohammed, »war in die Beine getroffen.« Aus den knopfgroßen Wunden rann dunkles Blut. »Das zweite Kind«, sagt er. Die Gedärme quollen aus seinem Bauch. »Das dritte Kind«, sagt er. Es war an den Händen verletzt, dieses eine überlebte. »Ich konnte nicht auf die Beerdigungen. Ich hatte dazu keine Kraft mehr.« Er steht vor den heruntergelassenen Jalousien eines Ladens, der Besitzer, ein 55-jähriger Schneider, Ahmed, und sein 25-jähriger Sohn sind ebenfalls vor der Bäckerei ums Leben gekommen. Jahrelang hatten sie unter Mohammeds Wohnung ihr Geschäft betrieben.

In dieser Woche Ende August werden zehn Bäckereien von der Luftwaffe Assads angegriffen. Bei der schlimmsten Attacke sterben 60 Menschen. Die Warteschlangen werden zu Todeszonen. Systematisch attackieren die Kampfjets auch die Bäckereien des Umlandes. Die Kleinstadt Marea rund 30 Kilometer nördlich von Aleppo, die wir auf unserem Weg passierten, hatte Glück. Die erste Fliegerbombe explodierte nicht. Sie war 500 Kilogramm schwer und reichte einem Erwachsenen bis zur Brust. Die Wartenden konnten fliehen, bevor wenige Minuten später eine zweite Bombe fiel – die dann explodierte.

»Assad, oder Syrien wird verbrennen!«, schreiben die Regimetruppen in den Kampfgebieten auf die Häuserwände.

Die Straße, in der wir wohnen, liegt in der östlichen Hälf-

te der Innenstadt. Die Kampflinie ist knapp einen Kilometer
entfernt. Die Straße ist eine von vielen. Sie trägt in dieser Reportage keinen Namen – um sie für Piloten nicht zum Ziel zu
machen.

Die Straße ist ungefähr 400 Meter kurz und 15 Meter
schmal. An ihrem Anfang steht die Moschee mit dem Gemüsemarkt, an ihrem Ende die Grundschule mit der Bäckerei
gegenüber. Sie ist gesäumt von grauen achtstöckigen Wohn-
hochhäusern, die beidseitig wie Felsen einer Schlucht aufra-
gen. Ihre Fassaden sind überwuchert mit Kabelsträngen der
Stromleitungen, lianengleich überziehen sie die Wände. Die
Ärmsten Aleppos leben hier, Sunniten die meisten, Arbeiter,
die mit ihren Familien aus den Dörfern herzogen, vom Boom
der Stadt gelockt, dazwischen viele Handwerker, vor allem
Schneider. Die Wohnungen sind klein und eng, der einzige
Luxus sind die Balkone, die sie mit bunten Plastikplanen ver-
hängen. Tief unten, von der Straße aus, wirkt der Himmel
wie ein Riss, schmal wie ein Reptilienauge.

Das Leben, wie es einmal war, erodiert mit jedem Tag etwas mehr. Die Menschen schauen zu, wie der Frieden in ihrem Alltag immer mehr schwindet. »Es muss ja auch mal
wieder besser werden«, sagt Mohammed.

In fünf Häuserblocks hat Mohammed Stromkabel ge-
prüft, als er den Kopf zum Himmel dreht, ein Sirren ist
plötzlich dort. Ein Geräusch, als würde ein Modellflugzeug
fliegen. »Ungefährlich«, sagt er nach kurzem Zögern schließlich. »Eine Überwachungsdrohne.« Unsichtbar schwebt sie
über uns, sichtet das Schlachtfeld, späht mögliche Ziele aus.
Angeblich liefert der Iran die Technologie, kürzlich haben
Rebellen der FSA eine Reparaturwerkstatt für diese Späher
erobert. Mohammed scheucht die Kinder davon. Er hat Angst,
dass größere Menschenansammlungen die Aufmerksamkeit
des elektronischen Auges auf sich ziehen. Dem Flug der
Drohne folge häufig Beschuss. Der Friseur gesellt sich zu

ihm, beide recken den Hals nach oben. »Siehst du was?«, fragt Mohammed.

Eine Weile prüfen sie den Himmel, drehen sich langsam um die eigene Achse, dann fragt der Friseur: »Wie sieht es mit dem Strom aus?« Er möchte endlich wieder arbeiten, und ohne Strom kann er seinen Salon nicht aufmachen.

Eine kleine Kampfgruppe der FSA ist in die Grundschule am Ende der Straße gezogen. Sie ist eine von zirka 60 »Brigaden«, die aus dem Umland nach Aleppo kamen. Ein Tischler führt sie an, ein massiger Kerl mit schwarzem Stirnband. Im Büro des Schulrektors hat er sein Quartier aufgeschlagen. »Wir sind 25 Mann, haben aber nur Waffen für die Hälfte.« Er ist allseits heiter, strahlt die Gewissheit aus, am Ende zu siegen, sei es im Diesseits oder im Tode.

Sie kämpfen mit Kalaschnikows, Panzerfäusten, zwei Maschinengewehren und mehreren Flinten für die Hasenjagd. Ihr Arsenal lagert auf den Sesseln des Büros. Der Tischler hat sich vom Militärrat der Rebellen einen Frontabschnitt im Süden Aleppos zuweisen lassen. Die Schule ist sein Rückzugsraum. Matratzen liegen in den Klassenzimmern, es gibt Fernseher, damit sie in Ruhezeiten DVDs sehen können. Am Eingang haben sie mit einem Tisch und einem Stuhl eine Art Rezeption aufgebaut. Die Anwohner können in einem Buch eintragen, wie viel Mehl sie brauchen, wie viel Milch. Das FSA-Grüppchen versucht, Polizeiarbeit zu verrichten, versorgt die Bäckerei auf der anderen Straßenseite mit Diesel, und doch sind die Kämpfer dem Viertel mehr Gefahr als Hilfe. Fast täglich ist die Schule Ziel von Bombardierungen.

Für viele Anwohner ist die FSA nicht Befreier, sondern Besatzungsmacht. »Wir halten uns von denen fern, und die wollen nichts von uns«, sagt ein Grundschullehrer auf der Straße, der früher hier unterrichtete. »Bevor sie in Aleppo waren, war es besser. Wir hatten Arbeit. Uns ging es gut. Und jetzt? Schaut euch um!«

Oft gibt es Streit in der kleinen Straße. In Gruppen stehen die Männer zusammen und diskutieren. »Du hast es doch selber gesehen«, herrscht Mohammed, der Taxifahrer, den Lehrer an. »Dein Assad hat auf die Menschen vor der Bäckerei gefeuert! Das war kein militärisches Ziel!« Es ist schwer zu sagen, wie viel Unterstützung das Regime in Aleppo tatsächlich noch hat. Zu viel Angst haben die Menschen, vor Assad und vor der FSA. Das Maschinengewehr eines Kampfhubschraubers donnert über der Nachbarschaft. Zwei, vielleicht drei Straßenzüge von hier entfernt. Der Lehrer grüßt kurz, beeilt sich nach Hause zu kommen, Mohammed rutscht in den Hauseingang, wo er hofft, sicherer vor den Splittern zu sein.

Den Bug nach vorne geneigt, pflügen drei Helikopter durch die Straßenschluchten. Sie treiben die Menschen vor sich her, Passanten suchen Schutz an Hauswänden, unter Türvorsprüngen. Manchmal attackieren sie Stellungen der FSA, meistens aber halten sie die Stadt einfach nur in permanentem Schrecken. Autofahrer, die unterwegs von Hubschraubern überrascht werden, fahren um ihr Leben, biegen von Hauptstraßen in Seitenstraßen ein, fliehen aus ihren Wagen. Die Hauptverkehrsachsen sind gesäumt von ausgebrannten Wracks. An diesem Tag reißt das Feuer der Bordkanonen nicht mehr ab. In den wenigen Pausen arbeitet Mohammed an den Kabeln, kommt aber nicht viel weiter.

Wie Brandungslärm schwillt das Helikopterfeuern an und ab, rückt mal nahe und ist dann wieder weit entfernt. Die Schüsse durchdröhnen den ganzen Abend, die Familien essen derweil mit ihren Kindern, ein paar Jungs spielen auf der Straße Fußball. Nur wenn die Helikopter zu dicht herankommen, drücken sie sich an die Mauern, so sehr haben sie sich in den letzten Wochen daran gewöhnt.

Kurz nach Mitternacht ist die Stadt plötzlich wieder still. Die Männer entfliehen der Hitze ihrer Häuser. Sie sitzen auf den Bürgersteigen, trinken Tee und reden bis zur Dämmerung. »Wir müssen morgen das mit dem Strom wieder hinbekommen«, sagt Mohammed.

Die Stadt, die ihren Bewohnern bis vor wenigen Tagen so vertraut war, diese verwinkelten Gassen, in denen sie sich fast blind zurechtfanden, ist ihnen jetzt zerklüftetes unbekanntes Terrain. Jede Fahrt zwischen den Stadtvierteln bedeutet ein unkalkulierbares Risiko. Die Situation ändert sich manchmal stündlich. Scharfschützen des Assad-Regimes lauern an wechselnden Orten. Die Shabiha-Milizen können jederzeit einfallen, in Zivilfahrzeugen, in T-Shirts und Jeans, und sich mit den Rebellen Schießereien liefern. Fast täglich kommen Passanten im Kreuzfeuer um. Der Bewegungsradius der Menschen wird immer enger. Die Bewohner der Straßen leben plötzlich wie in einer vorzeitlichen Höhlengesellschaft. Selten entfernen sie sich von ihren Wohnungen weiter als ein paar hundert Meter.

»Die Nacht ist nicht mehr wie die Nacht, und der Tag ist nicht mehr wie der Tag«, sagt Rahman Abdul, 50, im vierten Stock seines Wohnhauses. »Es ist alles durcheinander.« Sie wachen nachts, wenn die Flugzeuge bombardieren, und schlafen in den Tag. Er gehört mit seiner Familie zu den wenigen, die noch in den oberen Hausetagen leben.

Die Vorhänge flattern durch die offenen Fenster. Seine zwei Jungs, elf und fünf, spielen auf dem Balkon. Vor dem Krieg hatte er eine gut gehende Werkstatt für Zierleisten, er exportierte bis Italien und Saudi-Arabien. Das Doppelstockbett der Kinder haben er und seine Frau aus dem Balkonzimmer in den Flur geschoben, als Sicherheitsmaßnahme. »Wo sollen wir denn hin?«, fragt er. Einige der Nachbarn sind auf die andere Seite der Front geflohen, in die von der Regierung kontrollierten Stadtteile, wo es keine Bombenangriffe gibt. Aber bald, glaubt Rahman, werden die Kämpfe auch dorthin kommen. Zehntausende Familien in Aleppo sind auf der Flucht, beständig auf der Suche nach dem jeweils sichersten Quartier.

Wie Treibgut des Krieges schwappen sie von einem Viertel zum anderen, von Verwandten zu Bekannten, und enden oft genug in den Wohnungen, aus denen sie ursprünglich geflohen sind.

An diesem Morgen ist die Familie aus der Etage unter ihnen ausgezogen. Jetzt ist Rahman mit seiner Frau und seinen Kindern der Einzige auf sieben Stockwerken. »Der Vater kam zum Abschied kurz hoch, hat bei mir einen Tee getrunken und ist gegangen.« Rahman sitzt auf einem Sofa, den Kopf schräg zum Himmel gewandt, und saugt an einer Zigarette, als wolle er alles Nikotin auf einmal daraus ziehen. Die Einbrüche in der Nachbarschaft, klagt Rahman, nähmen zu. Auch deshalb bleibe er. »Sie wissen, wo die leeren Wohnungen sind.« Wenn die Assad-Truppen mit dem Artilleriebeschuss begännen, würden die Diebesbanden in der Stadt aktiv. Sie seien bewaffnet, brächen die Türen auf und räumten alles aus.

Ein Nachbar, der sich schwer atmend die Treppe hinaufgequält hat, klopft an die Tür, lässt sich neben Rahman aufs Sofa fallen, ein Wachmann, der nachts im Auftrag der Ladenbesitzer die Straße kontrolliert. »Ich bin am Ende, ich bin am Ende«, sagt er zu Rahman. Er drückt die Hände aufs Gesicht und reibt sie hart gegen die Wangen. Vor zwei Wochen hat eine Fliegerbombe sein Haus getroffen und bis auf die Grundmauern zerstört. Zwei Männer und zwei Frauen starben, die Leichen haben sie aus dem Schutt gegraben. Er zeigt das Bild der Trümmer auf seinem Handy. Zeigt dann das Foto seiner ältesten Tochter. Sie wurde vor einem Monat entführt.

So viele Menschen in der Stadt verschwinden spurlos, besonders junge Mädchen. Die 17-Jährige hatte mit seiner geschiedenen Frau in New Aleppo gewohnt, einem der wohlhabenden Stadtviertel im Westen, bis heute unter Assads

Kontrolle. Auf dem Weg zum Einkaufen sei sie von zwei Männern in ein Auto gezwungen worden. »Sie haben mich angerufen und erst eine Million Syrische Pfund und dann 500 000 verlangt.« Seither wähle er die Telefonnummer der Entführer, wieder und wieder, aber es melde sich niemand.

In diesem Moment heben die Söhne Rahmans draußen auf dem Balkon die Arme, tuscheln und zeigen sich etwas am Himmel.

Sie sehen über den Dächern einen Kampfjet. Der Pilot fliegt eine weite Rechtskurve, geht dann plötzlich in den Sturzflug über und rast auf uns zu – als wolle er mitten durch das Wohnzimmer. Ich renne aus dem Raum, befürchte, dass der Jet die Häuserfronten beschießt. Rahman und der Wachmann stürzen von ihrem Sofa, alle flüchten in den Flur, die Kinder kommen hinterher, da ist der Kampfjet schon längst übers Haus geflogen. Mir zittern die Knie. Ich kann nicht mehr reden, würge, ringe um Fassung. Rahman hat geweitete Augen. Die Jungs sind schockstarr.

»Es ist nichts, es ist nichts«, versucht der Vater zu beruhigen. Das Dröhnen einer Explosion in großer Nähe, das Bersten von Stein, Holz, Metall. »Beim Krankenhaus«, sagt Rahman rasch. »Die zielen immer aufs Krankenhaus.« Am Fenster ziehen schwarze Rauchwolken vorbei. FSA-Kämpfer hasten aufs Dach, um den Jet mit Maschinengewehren zu beschießen, ein verzweifeltes Unterfangen, und es steigt damit die Gefahr, dass der Pilot zurückkehrt. Ich beeile mich, aus den oberen Geschossen zu kommen und laufe die Treppe hinab. »Ich wünschte«, ruft mir der Wachmann hinterher, »in mir wäre eine gewaltige Bombe und sie würde jetzt hochgehen. Dann wäre sofort Schluss mit allem.«

Am nächsten Morgen will Rahman mit seinem Ältesten wieder zur Bäckerei und sich für Brot anstellen.

Unten auf der Straße ringen sie immer noch um Strom. Mohammed ist sich inzwischen sicher, dass es nicht nur an den Kabeln liegen kann. Die Nachbarn stellen im Laufe des Tages eine kleine Delegation zusammen und schicken sie zum zentralen Kraftwerk, das noch von Assads Truppen kontrolliert wird. Sie passieren die Kampflinien, bangen an den Kontrollstellen. Die Soldaten lassen sie durch, doch empört kehren die Straßenbewohner am Nachmittag zurück. »Wir haben euch den Strom abgeschaltet«, hätten ihnen die Ingenieure gesagt. »Wenn ihr die Rebellen loswerdet, schalten wir ihn wieder an.« – »Wir haben doch keine Waffen!«, hätten sie den Technikern geantwortet.

Die Männer entwickeln jetzt einen neuen Plan. Sie wollen aus einem Nachbarquartier, in dem die Versorgung noch funktioniert, den Strom umleiten und die Verteilerkästen manipulieren.

»Wie soll ich bloß wieder zur Schule gehen können?«, fragt ein 14-jähriger Junge, der ruhelos auf einem Mountainbike in der Gasse auf und ab fährt. Stets alleine stumm über seinen Lenker gebeugt, hält er Abstand zu anderen Jugendlichen. Er holt aus der Hosentasche mehrere Schrapnelle, die er eben auf dem Schulhof aufgesammelt hat. »Noch ein Tag«, sagt er, den Tränen nah, »und die Schule ist völlig kaputt.«

Die Gesellschaft in der kleinen Straße hat sich in zwei Welten geteilt. Selten begegnen die beiden einander. Die eine lebt im Tageslicht, ihre Stimmen erfüllen die Luft. Die andere ist tief in der Erde versteckt. Einem Torwächter gleich sitzt ein 45-jähriger Familienvater stundenlang vor dem Kellerabgang des Nachbarhauses. Unruhig beobachtet er das Leben in der Gasse, mustert die Passanten. Hinter ihm führen 43 Betonstufen hinab in fast völlige Dunkelheit, wo an den Wänden kleine Kerzen flackern und zwei Kinder spielen.

»Muneer und Abdul«, sagt der Familienvater. Mit ihrer Mutter und einer Tante leben sie hier seit einem Monat. Bisher gingen sie täglich für ein bis zwei Stunden an der Oberfläche spazieren. Doch seit vier Tagen haben die Frauen und

Kinder das Sonnenlicht nicht mehr gesehen. »Der Beschuss ist so stark wie noch nie«, sagt ihr Vater. »Es ist da oben zu gefährlich«, sagt der sechs Jahre alte Abdul. Die Gesichter der beiden Jungs sind kalkweiß. Ihr Haar ist zerzaust. Sie schauen auf die Besucher, die Arme an den Körper gedrückt, ganz fest, ganz reglos, mit aufgerissenen Augen, bis wir wieder gehen.

Das Haus der Familie liegt gegenüber der Bäckerei. Als eine Druckwelle die Fenster bersten ließ, beschlossen sie, in den Untergrund zu ziehen. »Ich habe in diesem Keller früher eine Schneiderei betrieben«, sagt der Mann, ein Fabrikbesitzer. 15 Angestellte hatte er vor dem Krieg. »Wir kommen zurecht«, sagt er. »Die Frauen putzen und kochen, die Kinder spielen.« Die Situation ist ihm unangenehm. »Lass die Kinder doch etwas an die Luft«, raten die Nachbarn.

An den Wänden hängt ein Dutzend Vogelkäfige, in denen gelbe Kanarienvögel mit kleinen Spiegeln spielen. Sie haben sie vom Balkon der Wohnung hierhergetragen, damit sie nicht von den Druckwellen getötet werden. Der Mann hält eine Kerze in der Hand, nervös kratzt er mit dem Fingernagel über das Wachs. »Wir waren die ganze Nacht wach«, sagt er. »Dieser wahnsinnige Beschuss.« Vom Markt hat er zwei Tüten neue Kerzen geholt, es wird immer schwieriger, sie aufzutreiben, eine Stunde hat er dafür gebraucht. Der Fernseher steht blind in der Finsternis. »Bis vor ein paar Tagen hatten wir wenigstens Licht«, sagt er. Wenn eine schwere Bombe das Haus trifft und alles über ihnen zusammenstürzt, beruhigt der Vater sich und seine Familie, »werden uns die Nachbarn ausgraben. Die wissen ja, dass wir hier unten sind.«

Die Front verläuft in den Nachbarvierteln, irgendwo da draußen in diesem Häusermeer. Wie ein Halbmond legt sich die von den Rebellen kontrollierte Zone um die Altstadt mit der antiken Zitadelle darin. Die Kämpfer der FSA haben die sunnitischen Quartiere weitgehend erobert. Im Norden Aleppos halten sich die kurdischen Gegenden zurzeit noch neutral. Ihre Volksverteidigungskräfte greifen Regierung wie auch Rebellen an, wenn sie in die Viertel eindringen. Am Saum der christlichen Gebiete wird gekämpft. Die Bewohner dort haben ihrerseits Milizen gebildet, um sich gegen Übergriffe der FSA zu schützen. Sie fürchten Massaker. In der Vergangenheit waren die Christen treue Verbündete des Systems.

Die Truppen Assads haben sich vor allem im wohlhabenderen Westen aufgestellt, in den Militärakademien, dem großen Sportstadion, das zum Panzerdepot geworden sein soll. Mit einer Großoffensive und 30 000 Mann versuchen die Generäle seit drei Wochen, das verlorene Gelände zurückzuerobern. Trotz der überlegenen Feuerkraft kommen sie kaum voran, zwei, drei Straßenzüge haben sie der FSA bisher abgenommen. Und auch die FSA schafft es bisher nicht, die Armee ganz aus der Stadt herauszudrängen. Ihre eigene Mannstärke gibt sie mit bis zu 9000 Kämpfern an. Quer durch die Häuserwände werden von beiden Seiten Tunnel und Stellungen gebrochen. Scharfschützen nehmen sich gegenseitig ins Visier. Es gibt Momente, da belagert die FSA verschanzte Soldaten des Regimes und sieht sich kurz darauf selbst von ihnen belagert.

Im Keller einer Villa koordiniert der Anführer des Rebellen-Militärrates die Operationen der FSA. Er trägt zwei goldene Sterne und einen Adler auf seinen Schulterblättern. Es hat selten einen nervöseren Heeresführer gegeben als Brigadegeneral Abdel Jabbar al-Kaidi, und wohl selten auch einen mutigeren. Er ist vor einigen Monaten von der Regierungsarmee übergelaufen. Seither ist er mit seinem kleinen Stab von Offizieren fortwährend auf der Flucht, von Haus zu Haus. Am Vorabend hat ein Kampfflieger mit der Bordkanone seinen Wagen attackiert, der Fahrer wurde schwer verletzt, der General selbst konnte sich zwischen Büschen am Straßenrand verstecken.

»Wir arbeiten auf zwei strategischen Achsen«, erklärt er über die Karte von Aleppo gebeugt. Seine Männer versuchten, das bisher Eroberte zu halten und weiter anzugreifen. Er tippt mit dem Kugelschreiber auf die Stadtteile, die die FSA kontrolliert. Doch immer wieder, sagt er, geht seinen Kämpfern die Munition aus. »Keiner will uns so richtig helfen. Das Ausland redet nur. Fast alle unsere Waffen stammen aus Beuteständen.« 15 Stinger-Flugabwehrraketen hätten sie neulich auf dem Schwarzmarkt gekauft, einst von der Mafia aus US-Arsenalen im Irak gestohlen. Doch fehlten ihnen die Codes, um die Elektronik der Raketen zu aktivieren. Ein Team der CIA habe sich nach Aleppo schmuggeln lassen, auch andere Geheimdienste seien hier. »Aber sie fragen nur«, sagt der General ungehalten. »Sie wollen nur Namen und Waffenlisten. Sie fragen und fragen, aber geben nichts.«

Das Gerücht sickert am Abend von verschiedenen Seiten ein, Mohammed hat auch davon erfahren. Ein Kommando von Assad-Scharfschützen sei in das Viertel unterwegs. »Ich habe es von ein paar Leuten gehört«, sagt Mohammed besorgt. Mehrere Familien verlassen die Straße, sie packen das Notwendigste. Ein Traubenhändler ist nur wenig entfernt von hier in den Hals geschossen worden. Unser Nachbarhaus zur Linken wird in der Nacht von einem Schuss getroffen. Zufällig oder gezielt, niemand vermag das zu sagen. Trotzdem stellen sich bereits um drei Uhr morgens die Menschen abermals vor der Bäckerei an. Als es dämmert und die Kampfhubschrauber wieder über dem Viertel feuern, sind es bereits mehrere hundert.

Ich überlege, zur Bäckerei zu gehen, wo Frauen und Kinder auf Brot warten. Ich wage es nicht. Es sind nur 200 Meter.

Die Stadt ist zur Selbstzerstörung verdammt. Die Welt hat sie aufgegeben. Während die Menschen in Aleppo sterben, wird international über eine Flugverbotszone diskutiert. Russland und China votieren dagegen, und im Westen findet sich keine Mehrheit dafür. Eine Flugverbotszone sei »keine geeignete Lösungsstrategie«, lässt etwa das deutsche Außenministerium im trockensten Beamtendeutsch verlauten. Stattdessen wolle man den Flüchtlingen in der Türkei und Jordanien helfen. Die USA wollen erst dann eingreifen, wenn das Assad-Regime Chemiewaffen einsetzt. Nur Frankreich prescht vor, doch wird das allein nicht reichen. In den Straßen Aleppos herrscht eine Pattsituation. Weder die Regierungstruppen noch die Rebellen werden in den nächsten Wochen eine Entscheidung herbeizwingen können. Die Stadt, sagen die meisten ihrer Bewohner, ist verloren. Das Feuer der Zerstörung werde brennen, bis die Flammen an sich selbst erstickten.

Der Aufzug des Krankenhauses funktioniert noch, sonst funktioniert nicht mehr viel. Dieses Gebäude wird so heftig beschossen wie kaum ein anderes in der Stadt. Achtstöckig ist es zwischen die Häuser des Viertels hineingebaut. »In den letzten 20 Tagen wurden wir zehn Mal getroffen«, sagt der junge Arzt im blutbefleckten Kittel. Er nennt aus Angst seinen Namen nicht, ist übernächtigt, wirkt wie in Trance. Er sieht auf die Dinge, und doch sieht er sie nicht.

Im sechsten Stock hat die Rakete eines Kampfjets die Außenwand der Intensivstation aufgerissen, der Straßenlärm füllt den Raum. Im fünften Stock ist die Frauenstation zerstört, im vierten die Säuglingsabteilung, gläserne Inkubatoren stehen vor offenen Wänden, im dritten das Bettenlager. »Wir lassen die Patienten bei uns nicht übernachten, das wäre viel zu gefährlich«, sagt der Arzt. Die Zuflucht der sechs Ärzte und 20 Krankenpfleger ist der Keller, ein halbwegs sicherer Ort, sagen sie, zumindest bei einer Bombenlast von bis zu 300 Kilogramm. Beim Abwurf größerer Bomben bräche auch der Keller zusammen.

Der Fußboden der Notambulanz ist mit einem Muster an Fliegenkadavern bedeckt. Das getrocknete Blut zieht sie an. Im Takt der Bombenabwürfe kommen die Verletzten, 70 bis 80 jeden Tag. »80 Prozent sind Zivilisten«, berichtet der Arzt, der bisher einen relativ ruhigen Vormittag hatte, nur drei Opfer von Scharfschützen, zwei konnte er retten, einer starb. »Wir brauchen keine Medikamente«, sagt er. »Wir haben davon genug. Wir brauchen viel mehr Personal.« Die meisten der niedergelassenen Ärzte im Viertel seien geflohen.

In der Straße von Mohammed beginnt sich die Stimmung gegen die Kämpfer in der Schule zu drehen. »Nicht nur wir stehen unter ihrem Schutz«, ruft der Friseur wütend, »sondern die stehen auch unter unserem Schutz!« Nachbarn, die morgens vor der Bäckerei warteten, hatten beobachtet, wie die Rebellen eine Gruppe von Gefangenen in die Schule zwangen. »Das sind Männer der al-Berri«, sagt der Friseur. Der Familienclan der al-Berri gilt als eine der berüchtigtsten Mafiabanden Aleppos, eine wichtige Stütze des Regimes. Zum Schein, heißt es, betrieben sie ein Fuhrunternehmen, tatsächlich aber lebten sie von Erpressung, Drogen und Auftragsmorden für die Regierung. Acht ihrer Oberhäupter wurden neulich von der FSA im Schulgebäude des Nachbarviertels exekutiert.

»Die al-Berri werden hierherkommen, um sie zu befreien«, klagt Mohammed.

»Nicht alle al-Berri sind böse Leute«, sagt der Friseur. »Aber wenn du bei den Rebellen den falschen Namen hast, bist du ja schon verloren!«

Drei weitere Familien räumen heute ihre Wohnung, beladen geliehene Lieferwagen, stapeln Habseligkeiten, setzen die Kinder darauf und verlassen für immer die Straße.

Der Kommandeur ist in seiner Schule sehr entspannt. Er gibt vor, von der Aufregung im Viertel nichts zu wissen. Die

Gefangenen seien gut versorgt und würden gemäß der Genfer Konvention behandelt. Sie hätten zwei Lastwagen auf einer umkämpften Straße gefahren. »Dort sind nur Kämpfer unterwegs oder Idioten.« Man werde sie verhören und dann entscheiden. Die acht Männer sitzen in einem Klassenzimmer, auf dem Boden kauernd, bis ins Mark verängstigt, aber noch unverletzt. Immer mehr kommen Einheiten der FSA in die Kritik, weil sie prügeln und foltern.

»Wir machen Fehler«, beschwichtigt der Kommandeur in seinem Büro, »aber wir korrigieren sie auch.« Da reißt ein Kämpfer die Tür auf. »Sie versuchen durchzubrechen!« Assad-Truppen bedrängen die Front am Flughafen mit Panzern und Helikoptern, sie brauchen Verstärkung, sagt er und nimmt die letzte Panzerfaust, die auf dem Sessel liegt.

Ein weiterer Versuch der Straßenbewohner, die Stromversorgung zu reparieren, scheitert am Abend jämmerlich. Als Mohammeds Cousin an einem Verteilerkasten herumschraubt, kommt es zu einem Kettenkurzschluss. Fünf andere Verteilerkästen brennen durch. Die Rebellen in der Schule sind aufgebracht. Auch sie haben jetzt kein Licht. Mit ihren Waffen stürmen sie auf die Gasse hinaus. »Warum überlasst ihr das nicht uns«, schreien sie die Bewohner der Straße an. Beide Seiten beschimpfen sich, Mohammeds Cousin zieht ein Messer, die Rebellen schießen in die Luft, einer schlägt ihn mit dem Gewehrkolben zu Boden. Für eine halbe Stunde ist die kleine Straße gefüllt vom Getöse der Streitenden – bis ihr Schreien im einsetzenden Kanonendonner der Helikopter untergeht.

In dieser Nacht wird ein Wohnhaus getroffen, 600 Meter von uns entfernt, drei Frauen und ein Kind sterben.

Ob Assad bald wiederkommt, fragt sich Mohammed, der Taxifahrer, wenn er vor seinem Haus auf dem Trottoir sitzt. Was dann passieren wird. Ob er alle umbringen wird, die mit der FSA kooperierten? Es gibt noch so viele Spitzel in dieser

Straße, einfache Nachbarn, die ihn, Mohammed, denunzieren könnten, um sich später Vorteile zu verschaffen. Es sind nicht nur die Bomben, die ihn nachts nicht schlafen lassen.

Das Wunder geschieht am frühen Abend des nächsten Tages, zwischen zwei Helikopterangriffen. Die Nachbarn haben Geld zusammengelegt, um einen Techniker des Kraftwerkes zu bestechen. Das Licht springt an, erst nur in einem einzigen Laden, es flackert, geht aus, springt dann ein zweites Mal an. Und diesmal leuchtet die ganze Straße. Kinder und Männer laufen hinaus, die Frauen schauen von den Balkonen, sie umarmen sich, juchzen, hüpfen und klatschen in die Hände.

Die Straße hallt von ihrem Lachen.

»Sollen sie doch schießen«
Libyen, 2011

Das Schiff, das den einen das Leben bringt und den anderen das Verderben, legt ab, mit dem Rumpf kratzt es kurz am Kai entlang, die Ezzarouk, ein in Holland gebauter Hafenschlepper, dann löst es sich und fährt hinaus auf die offene See.

Die Männer an Deck heben die Hände. Sie rufen Gott an, nicht so euphorisch wie sonst, verhaltener. Die Reise der Ezzarouk ist geheim, wenige in der libyschen Hafenstadt Bengasi wissen von ihr. Dr. Sulaiman Fortia, 57, in Anzug und gebügeltem Herrenhemd, umklammert die Reling. Der Mann, der die Überfahrt organisiert hat, kämpft mit der Übelkeit, noch mehr mit seiner Angst. »Heute wird es keine Probleme geben«, sagt er und versucht ein befreiendes Lachen, was ihm misslingt. 25 junge Männer begleiten ihn, sie schlagen den heiligen Koran auf, flüstern Suren und bereiten sich vor auf ein Leben, das dem Tode folgt.

Die Überfahrt soll 24 Stunden dauern und nach rund 250 Seemeilen in Misrata enden, der drittgrößten Stadt Libyens. Am 20. Februar 2011 haben sich ihre Einwohner gegen den Despoten Muammar al-Gaddafi erhoben, mit Massendemonstrationen und Kundgebungen wie in anderen Orten. Doch nirgendwo reagierte das Regime so brutal wie in Misrata. Seit fünf Wochen wird die Stadt von Regierungstruppen belagert. Eine halbe Million Menschen leben eingeschlossen auf wenigen Quadratkilometern, sämtliche Ausfallstraßen sind von Gaddafis Panzerverbänden blockiert. Scharfschützen haben Teile des Zentrums besetzt und zielen auf alles, was sich bewegt. Wahllos feuert schwere Artillerie in den Ort hinein. Der Name Misrata, den im Ausland zuvor kaum jemand kannte, steht für das bisher größte Drama des Bürgerkriegs. Das Leningrad Libyens. »Wenn wir das Schiff nicht durchbringen«, sagt Sulaiman Fortia auf der Ezzarouk, »wird die Stadt in den nächsten drei Tagen fallen.«

Diese Fahrt ist auch eine ins vermutlich nächste Einsatzgebiet der Bundesmarine. Deutschland hat sich bisher nicht an der UN-Intervention gegen Gaddafi beteiligt, doch selbst Berlin kann es sich nicht leisten, die Tragödie dieser Stadt zu ignorieren. Die Europäische Union erwägt eine Rettungsaktion, die Gremien tagen – viel Zeit bleibt ihnen nicht.

Ich habe am Hafenkai in Bengasi gezögert, an Bord zu gehen, den Schritt ins Unwägbare zu tun. »Was ist jetzt? Entscheiden Sie sich!«, rief Fortia ungehalten. Ich warf das Gepäck aufs Deck und fand nur schwer einen Platz in den Mannschaftsräumen. Der 26 Meter lange Schlepper ist voller Waffen und Munition. Gewehre unterschiedlichster Typen, in graue Decken eingewickelt, liegen auf dem Boden der Kajüten. Unter den Tischen der kleinen Messe stapeln sich Gewehre, die Waschküche ist angefüllt mit Panzerfäusten. Patronengurte hängen aus den Deckenverkleidungen wie anderswo Isolierwolle. Das Schiff ist eine große schwimmende Bombe.

Es gibt keine andere Möglichkeit, die belagerte Stadt zu versorgen, als den Weg übers Meer. Kleine Fischerboote pendeln seit Wochen zwischen Bengasi und Misrata, unregelmäßig, wetterabhängig. Drei Tage brauchen die Nussschalen für die einfache Strecke. Die Ezzarouk ist der Riese unter den Zwergen, das bislang größte Schiff, mit dem die Rebellen Gaddafis Blockade zu durchbrechen hoffen.

Der Bordmechaniker verteilt schwarze Plastiktüten, in die sich die Freiheitskämpfer erbrechen. Der Schlepper, kurz und hoch, eigentlich nur für die Hafenarbeit ausgelegt, taucht ins aufgewühlte Mittelmeer. Die Kajüten teilen sich bärtige Feldarbeiter aus dem Hinterland, Studenten unterschiedlicher Fächer und Exil-Libyer aus dem Ausland – unter ihnen der neue Öl- und Wirtschaftsminister des Nationalen Übergangsrates, Ali Tarhouni, der vor einem Monat aus Seattle kam.

Angespannt schaut der bisherige Wirtschaftsprofessor auf das Bordradar und raucht Kette. Der 60-Jährige ist seit Wochen übernächtigt, die Haare stehen ihm wirr vom Kopf ab.

Er hat drei Holzkisten mit Bargeld auf den Schlepper verladen lassen, weil den Belagerten in Misrata sonst die Geldscheine ausgehen. Mehrere Millionäre senken auf der Ezzarouk ihre Köpfe in die schwarzen Tüten. In Misrata erhoben sich nicht nur die Jugendlichen und Rechtsanwälte wie in Bengasi, sondern auch Unternehmer. Sulaiman Fortia ist Leiter eines internationalen Ingenieurbüros, sein Vater starb unter Gaddafi im Gefängnis, sein jüngster Bruder bei den Demonstrationen vor fünf Wochen. Die Schiffsreise hat er gemeinsam mit Mohamed al-Muntasser organisiert, ein Mann über zwei Meter hoch, der ständig überall anstößt in diesem engen Schiff, einem der wichtigsten Geschäftsleute des Landes. Die beiden Männer sind Mitglieder des Nationalen Übergangsrates und haben vor drei Tagen die gefährliche Reise nach Bengasi auf sich genommen, zum ersten Mal seit der Belagerung, um Waffen zu kaufen.

650 Gewehre hätten sie in Bengasi auf dem Schwarzmarkt erstanden, erzählt al-Muntasser, dem als Einziger an Bord der Luxus gestattet wird, eine eigene Kabine zu beziehen. Er hält sich nur kurz auf der Brücke des Schleppers auf und zieht sich dann in seine Kammer zurück. Er hasst die See. »Wenn wir es nach Misrata schaffen«, sagt er, »verdreifachen wir mit unserer Fracht die Zahl der Waffen.« Bis zu dieser Fahrt haben sich die Aufständischen in der Stadt mit 250 Gewehren und einem Dutzend Flugabwehrgeschützen gegen zehn Bataillone der Gaddafi-Truppen verteidigt.

Hinter der Ezzarouk kämpfen zwei weitere Schiffe gegen die Wellen an, alte Fischtrawler, die ebenfalls Waffen in sich tragen. Al-Muntasser hat sie aus eigener Tasche bezahlt, erzählt er. »Wir bekommen in Bengasi nichts geschenkt. Die sagen uns, sie brauchen die Sachen an ihrer eigenen Front.« Die beiden größten Hafenstädte Libyens sind seit Jahrhunderten in bitterer Konkurrenz. Doch der Krieg ist auch von Bengasi nicht weit; die Rebellen-Offensive gegen Gaddafi ist nur eine Autostunde südlich im Wüstensand zum Stehen gekommen. Seit Wochen wird dort erbittert gekämpft, um einzelne Hügel, um einzelne unbedeutende Dörfer.

Der Koch bereitet Reis mit Hühnchen, der Mechaniker klärt im Maschinenraum einen falschen Feueralarm und Ingenieur Fortia hat sich in der Messe meinen Notizblock ausgeliehen, um den jungen Kämpfern einen Schlachtplan für Misrata aufzumalen. Eine verwirrende Skizze mit Kreisen und Pfeilen – da meldet sich zum ersten Mal die Nato.

»Was transportieren Sie, Kapitän?«, funkt eine italienische Fregatte die Brücke an.

»Milch, Gemüse und Waffen für die Revolution«, sagt Abdullah, der Kapitän des Schleppers. Damit beginnen die Probleme.

Täglich nehmen die Spannungen zwischen den Rebellen und der Nato zu, Luftschläge treffen Aufständische statt Regierungstruppen. Die Flugzeuge des Militärbündnisses können die Opposition immer weniger schützen, weil sich Gaddafis Kämpfer mittlerweile in Zivilfahrzeugen und Zivilkleidern bewegen, ihre schweren Waffen verstecken.

Am nächsten Morgen entern acht italienische Marinesoldaten die Ezzarouk, ein Helikopter kreist über dem Schlepper. Die Soldaten zwingen die Besatzung in die Bugspitze, wo wir zunächst stehen, uns nach einer Stunde setzen, schließlich auf dem Deck liegen. Die Fahrt, ohne die der Aufstand in Misrata zusammenbrechen wird, das glauben die meisten an Bord, sie endet hier. Man wird uns verhaften oder zurück nach Bengasi zwingen; wir werden die belagerte Stadt nicht erreichen.

»Ich bin völlig verwirrt«, ruft der Ölminister, der als Einziger auf der Brücke bleiben durfte. Hektisch redet er ins Satellitentelefon. Er fleht die Sekretärinnen von Ministern an, ihn zu verbinden, bittet um Rückrufe, wird selten durchgestellt. Zum Abschied in Bengasi hatte ihm der französische Botschafter eine gute Reise gewünscht, auch der britische Gesandte, doch jetzt meldet ihm die Nato-Zentrale in Brüssel, sie wisse von nichts.

Die Fregatte der Italiener nähert sich unserem Schlepper auf wenige Meter, auf allen Plattformen stehen Marinesoldaten und halten ihre Handykameras in unsere Richtung. Als Erinnerung für ihre Familien daheim.

Es vergehen fünf Stunden, wir liegen mit dem Schlepper 40 Meilen vor Misrata, wo Gaddafi jederzeit zum Stadtzentrum durchbrechen kann. Die Männer in der Bugspitze werden unruhig, einer, der zum Kämpfen aus Schottland kam, beginnt zu weinen. »Seid ihr nun für oder gegen uns?«, schreit er schluchzend einen Soldaten an. Der Minister auf der Brücke wählt weiter die Nummern von Botschaftern und Nato-Verbindungsoffizieren. Besorgt schaut er über seine Brillengläser hinweg zum Schiffsbug hinunter, wo die Kämpfer zu streiten beginnen. Einige von ihnen wollen auf die Italiener losgehen, sie von Bord werfen. Die Beschützten drohen sich gegen jene zu wenden, von denen sie beschützt werden sollen. Tarhouni ruft den Kämpfern von der Brücke zu, dass er den Verteidigungsminister Italiens am Telefon habe. Der rettet die Situation. Er gibt das Okay zur Weiterfahrt.

Als wenig später eine griechische Korvette den Konvoi erneut stoppen will, weil die Nato sich noch immer nicht abgestimmt hat, brüllt Tarhouni dem Verbindungsoffizier des Bündnisses durchs Telefon entgegen: »Ich habe im Namen der libyschen Regierung die Anweisung gegeben, diese Schiffe nach Misrata zu bringen! Wenn die Nato auf uns schießen und sie einen internationalen Zwischenfall provozieren will, soll sie es doch tun. Wir werden weiterfahren!«

Noch am selben Nachmittag kommen in Brüssel die Spitzen der Bündnisbürokratie zusammen und beschließen, die Waffenkonvois nach Misrata künftig nicht mehr zu behelligen. Als Tarhouni davon erfährt, tanzt er auf der Schlepperbrücke.

Die wichtigste Fracht der Ezzarouk ist eine neue Waffe im Kampf gegen Gaddafis Panzer. Das Milan-Raketensystem, eine deutsch-französische Entwicklung, die der Unternehmer al-Muntasser aus dem Ausland besorgt hat. Zwei Männer an Bord – im Zivilleben angeblich Studenten der Kommunikationswissenschaften – sollen die Verteidiger Misratas daran schulen. »Wir werden das Blatt wenden«, sagt Mohamed al-Muntasser auf der Pritsche seiner Privatkabine. Doch zunächst muss es das Schiff in die Hafeneinfahrt von Misrata schaffen, die immer wieder Ziel ist von Artillerieangriffen, das Nadelöhr, der gefährlichste Moment der Reise.

Am frühen Abend, nach zwei Tagen auf See, erscheint die Stadt am Horizont, hell erleuchtet. Die Türme des Stahlwerkes heben sich von ihm ab, das mächtige Silo des Hafenspeichers.

Druckwellen von Explosionen laufen über das Meer. Schübe von Luft, die immer wieder unvermittelt über die Haut streichen. Auf der Ezzarouk ist es mit einem Mal still. Alle haben sich vorne im Bug an der Reling aufgereiht, schauen auf Misrata, schweigen.

Über der Stadt liegt ein metallisches Hämmern, aus der Ferne hallt Donnern herüber. Als habe sich ein entsetzliches Gewitter am Horizont festgefressen. Kapitän Abdullah drosselt die Geschwindigkeit, vorsichtig läuft das Schiff auf die Küstenlinie zu, die Donnerschläge werden lauter, mit jeder

Seemeile. Noch weit vor dem Hafen, sieben Kilometer davor, lässt der Kapitän den Anker werfen. »Wir müssen die Dunkelheit abwarten«, sagt er. »Wir wissen nicht, warum, aber nach neun Uhr hören sie meistens auf zu schießen.«

Dem Sterben der Stadt sehen wir aus sicherer Entfernung zu, der Koch macht noch einmal Hühnchen. Sulaiman Fortia versucht, mit dem Satellitentelefon die Männer im Hafen zu erreichen, die das Boot in Empfang nehmen sollen. Er kommt nicht durch. Er knetet fortwährend seine Hände. Ein verdächtiger Punkt auf dem Radar, der kurz die Aufregung steigert, ist bloß ein Fischerboot. Die Nato hat drei Küstenwachschiffe Gaddafis versenkt, die in den ersten Wochen der Belagerung den Hafen blockierten, doch bleibt die Angst vor plötzlichen Schlauchboot-Angriffen. Die Männer auf dem Schlepper reichen sich Fernstecher und starren auf den Horizont.

»Der Mensch«, sagt Tarhouni, als er an diesem Abend zu mir an die Reling tritt, »ist ein Irrtum der Evolution. Sogar dann, wenn du etwas Gutes machst, verursachst du viel Schlechtes. Wie soll man da nicht an sich selbst verzweifeln?«

Ich gehe unter Deck, als sich das Schiff abermals in Bewegung setzt, eine Stunde nach der letzten Explosion über der Stadt, langsam, ganz sacht führt der Kapitän die Ezzarouk an den Hafen heran. Die Brücke ist in Rotlicht getaucht, um die Sichtbarkeit zu vermindern, die Rebellen halten die glimmenden Zigaretten in der hohlen Hand. Die Gesichter sind angespannt, jeder ist mit sich allein, als das Boot leise an den hohen Kaimauern von Misrata vorübergleitet.

Dann kann es gar nicht schnell genug gehen, das Anlegen, das Löschen der Ladung, das Warten auf den Abfertigungstrupp, der zunächst nicht da ist. »Wo bleiben die?«, fragt Fortia bang in die Nacht.

89

Lange stehen die Blockadebrecher allein auf dem Kai, noch immer in Gefahr, jederzeit beschossen zu werden, kirchturmhohe Containerbrücken umgeben sie, kilometerlange beleuchtete und verlassene Kaianlagen. Ist den Truppen Gaddafis womöglich der Durchbruch gelungen? Ist der Hafen nicht mehr in Hand der Aufständischen? Brach der kleine Rebellenstaat bereits in sich zusammen, kurz vor unserer Ankunft? In diesem Moment erscheint alles möglich.

In der Ferne blenden die Frontlichter zweier Autos auf, Fortia atmet durch, es sind seine Leute, sie hatten an einem anderen Abschnitt des Hafens gewartet, sie rasen auf uns zu, steigen aus, die Männer der beiden Gruppen umarmen sich, lachen erleichtert, klopfen sich auf die Rücken. Im Licht der Autoscheinwerfer sehe ich zum ersten Mal die Gesichter der Eingeschlossenen von Misrata, stressgegerbt, graue Bartstoppeln, ausgezehrte Menschen, die fahrig sind in allen Bewegungen, sich immer wieder über die Schultern schauen, die Augen aufreißen wie gejagtes Wild.

Die Männer gehören wie Fortia zum Übergangsrat von Misrata, Akademiker, Rechtsanwälte und Ingenieure. »Wir sind froh«, sagt einer von ihnen, in dunklem Anzug und Nickelbrille, zittrig und leichenblass, »dass ihr gekommen seid.«

Gaddafi hat seine Truppen in der Stadt heute um 30 neue T-72-Panzer verstärkt.

Der in Russland gebaute T-72 ist die gefürchtetste Waffe im Arsenal des Despoten, der Tyrannosaurus seiner Truppen. An seinem Stahl prallen bisher alle Panzerfäuste ab, alle Benzinbomben, die sie in Misrata in ihren Wohnungen bauen. Der T-72 macht Gaddafi in dieser Stadt fast unverwundbar – bislang.

Feuer brennen in der Nacht, durch die ich im Wagen eines Rechtsanwaltes fahre, viel zu schnell flieht er über Straßen, auf denen Tausende Menschen kampieren. Zum Hafen hin drängten in den vergangenen Wochen lange Kolonnen ägyptischer Gastarbeiter, doch seither gibt es für sie von dort kein Weiterkommen. Die Gruppe an Fahrzeugen, die sich an der Liegestelle der Ezzarouk bildete, hat sich so rasch aufgelöst, wie sie zusammengekommen war. »Wir müssen von hier weg«, hat der Anwalt gesagt, »bevor sich die Nachricht von der Ankunft des Schiffes herumgesprochen hat.«

Auch hinter den Kampflinien wird getötet und entführt, herrscht Misstrauen, sickern Scharfschützen von außen ein. Deshalb die Eile, diese fortwährende Hast, nur minutenlange Aufenthalte an einem Ort, Ankommen und Aufbrechen im selben Moment, das lernten die Belagerten in diesen Wochen, der Takt des Überlebens.

Die Stadt Misrata war lange Zeit Libyens Tor zur Welt, die Wirtschaftsmetropole des Landes, durch ihren Hafen liefen die meisten Waren. Misrata ist die Heimat der Millionäre, die vermögendste des Wüstenstaats. Die wenige Industrie, die Gaddafi in den 42 Jahren seiner Herrschaft aufkommen ließ, konzentriert sich hier. Im Stahlwerk allein arbeiten 6000 Menschen, es gibt Textilfabriken, Druckereien, viel Transportgewerbe, gar eine Freihandelszone. Von Misrata aus wollte Gaddafi, der hier zur Schule ging, in den nächsten Jahren eine Schnellzugverbindung nach Bengasi bauen. Großzügige Villen prägen den Ort und nicht Armutsviertel. »Wir hatten die Stadt bei der Revolution nicht auf der Rechnung«, sagte auf dem Schiff Tarhouni, der im Exil in den USA über Jahrzehnte die libysche Opposition mitorganisierte. »Bengasi«, sagt er, »das war schon immer Unruheherd, auch Sawija im Westen, aber Misrata?«

Zwei Stunden nach Mitternacht schart sich der Rat der Stadt um Tarhouni, der als erstes Mitglied des Nationalen Übergangsrates aus Bengasi hierhergekommen ist. Eine private Versammlungshalle, Dutzende Männer hocken auf dem

Teppichboden, müde jeder, aber auch aufgeregt, voller Erwartung, draußen die Explosionen von Artilleriegeschossen, mal ferner, mal näher. »Wie ist die Lage?«, fragt Tarhouni. Es wird Tee und Gepäck gereicht.

»Gaddafi hat in den letzten Tagen Geländegewinne erzielen können«, berichtet ihm der Ratsvorsitzende Khalifa Abdelah, ein Richter, 53, hager und dürr. Die USA, die den libyschen Diktator von U-Booten aus mit Tomahawk-Raketen angriffen, konnten den Vormarsch stoppen. Jetzt haben aber die Nato-Truppen der Kanadier übernommen. »Die sind zu vorsichtig«, klagt der Ratsvorsitzende. Gaddafis Panzer, die entlang einer Zentralachse, der Tripolis-Straße, in die Innenstadt vorrückten, versteckten sich unter Bäumen, im Schutz von zivilen Gebäuden, sie parkten in den Erdgeschossen von Häusern, deren Zwischenwände sie zuvor niedergerissen hatten. »Seit drei Tagen sind die Panzerfahrer wieder mutiger, sie fürchten den Himmel nicht mehr.«

Fällt die Verteidigung der Rebellen, das wissen die Männer hier im Saal, wird Gaddafi keine Gnade kennen, das kannte er noch nie, sie werden sterben. Ihre Familien werden sterben. Der Rat der Stadt ist in diesen Tagen ein Rat der Angst.

In den nächsten Stunden, die wir in einer aufgegebenen Ferienanlage verbringen, versuchen Regierungseinheiten, erneut die Straße zum 15 Kilometer entfernten Hafen zu erobern und Misrata damit von seiner letzten Nachschublinie abzuschneiden. Dem Meer.

Das Blut der Nacht bedeckt am Morgen den Parkplatz einer kleinen Klinik, auf dem viel zu wenige Ärzte viel zu viele Verletzte operieren. Zwischen den Markierungslinien stehen Notfallbetten, darüber ist ein Partyzelt gespannt. Misrata hat in der tiefsten Not kein funktionierendes Krankenhaus. Das alte wird seit anderthalb Jahren renoviert, das Ausweichspital ist von Gaddafis Truppen in Brand geschossen. Den Ärzten bleiben nur drei kleine Privatkliniken, bessere Gemeinschaftspraxen, in denen früher Zahnärzte und Orthopäden untergebracht waren. Eine dieser Kliniken wird gerade Richtung Meer verlegt, weil die Front ihr zu nahe kommt.

Auf dem Parkplatz treffe ich auf verängstigte philippinische Krankenschwestern und erschöpfte Chirurgen, die weißen Kittel blutig, die Augen glasig. Sie erzählen von der Situation mit sich überschlagender Stimme. »Ich bitte dich«, sagt einer der Ärzte und berührt mich am Arm. »Bete für uns.«

Er behandelt einen 28-Jährigen, den sie eben aus einem Vorort brachten, der vor seinem Haus von einer Granate getroffen wurde, so erzählen die Sanitäter, bevor sie wieder vom Parkplatz hasten. Der Unterleib des Verletzten ist ein einziges klaffendes Loch, aus dem der Dickdarm herausdrückt. »Es wird wehtun«, sagt der Arzt zu ihm, als er dem Mann einen Plastikschlauch durch die blutverkrustete Nase zwängt. Ein anderer Verletzter, mit Kopfbinden verhüllt, bebt am ganzen Körper. Ein Bombensplitter ist ihm durch das linke Auge in den Schädel gedrungen.

Es sind ganze Familien, die hierhergebracht werden, Familien, die in der Stadt mit dem Auto unterwegs waren, als sie eine Granate traf, die in der Wohnung saßen, Kinder, die im Garten spielten. Unterschiedslos wie Hagelkörner gehen messerscharfe Metallklingen über den Häusern nieder. Sie bedecken den Boden der Straßen, 15 Zentimeter lang manchmal, wild gezackt, eine leichte Berührung genügt, um sich an ihnen zu schneiden.

Die Mediziner operieren Tag und Nacht, immer in Gefahr, ebenfalls getroffen zu werden. Sie beugen sich über Wunden, die auch sie bisher nicht kannten, Verletzungen, wie sie nur großkalibrige Artillerie anrichtet. Es gibt Doktoren, die können nicht mehr. Ein Anästhesist steht am Bett eines Kindes, eine ganze Stunde lang, die gesamte Zeit, die ich in der Klinik verbringe, in der Hand eine Spritze, reglos, unansprechbar.

Die Kämpfe um die Straße zum Hafen nehmen im Laufe des Tages an Heftigkeit zu. Über den Häusern ballen sich Rauchwolken. Ich sitze im Wagen von Ahmed, einem gemütlichen Mann mit feisten Wangen. Nach dem Krieg wird er zum libyschen Botschafter in Rom berufen. Er ist im April 2011 Mitarbeiter des Medienzentrums der Rebellen und meist der Einzige, der die Welt mit Nachrichten aus Misrata versorgt. Ahmed, damals eigentlich Personalleiter der Molkerei, ist Reuters, CNN und BBC.

Er zeigt mir die Stadt, über deren Straßen frische Aufschüttungen laufen, kreuz und quer, ein Labyrinth aus hohen Sandwällen, auf denen die Fahne des neuen Libyens weht. Die Rebellen haben alle 150 Meter Kontrollpunkte eingerichtet, Container mit Fernseher drin dienen als Unterstände. Oft sehe ich dort nur Schüler, die uns aufgeregt weiterwinken, Richtung Front. An den Kontrollstellen gibt es meist keine Waffen, nur Stahlnägel im Straßensand, um Reifen platzen zu lassen. So geht es stoßweise durch den Verkehr, in einem Zustand kontrollierter Panik.

Mehrfach am Tag verlegen die Einwohner ihre Familien, wenn sie das Gefühl haben, es sei in einem anderen Quartier etwas sicherer. Von einem Ende des Belagerungskessels rasen die Autos zum anderen Ende und dann wieder ganz zurück, mit dem wichtigsten Gepäck auf der Rückbank und den verängstigten Kindern.

Wozu die Axt auf dem Armaturenbrett, frage ich Ahmed. Willst du damit jemanden erschlagen? Genau das, sagt er. Vor zwei Wochen habe er damit im Stau auf einen Wagen eingehackt. »Die hatten mich verfolgt. Ich muss mich schützen.« Schusswaffen sind Mangelware in Misrata.

Die drei Kinder von Nadira Hiba drängen sich an ihre Mutter, eine Zahnärztin, die zusammen mit anderen Ausgebombten im Klassenzimmer eines Gymnasiums lebt. »Wir haben genug zu essen«, sagt die 38-Jährige. »Das Schulkomitee kocht für uns. Aber diese Angst. Ich habe solche Angst um meine Kinder.« Der Fünfjährige komme mit den ständigen Explosionen noch am besten zurecht, sagt die Mutter. »Er glaubt, es ist ein Spiel.« Ganz ist er auf seinen Gameboy konzentriert. Sein Bruder, acht Jahre alt, weine viel und uriniere nachts in die Decken. Die größte Sorge der Mutter aber gilt ihrer 17-jährigen Tochter, »meine Liebe«, sagt sie und umarmt das Mädchen. »Meine Liebe.«

In der Schule, in der sie alle gezwungen sind, zusammenzuleben, Reiche und Arme, gibt es so viel Zank. Die Familien streiten wegen der Sauberkeit. Sie geraten aneinander, bloß, weil unbedachte Blicke falsch verstanden werden. Die Nachbarn beschwerten sich über die im Hof spielenden Flüchtlingskinder. Die Wucht der Explosionen reißt immer wieder die Fenster der Klassenzimmer auf. »Kommt denn kein Schiff, um uns hier rauszuholen?«, fragt mich die Zahnärztin Hiba. »Bringen die über das Meer denn nur Waffen?«

Sie schreibt mir noch die Telefonnummer ihrer Mutter auf den Block, die wohne in Bengasi, seit Wochen gebe es keine Telefonverbindungen mehr, ich solle ihr sagen, dass sie am Leben sind. Dann muss ich wieder weiter, zum wiederholten Male drängt Ahmed, mahnt zum Gehen. Zu lange seien wir schon hier, wir sind die einzigen westlichen Journalisten, lohnende Anschlagsziele, und überall gebe es Spione.

Die Front zerfasert in Misrata wie ein Krebsgeschwür, sie metastasiert in alle Richtungen. Keilförmig sind Gaddafis Truppen in die Stadt vorgestoßen. Die beiden wichtigsten Straßen sind inzwischen ihre Operationsbasen, von hier aus rasseln Panzer in die Stadtviertel und ziehen sich dann wieder zurück. Sie werden gesichert von Scharfschützen in den umliegenden Gebäuden. So deckten sie sich gegenseitig, erklärt Ahmed auf dem Weg zur Front.

Du weißt nie, wo wer ist, sagt er. Der Tod ist hinter vielen Fensterhöhlen. Die wenigen Hochhäuser im Zentrum der Stadt sind jetzt zum Fluch geworden. Scharfschützen Gaddafis haben dort Position bezogen und erreichen von den höheren Etagen aus die halbe Stadt. Drei dieser Hochhäuser gibt es noch von ihnen, wie weiße Schneidezähne ragen sie aus dem Häusermeer, das vierte ist am Vortag von einer Nato-Rakete dem Erdboden gleichgemacht worden. »Es war ein Nest«, sagt Ahmed mitleidslos. »Wir haben darin die Leichen von 25 Gaddafi-Leuten gefunden.« 40 Prozent aller Verletzten und Toten, schätzen die Ärzte in den Behelfskliniken, werden Opfer von Scharfschützen.

Ahmed will mir die Zerstörungen im Zentrum zeigen, aus sicherer Entfernung, wie er verspricht, er biegt dorthin ab, wo sich der Verkehr ausdünnt. Wir passieren nahe der Front einen Kontrollpunkt, an dem Rebellen einen Bosch-Kühlschrank quergelegt haben. Die einzige Vorrichtung, um Gaddafis Panzer abzuhalten. Über ein Funkgerät am Seitenfenster hält sich Ahmed während der Fahrt über die Kampfhandlungen auf dem Laufenden.

Die Straßen sind über Hunderte von Metern mit Teppichbahnen bedeckt, getränkt mit Benzin. Bei Panzerangriffen stecken die Rebellen sie in Brand, manchmal gelingt es ihnen sogar, mit diesen Flammenteppichen, ältere russische T-Modelle außer Gefecht zu setzen. Eine große Stille ist über den einstigen Flaniermeilen der Stadt, herabgebrochene Fassaden liegen auf ihnen, Müll und ausgeglühte Autowracks. Die Straßen ähneln Gusskanälen, durch die im Stahlwerk flüssiges Eisen schießt.

»Ahmed«, dränge ich, »kehr um.«

»Noch nicht«, sagt er.

Die Front sei noch weit, versichert er, ich weiß, er lügt. Er will mich, den Journalisten, zum Zeugen des Leids machen, dem Leid, dem er und die ganze Stadt seit Wochen ausgesetzt ist. Manchmal ist er unsicher, welche Abbiegung er nehmen soll, es sind keine Menschen mehr auf den Straßen. Die Kämpfer, die ich sehe, verstecken sich in den Hauseingängen. Nur wenige Tage später werden hier zwei westliche Reporter von Granaten getötet.

»Ahmed«, setze ich wieder an, als wir in eine weitere schwarz ausgebrannte Gasse biegen, da setzt Gewehrfeuer ein, von irgendwoher, nach irgendwohin, nah auf jeden Fall, viel zu nah. »Zurück!«, schreie ich. Endlich hält Ahmed den Wagen an, legt den Rückwärtsgang ein. Seine Augen sind starr, die Stirn ist verschwitzt, wie im Wahn wirkt plötzlich der sonst so bedächtige Mann.

Die Imame besteigen bei Angriffen der Regimetruppen die Minarette der Stadt. Ihre Stimmen legen sich schützend über die Stadt, mit jedem starken Gewehrfeuer. Sie beschwören durch die Megafone den Allmächtigen und rufen von Dutzenden Minaretten gegen den Lärm der Explosionen an. Der Radiosender Freies Libyen spielt Marschmusik. Viermal schon musste die kleine Mannschaft von Rebellenreportern innerhalb der Stadt umziehen, die Granaten Gaddafis treiben sie vor sich her. Die 120 Meter hohe Sendeantenne an der Küste ist das Ziel ständigen Artilleriefeuers. Zwei Tage zuvor landeten Spezialeinheiten mit einem Schlauchboot hinter den Linien und brachten am Masten eine Haftmine zur Explosion. Der Turm knickte ein, fiel aber nicht. In gefährlicher Schieflage hängt er seither über der Stadt und kann jederzeit vollends fallen.

Zum Abschied hält Minister Tarhouni in einem Sportlerheim eine Rede an die Ratsmitglieder. Sie sitzen in tiefen pfirsichfarbenen Sesseln. Er spricht von Misrata als Krone der Revolution, dass Libyen durch ihre Opfer das Recht erworben habe, in Würde wieder aufzuerstehen. Dann muss er los. Ein Mitarbeiter in Bengasi hat ihm übers Satellitentelefon berichtet, dass Gaddafi die Ölquellen im Süden überfallen und in Brand gesteckt habe. Die Zukunft Libyens in Flammen.

Der Rat bittet ihn noch um finanzielle Garantien für die Händler Misratas, die der Bevölkerung ihre Waren zu Niedrigstpreisen abgeben und deswegen vor dem Bankrott stünden. Tarhouni, der seit drei Tagen nicht geschlafen hat, stimmt zu, will die Händler mit Ölgeldern kompensieren, verspricht dem Rat zudem Doktoren, Medikamente und mit dem nächsten Schiff eine große Lieferung Windeln. Der Rat will ihn weiter halten, es gibt noch so viele Fragen, so viel Not, jede Stunde bringt neue hervor, doch der Hafenschlepper Ezzarouk wartet wieder auf ihn.

Als wir mit Tarhouni die Einfahrt zum Hafengeländer passieren wollen, trommeln Gruppen von ägyptischen Flüchtlingen auf den Wagen, sie versuchen ihn zu stoppen, die Türen aufzureißen, legen die Handflächen auf die Seitenfenster, als wollten sie das Auto ganz einfach festhalten, gleiten ab, brüllen uns hinterher. Es heißt, heute Morgen hätten zwei Granaten das Camp der Flüchtlinge nur knapp verfehlt.

Am Kai bleibt Sulaiman Fortia zurück und winkt. Er wird am nächsten Tag ein Fischerboot nehmen und seine zwei Söhne aus der Stadt schaffen. Al-Muntasser, der Millionär, reist mit uns auf der Ezzarouk zurück, um in Bengasi weitere Waffen zu besorgen.

Der Seegang ist schwer, viele liegen mit Übelkeit in den Kajüten. Kapitän Abdullah ist auf der Brücke meist allein. Aus dem Funk dringen die Durchhalteparolen des Senders in Misrata, zunächst laut und dröhnend, schließlich schwächer. Es knackt und kratzt, bis nur noch einzelne Silben zu uns hinausreichen.

Dann ist es im Funk wieder stumm.

Sudan, Nuba-Berge, 2016. Foto: Armin Smailovic.

Das Gift des Krieges
Sudan und Deutschland, 2016

Die Erde, die im Sudan mit harten Axtschlägen aus dem Boden gebrochen wurde, unter einer glühenden Sonne, in einer Hitze, die Sand fast so fest wie Stein werden lässt, Erde, rot wie Rost, von der man nicht weiß, ob sie Leben spendet oder Leben nimmt, liegt in vier Probengläschen im Kofferraum des Audi A3 mit Münchner Kennzeichen.

Es ist Mitte Dezember, ein früher Morgen, und Nebel zieht in Schwaden über die leere Landstraße. Sie führt über viele Kilometer durch unbewohntes Gebiet. Eine abgelegene Region in Deutschland. Laubwälder wechseln mit Wiesen, bis die Straße an einer Schranke endet. Zwei Uniformierte hinter Panzerglas sehen aus der Werkstor-Wache auf mich. Mein Besuch ist angekündigt.

»Was Sie tun, steht unter Strafe«, sagte der Leiter des Labors am Vorabend am Telefon. Ich hatte bei ihm angefragt, ob er die Erde aus dem Sudan untersuchen könne. »Gesetzlich dürften Sie nicht einmal im Besitz dieser Proben sein.« Im Prinzip ist alles, was mit der Erde im Kofferraum zu tun hat, die ich durch Deutschland fahre, ungesetzlich. Das Werkstor öffnet sich. Ein Chemiker mit schwarzen Stulpenhandschuhen tritt heraus und übernimmt die vier Proben. Er trägt sie in ein Hochsicherheitslabor, eines von wenigen in Europa, die auf die Analyse von Sarin spezialisiert sind, von S-Lost, von Lewisit und Agent 15. Den gefährlichsten Stoffen, die Menschen jemals entwickelt haben.

An diesem Tag endet eine zweimonatige Recherche. Nur zehn Gramm von jeder Bodenprobe entnimmt der Chemiker, der nicht mit Namen genannt werden will und der einem

Labor vorsteht, das ebenfalls nicht genannt werden will. Er füllt sie in vier Erlenmeyerkolben. Jede Probe erhält eine Nummer. 80965. 80966. 80967. 80968. Vorsichtig tröpfelt er mit einer Pipette eine farblose Flüssigkeit darauf, Dichlormethan, ein Lösungsmittel. Die erste Stufe eines Prozesses, der Stunden dauern wird.

»Jetzt schauen wir«, sagt er, über die Glaskolben gebeugt, »was Sie uns mitgebracht haben.«

Die Ordnung der Welt sortiert sich in diesen Tagen neu. Reihenweise kollabieren in Arabien und Afrika staatliche Strukturen. Einige Länder, wie der Jemen, werden verschlungen, andere, wie der Südsudan, werden geboren. Syrien, der Irak, Libyen, die gesamte Sahelzone, Zentralafrika, weite Regionen, die von britischen und französischen Kolonialplanern geschaffen wurden, sind im Umsturz begriffen. Die Konflikte haben unterschiedliche Ursachen, aber sie alle haben eines gemein: Sie werden brutaler. Die Kriege unserer Zeit kennen keine Kriegserklärung und keine Regeln. Letzte Reste des Anstands, wie die Genfer Konvention, die die Folter und die Erschießung von Gefangenen verbietet, drohen bedeutungslos zu werden. Die Vereinten Nationen, die Hoffnung von einst, sind machtloser denn je. Eine neue Erbarmungslosigkeit ist über die Welt gekommen, und sie bringt viele alte Schrecken hervor.

Der Zerfallsprozess des Sudan, einst der größte Staat Afrikas, setzt sich immer weiter fort. Das Land riss an der Sollbruchstelle auf, die vom Atlantik bis zum Roten Meer die ganze Sahelzone durchzieht: der Siedlungsgrenze zwischen arabischen und schwarzafrikanischen Stämmen. Nach einem blutigen Bürgerkrieg löste sich 2005 der Südsudan vom Norden. Doch drei Regionen, die zuvor gemeinsam mit dem Süden um die Selbstständigkeit gekämpft hatten, verblieben im Restsudan: Darfur im Westen, Blue Nile im Osten und die

Region der Nuba im Süden. Sie setzen sich gegen eine Islamisierung durch die arabische Bevölkerungsmehrheit zur Wehr. Sie verlangen gleiche Rechte, streiten um größere Anteile an den Staatseinnahmen, sie fordern Schulen, in denen ihre Kinder in ihren Muttersprachen statt in Arabisch unterrichtet werden. Hunderttausende sind an den direkten oder indirekten Folgen der Gewalt gestorben.

In einem Bericht vom September 2016 klagt Amnesty International die sudanesische Regierung an, im Kampf gegen Rebellen Chemiewaffen einzusetzen. Amnesty dokumentierte 30 Angriffe und 250 Tote in der Provinz Darfur. Die Experten der Organisation, die ihre Interviews mit den Opfern ausschließlich über Skype geführt haben, gehen davon aus, dass ihre Dokumentation nur einen kleinen Teil der tatsächlichen Fälle wiedergibt. Es sei anzunehmen, dass dabei Hautkampfstoffe verwendet würden: Gase, die erst Juckreiz auslösen und später die Haut aufreißen lassen. Im Ersten Weltkrieg wurden mit solchen Stoffen über 90 000 Menschen getötet und 1,3 Millionen verwundet. Giftgase haben eine apokalyptische Kraft. Bei einigen von ihnen reicht ein Nanoliter, um Millionen zu töten.

Analyse der Probe 80965. Entnahmezeitpunkt: 20. November 2016. Entnahmeort: Sudan, die Westfront der Sudanesischen Volksbefreiungsarmee (SPLA), Nuba-Berge, im Süden des Landes, das Dorf Ingorum.

Das Beil schlägt in den staubigen Grund des Granattrichters. »Wie tief?«, fragt der Mann, der gräbt, eng umringt von einem Dutzend Männern. »Etwas tiefer noch«, sagt Mustafa Tutu Turkash, doch er wirkt unschlüssig. Tutu, 45, jungenhaft, von einem sonst unverwüstlichen Frohsinn, trägt als Einziger der Gruppe keine Uniform. Er ist der Gesundheitsminister eines kleinen Staates, den die Rebellen seit Jahren in den Nuba-Bergen gegen die sudanesische Regierung behaupten. Tutu sieht unter sich nur staubigen Boden. »Das war keine normale Granate«, sagt einer der Kämpfer, der uns an diesen Ort geführt hat. »Ihr Rauch war gelb, und meine Haut begann sofort zu jucken.« Die Front ist nur wenige Kilometer entfernt, und seit Kurzem sehen sich die Nuba einer Munition ausgesetzt, die ihnen bislang unbekannt war.

Vor uns liegt eine weite Ebene, Buschland bis zum Horizont. Schwarzer Rauch steigt von dort auf. Es heißt, Regierungstruppen brennen die Vegetation ab, um einen Angriff vorzubereiten. Hinter uns ein Gebirge, der letzte große Wall, der die fruchtbaren Zonen von der Sahara trennt. Die Hänge sind karg und bedeckt mit vertrocknetem Gras, aus dem gewaltige aschegraue Felsen ragen. In ihrem Schutz kämpft die SPLA für eine größere Unabhängigkeit des Nuba-Volkes. Seit den achtziger Jahren tobt dieser Krieg zwischen dem afrikanischen Volk und der arabisch dominierten Regierung in Khartum, zwischen denen, die einst Sklaven, und denen, die ihre Besitzer waren.

Selten sah es in diesem Kampf für die Nuba so hoffnungslos aus wie in den vergangenen Monaten.

Tutu, der Rebellenminister, betrachtet skeptisch die aufgebrochenen Erdklumpen. »Wie viel brauchen die davon?«, fragt er, in die Hocke gegangen, und blickt zu mir.

Vor der Abfahrt aus Deutschland haben wir uns von Chemiewaffen-Spezialisten beraten lassen. Keine Waffenart ist schwerer nachzuweisen: Am meisten Beweiskraft haben Blut- oder Urinproben von Verletzten, doch müssen die binnen 48 Stunden untersucht werden. Eine unmögliche Bedingung in den Nuba-Bergen, wo es kaum Straßen gibt, keinen Strom, kein Telefonnetz und nur zwei Ärzte. Also Bodenproben, raten die Experten. Zwar nur die zweitbeste Option, sagen sie. Aber eine Chance.

Die Zeit drängt, weil der Beschuss bald wieder einsetzen

kann. Tutu hat uns aus Kauda, der Hauptstadt des Nuba-Gebiets, mit seinem Jeep bis an diesen vordersten Frontposten gefahren. Weil es heißt, hier hätten sie vom Regime eine Waffe erbeutet, die eine bislang unbekannte Munition verschieße. Bei der Anfahrt hat die Staubfahne, die Tutus Jeep hinter sich herzog, unsere Anwesenheit verraten. Nur selten verirrt sich hierhin ein Wagen, meist antworten die Regimetruppen mit Mörserfeuer. Schwarz verkohltes Buschland markiert die Front. Im Schatten von drei Lehmhütten kauern Nuba-Kämpfer in zerschlissenen Uniformen. Ihre vorderste Operationsbasis. Ascheflocken schweben über die verglühte Ebene.

Die Information, dass an diesem Ort ein erbeutetes Exemplar der rätselhaften Waffe aufbewahrt werde, erweist sich rasch als falsch. Zum ersten Mal aber hören wir hier ihren Namen. *Al-kalb al-ameriky* heißt sie bei denen, die Arabisch sprechen. Viele Nuba aber sagen einfach nur auf Englisch: *the American Dog.*

Die neue Munition, die mit ihr abgefeuert werde, habe seltsame Nebenwirkungen. Viele Kämpfer an diesem Frontposten erzählen davon. Von dem Jucken, das im Gesicht anfange und sich dann auf den ganzen Körper ausbreite. Von einem Reiz, so stark, dass man sich die Haut immer wieder aufkratzt, weil das Jucken über viele Tage nicht nachlässt. Sie erzählen von einem schweren Husten und dem Gefühl, fast zu ersticken. Dem Durchfall und dem Erbrechen, die einen befallen, sobald man mit dem Qualm in Kontakt kommt. Viele, die ihm zu lange ausgesetzt sind, sterben. So wird uns erzählt.

Ein Geschütz? Ein Raketenwerfer? Nur eine Legende? Aus der Zeichnung, die ein Kommandant für Tutu in den Sand vor den Hütten ritzt, werden wir nicht schlau. Wir fragen uns auf dieser Reise fortwährend: Gibt es diese rätselhafte Waffe überhaupt? Werden in den Nuba-Bergen von den

UN geächtete chemische Kampfstoffe eingesetzt? Oder ist dieser Vorwurf womöglich nur Teil der Propaganda der Rebellen? Was passiert in dieser Region, die zu den isoliertesten der Welt gehört und die wir erst nach sechs Tagen Anreise erreichten?

Die Antworten auf diese Fragen haben Konsequenzen über die Nuba-Berge hinaus. Das Regime in Khartum ist für Europa mittlerweile zu einem wichtigen Bündnispartner geworden. Jahrzehntelang hat der Westen das Land geächtet. Der Internationale Strafgerichtshof hat einen Haftbefehl gegen Sudans Machthaber Umar al-Baschir erlassen, wegen Völkermord und Verbrechen gegen die Menschlichkeit. Er persönlich soll Massenmorde, systematische Vergewaltigungen und Deportationen befohlen haben. Doch die Prioritäten Europas haben sich gewandelt. Den Sudan durchqueren viele Flüchtlinge, die später in Libyen und Ägypten mit Schleuserbooten übers Mittelmeer setzen. Sie will man stoppen. Für die nächsten Jahre wird die EU dem Sudan knapp 200 Millionen Euro zahlen, damit dieser seine Grenzen sichert. Wer im Sudan die Gelder bekommt, ist nicht nachvollziehbar. Besonders Deutschland müht sich um bessere Beziehungen. Die Flüchtlingskrise im eigenen Land hat Vorrang vor den Kriegsverbrechen im Sudan. Keine andere Diktatur wird von der deutschen Außenpolitik derart vorbehaltlos unterstützt wie die des Umar al-Baschir.

Für das Auswärtige Amt in Berlin sind die Vorwürfe von Amnesty International schlicht »nicht plausibel«. Es gebe derzeit keine Anhaltspunkte, dass der Sudan Giftgas einsetze. Man werde das weiter prüfen.

Eine wandfüllende Karte hängt in Tutus Büro. Er steht am nächsten Morgen vor ihr, nach achtstündiger Fahrt von der Front. Er residiert mit seinem Ministerium in Kauda, der Hauptstadt der Rebellen. Eine unscheinbare Siedlung in einem Talkessel mitten im Gebirge. Geschützt von steilen

Felshängen, zugänglich nur über marode Straßen. Ein kleiner Markt mit offenen Holzständen, der von den Beamten der Rebellenregierung bevölkert wird. Das auffälligste Gebäude, eine grüne Moschee, wurde noch zu Friedenszeiten errichtet. Ein Geschenk Khartums. Einsam überragt ihr Minarett den Talgrund. Den Rebellen ist sie das Symbol ihrer Selbstbehauptung. Dem Regime Symbol der Schmach. In der Moschee von Kauda, so verkündet der Diktator Umar al-Baschir jedes Jahr vor den Winteroffensiven, werde er nach dem Sieg für den Frieden beten. Fast kreisförmig belagert die Regierung die Nuba-Berge, und alle Truppen im Norden, im Westen, im Osten drängen auf ein Ziel. Diese Moschee.

In wenigen Wochen wollen sie einen neuen Vorstoß unternehmen. An allen Fronten beobachten die Rebellen große gegnerische Truppenkonzentrationen.

»Mich erreichen seit einem Jahr Berichte über Verletzungen, die sich unsere Ärzte nicht erklären können.« Die Karte in seinem Büro ist gesprenkelt mit kleinen schwarzen Punkten. Jeder dieser Punkte steht für eine »Klinik«, die von ihm geleitet wird. Viele von ihnen meldeten ihm neuartige Hauterkrankungen. Er habe diesen Berichten anfangs nicht viel Bedeutung beigemessen. Doch in diesem Jahr seien die Zahlen rapide gestiegen. Er schaut in die Datenbank seines Laptops: 13 887 Fälle von unerklärbaren Hautkrankheiten, registriert von Januar bis September 2016. Haut, die sich schält, Haut, die extrem juckt, Haut, die sich rötet und aufplatzt. Die meisten dieser Berichte kämen aus Gegenden in Frontnähe. »Ich bin mir nicht sicher«, sagt Tutu, »doch ich glaube, das hat etwas mit dieser neuen Munition zu tun.«

»Es gibt Indizien dafür, dass die Regierung damit begonnen hat, Chemiewaffen einzusetzen«, sagt Johannes Plate, wenige Kilometer von Tutus Ministerium entfernt. Der Deutsche leitet seit drei Jahren das Krankenhaus der Hilfsorganisation Cap Anamur in Kauda. Von dort aus werden jeden Monat 20 000 Menschen von 70 Mitarbeitern behandelt. Wie Tutu hat Plate in den vergangenen Monaten Hautverletzungen gesehen, die er sich nicht erklären kann. Aber auch er sei sich nicht sicher, sagt Plate. Auch er ist kein Chemiewaffen-Experte. Er ist Krankenpfleger.

Analyse der Probe 80 966. Entnahmezeitpunkt: 26. November 2016. Erde mit Metallsplittern vermischt. Entnahmeort: Westfront der Nuba-Berge, das Dorf Imsirdiba.

»Halt!«, brüllt ein Mann aus der Ferne, als er uns aufsteigen sieht, den steilen Pfad durch die Felsen hinauf, dorthin, wohin sich die Familien mit den Alten und den Kindern gerettet haben. »Ihr da!«, schreit er. Unsere Kolonne besteht aus zwei Dutzend Menschen, wir, die Reporter und Übersetzer, Plate hat sich mit Medikamenten angeschlossen, Tutus Vertreter und lokale Rebellenfunktionäre. Unser Ziel ist das Gipfelplateau des Berges Donu, 700 Meter über uns. Dort leben 3000 Menschen, die Einwohner des Dorfes Imsirdiba, das nach den neuesten Vorstößen der Regierungstruppen in der Reichweite ihrer Artillerie liegt. Unsere Begleiter ignorieren den Mann, der schreiend hinter uns herläuft, eine Axt trägt, offensichtlich betrunken ist. Er holt auf, steht plötzlich direkt vor mir, holt aus und wird niedergerissen von zwei unserer Begleiter. Die Axt zwingen sie ihm aus der Hand. »Das ist William«, sagt einer aus dem Dorf entschuldigend. Als Junge sei er sehr sanft gewesen, bis er sich den Rebellen als Kämpfer angeschlossen habe. Der Krieg brach ihn, machte ihn zu einem Mann, der brüllt, geifert, heult, seine Familie im Rausch schlägt, seine Frau vergewaltigt. »Der Böse« nennen sie ihn hier einfach nur. Dem Menschen auf dem Berg ist er wie ein Fluch, Spiegel ihrer eigenen Sünden.

William wird uns den ganzen Aufstieg begleiten, mit Abstand zu unserem Tross, mit einem mächtigen Ast über seinen Schultern, den er trägt wie Jesus sein Kreuz.

Im letzten Tageslicht erreichen wir den Gipfel des Bergmassivs, wo Dutzende Feuerstellen zwischen den Felsen glimmen, uns Hunderte Menschen erwarten. Kinder stehen auf den Felsen, in großen Trauben, in Lumpen gekleidet, bedeckt von Krusten aus Dreck, sehen auf uns, voller Neugierde, voller Furcht, die ersten Fremden, die sie hier oben besuchen. »Seid ihr durstig?«, fragt der Omda, der Vorstehende des Ältestenrats, und bietet uns Wasser an. Auch eine Abordnung der Frauen heißt uns willkommen. Ihr Dorf, aus dem sie fliehen mussten, befindet sich in der Talebene auf der anderen Seite des Berges. Dort haben im Frühjahr die Truppen des Regimes die Nuba um viele Kilometer fast bis an den Fuß des Gebirges zurückgedrängt.

80 000 Soldaten, so viele wie noch nie, heißt es, hat die sudanesische Armee im letzten Feldzug gegen die SPLA zusammengezogen. Ihnen stehen schätzungsweise 20 000 Kämpfer der SPLA gegenüber. Der Krieg wird im Wechsel der Jahreszeiten geführt. In der Trockenzeit rückt die Armee vor, in der Regenzeit nimmt die SPLA ihnen die Eroberungen wieder ab. Die Soldaten hatten schon immer die bessere Ausrüstung und mehr Munition, aber die Nuba kannten ihre Berge und besaßen größeren Kampfgeist. Doch in den vergangenen Monaten war es anders. Mehrfach griffen die Nuba die Lager der Regierung an, stets scheiterten sie. Jetzt, zu Beginn der Trockenzeit, auf ein schmales Territorium reduziert, warten sie auf den nächsten Vorstoß des Gegners.

In der Nacht, die über den Berg hereinbricht, rücken die Frauen nah an ihre Feuer. Die Herdstellen sind die einzigen Lichter in der Dunkelheit. Nur wenige hier haben Taschenlampen. Ab und an lösen sich Funken aus der Glut, in Massen oder einzeln, und steigen auf, in einen Himmel, in dem sich das prachtvolle Leuchten der Milchstraße öffnet. Wir planen, am nächsten Morgen zur Front abzusteigen, und sitzen vor der Hütte von Mohamed Tambul, einem der Ältesten. »Was sind diese Lichtpunkte, die am Himmel ganz gerade Bahnen ziehen?«, fragt er mich. Er, der früher Soldat war und jetzt Bauer ist, weiß alles über die Sterne, ihre Bedeutung für die Ernte und die Fruchtbarkeit. »Satelliten«, sage ich und versuche ihm dieses Wort zu erklären. Er schüttelt den Kopf. Es gibt so viele Dinge, die ihm in letzter Zeit Angst machen. »Wir wissen nicht, was mit uns passiert.«

Mohamed erzählt. In der Dunkelheit höre ich nur seine raue Stimme. Er erzählt von der Flucht im April. Wie er seine greise Mutter, die kaum mehr laufen kann, auf seinen Rücken band. Selbst schon 65 Jahre alt, trug er sie den ganzen Weg hierher, den Berg hinauf, auf den schon seine Vorfahren vor den arabischen Sklavenjägern geflohen waren. In vier Lehmhütten wohnt er mit seiner Familie. Jeweils eine Hütte für seine beiden Frauen. »Ich liebe beide«, sagt er, und mit leiserer Stimme: »Aber sie sind furchtbar eifersüchtig aufeinander.« Eine Hütte baute er den Kindern, eine vierte seiner Schwester, die sie mit seiner Mutter bewohnt. Hinter den Hütten, in der Felswand, wenige Meter entfernt, sind große Höhlen. In diesem Krieg sind Höhlen ihre einzige Sicherheit.

Von der rätselhaften Waffe hat auch Mohamed gehört. Fehlgeburten plagen die Flüchtlinge auf dem Berg. So viele gab es, seit sie hierhergeflohen sind, sagt er. Auch die Kühe würden nur noch wenige gesunde Kälber werfen. Genauso wie die Ziegen. »Einige von uns glauben, es hat etwas mit der neuen Munition zu tun.«

Johannes Plate, der deutsche Krankenpfleger, beginnt am nächsten Morgen, Patienten zu behandeln. Hunderte drängen sich im Staub vor ihm. Noch nie hatten sie hier einen Mediziner. Fast alle Kinder, sieht er rasch, sind unterernährt. Viele von ihnen werden die nächsten Monate nicht überleben.

Dieser Krieg, über den so gut wie nicht berichtet wird, weil er zu abgelegen ist, kennt viele Grausamkeiten. Die tödlichste ist der Hunger.

Das Leben der Menschen auf dem Berg hängt an einem schmalen Pfad. Ihn nehmen wir an diesem Morgen. *Dhathai* nennen sie ihn, die Straße des Wassers. Er führt an Mohameds Hütte vorbei, verläuft eine Weile über das Bergplateau, um dann steil über die Felsen hinabzuführen. Der Pfad ist der Weg zu der letzten Wasserstelle, die den Geflohenen geblieben ist. Fortwährend belaufen ihn die Frauen mit gelben Wasserkanistern auf dem Kopf, Tag und Nacht. Eine endlose Kette von Frauen. Der Weg ist auch der zur Front. Jeden Tag riskieren auf ihm die Frauen ihr Leben, um das Leben aller zu bewahren.

Ihr Schritt ist schnell, sie laufen uns voraus, ohne jemals haltzumachen, zwei Töchter Mohameds, Hamida, 21, geschieden, der Mann hat sie weggeschickt und eine Neue genommen, und Naima, 16, oft schweigsam. Sie ist noch nie zur Schule gegangen. »Wenn wir die Mädchen zur Schule gehen lassen«, hat am Tag zuvor Mohameds ältere Schwester gelästert, »werden sie mit 13 Jahren schwanger.« Naima ist mittlerweile verheiratet, aber der Mann kann das Brautgeld nicht aufbringen, weswegen sie noch bei ihrem Vater wohnt. Auch sie hatte bereits eine Fehlgeburt, im Sommer.

In ihrer Mitte treiben sie einen Esel, behängt mit vier 50-Liter-Kanistern, acht Jahre alt, günstig erworben, sagt Mohamed. Vor zwei Monaten aber stürzte der Esel auf dem Pfad und verletzte sich an der Schulter. Seither bockt er häufig, bleibt abrupt stehen, oft an den gefährlichsten Stellen. Mit beiden Händen drückt ihn Naima voran, während Hamida nach vorne eilt. Sie will rasch wieder zurück, zu Hause muss sie ihren Einjährigen stillen. Am Vortag haben sie neun Stunden gebraucht, um Wasser zu holen. »Wir mussten lange an der Pumpe warten«, klagt Hamida. Eine Weile hätten sie sich gestern beim Abstieg außerdem vor einem Helikopter verstecken müssen. Er habe aber nicht geschossen und sei nur zwischen den Armeecamps hin und her geflogen.

Steine rollen vor den Füßen der Frauen hinab, der Weg ist fast alpin, sie eilen mit Plastiksandalen den Berghang hinunter, sehen auf die weite Ebene, halten kurz, für uns. »Da ist die Armee. Legt euch hinter einen Felsen, wenn sie anfangen zu schießen.« Hamida zeigt auf zwei Lichtungen im Buschland. Aus der Ferne sind weiße Wohncontainer zu erkennen, vielleicht vier Kilometer von hier. Der Pfad, auf dem wir gehen, ist für die Armee klar einsehbar. Drei Frauen sind in den vergangenen Wochen beim Wasserholen erschossen worden, aber meistens, sagt Naima, lässt die Armee sie gewähren.

Naima rutscht aus, fällt, bleibt in einem Dornbusch hängen. Hamida kehrt um, zieht Naimas Arm aus den langen Dornen. Sie eilen weiter. Es gibt viele Möglichkeiten, auf diesem Weg zu verunglücken.

Die Ebene, die wir in der Mittagshitze erreichen, ist ausgeglüht und von Staubfahnen durchzogen. Dort stoßen wir auf die ersten verlassenen Häuser. Die Reste ihres alten Dorfes. Viele Hütten sind zerstört, ihre Lehmmauern von Bränden zerplatzt. Der Pfad wird zu einer breiten sandigen Bahn. Große Rinderherden, die aus dem Busch kommen, schwenken auf ihn ein. Es werden mehr und mehr Tiere, mit jedem Kilometer, den wir uns dem Wasserloch nähern. Es ist der einzige Brunnen, der für die Nuba in der Gegend noch zugänglich ist. Junge Männer mit Kalaschnikows halten die Herden zusammen. Sie reiten auf Kamelen neben uns her. Wir bewegen uns im Strom der Kühe. Jeder Stamm züchtet den Tieren unterschiedlich geformte Hörner. In den Nuba-Herden haben die Hörner viele Formen. Die Nuba und die arabischen Baggara rauben sich hier in der Ebene gegenseitig ihre Herden. Die Diebe beider Seiten treten einen Teil ihrer

Beute an ihre jeweilige Armee ab. Die Nuba an die SPLA, die Baggara an das sudanesische Militär.

Das Wasser, zu dem alle drängen, Tiere wie Menschen, Wespen in Schwärmen, ist kühl und kristallklar. Schub für Schub drücken es die Frauen an der Pumpe lachend in ihre Kanister. Die anderen warten in einer langen Schlange, hocken sich auf ihr Gepäck. Manchmal bricht Streit aus, die Frauen rangeln, drücken einander weg.

»Seid vorsichtig!«, schreit einer der Kuhwächter Naima an, als sie endlich an der Reihe ist. Vor einem Monat ist die Halterung der Pumpe angerissen. Sie wurde zu Friedenszeiten von einer westlichen Hilfsorganisation installiert, doch nun ist niemand mehr da, um sie zu warten. »Mach langsam«, sagt der Wächter wieder. Denn wenn die Halterung ganz bricht, blockiert das Bohrgestänge. Der Brunnen gäbe dann kein Wasser mehr. Eine einzige unbedachte Bewegung am Pumpenhebel würde alles Leben für die Menschen auf dem Berg beenden.

Die Bodenprobe, die wir nehmen, die zweite auf unserer Reise, stammt aus einem Granattrichter, nicht weit vom Brunnen entfernt. Vor drei Wochen, sagen die Kuhwächter, sei dort ein Geschoss explodiert. Der Rauch sei gelb gewesen, und alle, die am Brunnen waren, hätten schwarzen Durchfall bekommen und sich übergeben müssen.

Nach nur kurzer Rast am Brunnen schleppen wir uns mit den Mädchen erneut die Bergflanke hinauf. Sie treiben uns voran, wollen erst ganz oben eine Pause machen, aus Angst vor Flugzeugen. Auf den letzten Metern vor dem Dorf steht die Nichte der Kujur auf dem Felspfad. Die Kujur ist die spirituelle Führerin der Frauen des Dorfes. Die meisten Menschen auf dem Berg haben Angst vor ihr. Die Nichte bittet mich, ihr zu folgen. Sie führt mich zu einer niedrigen Steinhütte zwischen Felsblöcken. »Du bist vergiftet«, sagt die Alte, die im Türeingang auf mich wartet. Ihre Hände, faltig,

knorrig, befühlen ausgiebig mein Gesicht. Ihre harten Handflächen reiben über meine Haut. Sie schaut mir in die Augen,
die ihren sind trüb, fast weiß. »Es ist schwierig, deine Energien zu fassen«, seufzt sie. Die Kujur fühlt den »Ruma«,
einen Geist, der in einem Quellspalt ganz oben am Gipfel
wohne. Ruma – wohl noch eine entfernte Erinnerung an
das alte Rom, dessen Legionen es unter Kaiser Nero bis in
den Sudan schafften. Diese Berge sind wohl die letzte Gegend der Welt, in der der Geist des antiken Reiches noch lebt.

Ruma opfern die Frauen des Dorfes Kühe und Hühner,
Ruma heilt, aber nicht immer. Die Kujur diagnostiziert
bei mir den »bösen Blick«, einen Fluch, der mich krank
macht, würde ich nicht von ihm befreit. Sie verbrennt Kräu-
ter, deren Duft ich einatmen soll. Sie tritt hinter mich, verbietet mir, mich umzudrehen, weil ich dann alles schlimmer machen würde, ich höre hinter meinem Ohr ein Krächzen, wie
das eines Vogels, dann tritt die Kujur vor mich und fragt
mich, ob ich etwas gehört habe. Ich sage, ein Vogelkrächzen,
sie sagt, ja, das war der böse Geist.

In der Nacht erklingt um unser Lager plötzlich Singen
und Stampfen, die Frauen des Dorfes tanzen in völliger Finsternis für mich, beleuchtet nur von den Sternen, angeführt
von der Kujur, ich tanze mit ihnen, bis zur Erschöpfung.

In der Nacht, die dann irgendwann wieder still wird,
kommt Wind auf, starke Böen, die an unsere Zelte rütteln,
die rasch wieder abflauen, um kurz darauf wieder aufzu-
brausen. Als würde die immer gleiche Böe um den Bergkegel
herum brausen, wie ein ewig kreiselnder mechanischer Uhr-
zeiger. »Er weht im Kreis«, sagt der Dorfchef. »Die Höhlen
im Berg leiten den Wind.« Es gibt wenige Gegenden auf der
Welt, die mich mystisch so berührt haben wie die Nuba-Berge.

Als wir zwei Tage später den Berg verlassen und uns, erneut in einem langen Tross, auf den Rückweg begeben, hat

Johannes Plate mehr als 250 Menschen behandelt. Die meisten Kinder haben Würmer, die ihre Bäuche aufblähen. Die Malaria grassiert. Viele Menschen, die er hier oben gesehen hat, sind sehr geschwächt. Er rechnet für die nächsten Monate mit dem Schlimmsten. Die Hirseernte sei so katastrophal gewesen wie nie in den vergangenen Jahren. Wir verabschieden uns von Mohamed und seinen Töchtern, die wir zurücklassen mit Vorräten für nur noch acht Wochen.

Tutu, der Gesundheitsminister, hat derweil nach uns suchen lassen. Freudestrahlend empfängt er uns nach unserer Rückkehr in seinem Büro. Er habe jetzt endlich die geheimnisvolle Waffe gefunden.

Also fahren wir abermals durch das Nuba-Gebiet, erneut von Kauda in den Süden, durch das zentrale Hochland, an Feldern vorbei, auf denen ein Großteil der Ernte verdorrt ist, durch Märkte, auf denen es nichts zu kaufen gibt. Die meisten Bauern und Händler halten in Erwartung der nahenden Hungersnot ihre Vorräte zurück.

Das Hauptquartier der SPLA, in das uns Tutu geschickt hat, besteht aus vier strohgedeckten Lehmhütten und einem Dutzend Offizieren, die nicht wissen, was sie mit uns anfangen sollen. Nach einigen Verhandlungen werden wir gebeten, auf Stühlen Platz zu nehmen. Sie glauben jetzt zu wissen, wofür wir gekommen sind. Jemand schließt eine der Hütten auf. Mehrere Kämpfer ziehen einen zwei Meter langen Behälter heraus, olivgrün, mit weißer Aufschrift, stellen ihn vor uns in den Sand. Vor einiger Zeit hätten sie dies von der Armee erbeutet. »Wir sind ziemlich sicher, dass es keine normale Waffe ist«, sagt einer der Kommandeure. Als sie die Kiste aufklappen, sehen wir eine grüne Metallröhre mit schwarzen Gummiaufsätzen an beiden Enden. Eine chinesische Hongjian-8, auch »Roter Pfeil« genannt. Damit wird keine Chemiemunition verschossen. Der »Rote Pfeil« feuert Raketen ab, die sich durch Panzerstahl bohren.

Unsere Zweifel wachsen. Ist die Geschichte von dieser unbekannten Waffe womöglich doch nur eine Mär?

Im Krankenhaus von Cap Anamur treffen bei Johannes Plate immer beunruhigendere Nachrichten ein. Am Küchentisch berichtet er seinem Team, einem deutschen Techniker und einer österreichischen Kinderärztin: »Ich glaube, wir sind die letzten Tage hier.« Es gibt Meldungen über einen großen Militärkonvoi, der sich aus dem Norden den Nuba-Bergen nähert. 600 Fahrzeuge sollen es sein und 13 000 Bewaffnete. Sudans Präsident Umar al-Baschir hat angekündigt, im nächsten Jahr das Ramadan-Gebet in der Moschee von Kauda zu sprechen. Der wichtigste Verbündete der SPLA, der Südsudan, zerfällt derweil in einem blutigen Bürgerkrieg. In seinem Chaos droht die letzte Versorgungslinie der Nuba zu versiegen. Die Luftangriffe haben wieder begonnen, sagt Plate der kleinen Runde. »Vor zwei Tagen bei Heiban.« Zwei MiGs hätten eine Schule bombardiert und dabei sieben Kinder schwer verletzt. Auch das Krankenhaus wurde in den Vorjahren gezielt angegriffen. »Es geht also wieder los«, seufzt der Techniker und verlässt eilig den Tisch, um vor jedem Gebäude neue Schutzgruben gegen Bombensplitter auszuheben.

Sandschleier aus der Sahara legen sich in den nächsten Tagen über die Berge, sie hüllen alles in ein bleiernes Grau.

Der verdeckte Himmel werde uns vor den Jets schützen, lacht Tutu, der abends im Trainingsanzug in seinem Garten sitzt. Er entschuldigt sich, dass wir auf seinen Hinweis vergeblich ins Hauptquartier der SPLA gefahren sind. Die Kommandeure seien einfache Leute, die nie auf einer Schule waren. »Ich werde weiter nach der Waffe suchen«, sagt er. An diesem Abend zeigt er uns Männer, die angeblich ihrer Munition ausgesetzt waren.

Die zwei SPLA-Kämpfer schauen uns angespannt an. Auch sie sollen in den nächsten Tagen an die Front. Wir befragen sie einzeln, getrennt voneinander. Kommandant Abdulsalam Aladim Tiya und der Schütze Idriss Hassan Abdallah Daldum. Sie berichten von einem Angriff, im April 2016 in der Ebene bei Azraq, der Kornkammer Nubas. Die Regierungstruppen hatten sie kurz zuvor eingenommen, mit einer Gegenoffensive wollte die SPLA sie ihnen wieder abringen. Tiya kommandierte einen Pick-up mit aufgepflanztem Maschinengewehr, das Daldum bediente.

Sie fuhren durch schweres Feuer, bis knapp neben ihnen eine Granate einschlug. »Sie hat nichts zerstört, es hat auch kein Geräusch bei der Explosion gegeben«, sagt Tiya. Aber alles sei plötzlich in einer Wolke weißen Rauchs verschwunden. Sie hätten ihr nicht ausweichen können und seien durch sie hindurchgefahren. An der Front gebe es drei Arten von Granaten: die normalen Sprenggranaten; die Brandgranaten; und die »seltsamen Bomben«.

Tiya, Oberleutnant: *Ich saß auf dem Beifahrersitz des Wagens. Im ersten Moment habe ich nichts gespürt, doch dann ist mir übel geworden. Ich musste ins Auto kotzen. Ich habe in meine Hose geschissen. Ich konnte meinen Darm nicht mehr kontrollieren. Ich befahl dem Fahrer, von der Front wegzufahren, in ein nahes Bachbett hinein. Da ist man besser gegen den Beschuss geschützt. Ich weiß nicht mehr, wie wir dort ankamen. Ich wurde wohl noch im Wagen ohnmächtig. Als ich aufwachte, lag ich in einem Feldlazarett unter einem Baum. Ich konnte mich fast nicht bewegen. Nur die Fingerspitzen etwas. Das Reden fiel mir schwer. Die Haut hat sich ganz taub angefühlt. Und ich hatte so viel Speichel in meinem Mund. Ich musste ständig spucken. Erst nach zwei Tagen konnte ich wieder laufen. Dann fing das Jucken an. Meine Haut juckt heute noch, besonders in den Kniekehlen und unter den Achseln.*

Daldum, Feldwebel: *Ich bin der Maschinengewehrschüt-*

ze. Mir wurde ganz schlecht, kurz nachdem wir durch den Rauch gefahren waren. Ich kotzte viele Male. Mein Magen krampfte. Ich wachte im Flussbett auf und konnte mich nicht bewegen. Ich lag einfach nur da. Ich sah, wie Dorfbewohner auf mich zeigten. Meine Kameraden lagen bewusstlos im Auto. Ich verstand nicht, was vor sich ging. Ich war eine Woche lang im Feldlazarett und wurde mit Heilkräutern behandelt. Jetzt geht es wieder. Aber meine Leber tut mir noch weh, besonders in der Nacht.

Den Gesprächen hat Johannes Plate beigewohnt, ab und an hat er nachgehakt, wenn ihm Antworten zu ungenau waren. Für ihn steht außer Frage, dass die Rebellen eine schwere Vergiftung erlitten haben. Die Leber schmerze, weil sie wohl noch immer die Gifte im Körper abzubauen versuche.

Analyse der Proben 80967 und 80968. Entnahmezeitpunkt: 3. Dezember 2016. Entnahmeort: östlicher Frontabschnitt, das Dorf Mendi, in einem Mangohain.

Er will uns die Knochen zeigen, die hier noch irgendwo liegen müssen. Aufgeregt sucht der Bauer Idris Ramadan Idris, ein älterer Herr, den Boden zwischen den Mangobäumen ab. »Da lagen überall tote Kühe!« Im Juni, kurz vor Beginn der Regenzeit, war eine Antonow lange über dem Dorf gekreist und hatte schließlich auf dieses Feld eine Bombe geworfen. Er räumt das Laub beiseite, schiebt Äste weg. »Es war genau hier.« Nach der Explosion rannte Idris hierher, aus Sorge um seine Kühe, die er ganz in der Nähe weiden ließ. »Aber es waren nicht meine Kühe«, sagt er, noch heute mit Erleichterung. Die Kühe, die er sah, gehörten seinen Nachbarn, aufgeplatzt, zerfetzt. Ihr Fleisch schwarz verbrannt, aber bedeckt mit großen grünen Flecken. »Es war entsetzlich. Ich hatte so etwas noch nie gesehen.« Nach längerem Suchen findet er den

Bombentrichter, nah an der Straße. Beim Graben stoßen wir auf Splitter einer Metallfassung.

Von grünem Fleisch erzählt uns wenig später auch ein SPLA-Kämpfer, der bei einem Vorstoß ins Niemandsland drei Kalaschnikow-Magazine erbeutet haben will. Als er sie bei der Jagd nach Wildhühnern eingesetzt habe, sei das Fleisch des geschossenen Huhns grünlich verfärbt gewesen. Er glaubt, die Spitzen der Kugeln wurden vergiftet. Wir zweifeln. Nehmen aber die Stahlkörper der Kugeln zur Laboruntersuchung mit.

In der abgeschiedenen Welt der Nuba-Berge gedeihen viele Legenden. Die Menschen glauben an alte Gottheiten und verehren geheime Brunnen mit heiligem Wasser. Sie glauben an Bäume, die Stürme erzeugen, wenn man sie berührt. Was ist, wenn *American Dog* nur eine Geschichte ist, die so lange weitererzählt wurde, bis sie Teil des kollektiven Bewusstseins wurde?

Doch dazu sind die Beschreibungen, die wir hören, zu konkret. Immer wieder auf dieser Reise wird uns von *American Dog* erzählt, spontan und unabhängig voneinander. Es gibt von der SPLA-Führung die Order an jeden Kämpfer, an der Front einen Beutel mit Zitronen, Salz und dem Heilkraut Ardaib mitzuführen. Die Kämpfer reiben sich damit ein oder trinken es als Saft. Weil es die Effekte des Gases lindere. Diese Regel wurde im Sommer erlassen, weil sie in den Monaten zuvor mit der Chemiemunition so oft wie nie beschossen worden seien.

»Die *Dog* ist ein Granatwerfer. Ich habe zwölf Jahre lang mit ihm geschossen«, sagt ein Mann, der eines Morgens vor der Tür unserer Unterkunft in Kauda steht. Ein SPLA-Kommandeur hatte uns beiläufig von ihm erzählt. Wir dachten nicht, dass es ihn wirklich gibt. Einer, der früher selber Giftgasgranaten verschossen hat, ein Überläufer.

Er malt die Waffe auf, eine Art Maschinengewehr mit kurzem Lauf. »Nicht länger als ein Arm«, sagt er. Wir bleiben skeptisch, aber das ändert sich.

Der Granatwerfer werde mit einem Dreifuß auf der Ladefläche eines Toyota-Pick-up montiert. Er wisse das, weil er bis zum Februar Hauptfeldwebel der sudanesischen Armee gewesen sei. Viertes Bataillon der östlichen Front, Kompanie 108. Er habe sich anwerben lassen, als er 16 Jahre alt war. 1988 sei er Soldat geworden. Er nennt uns seinen richtigen Namen, will aber für diese Reportage Alhailo heißen. Um seine Familie zu schützen, die noch in einem Gebiet lebe, das von der Regierung kontrolliert wird. Er hat sechs Kinder, die er seit Monaten nicht gesehen hat, und eine Frau, die sich aus Scham scheiden lassen will. Mit der *American Dog* habe er schon in vielen Kriegen gekämpft, im Südsudan, in Darfur und seit 2012 in Nuba. Warum sie *Dog* genannt werde? »Wenn sie feuert«, sagt er, »klingt das, als würde ein Hund bellen.«

Alhailo sitzt vor uns, selbstbewusst und scheu zugleich, sein altes und sein neues Ich blitzen wechselweise in ihm auf. Er ist ein Ausgestoßener, der nicht mehr zurückkann, weil er dort nun als Verräter gilt, und der auch hier, im Nuba-Reich, ein potenzieller Feind bleibt. Die SPLA nimmt nur wenige Überläufer in ihre Reihen auf. Er sagt, er sei desertiert, weil die Armee Verbrechen begehe. Sein tatsächlicher Grund bleibt uns jedoch unklar. Alhailo arbeitet auf den Feldern, von dort ist er zu uns gekommen.

Er beschreibt die Munition, die er benutzte. Sie sei um die 15 Zentimeter lang, sagt er, hellgrauer Rumpf, silberner Alu-Kopf. »Triffst du damit einen Jeep, zerstörst du ihn völlig.« Ab und an, nur sehr selten, hätten sie einen anderen Granattyp benutzt. Auch bei ihm sei der Rumpf grau, sein Kopf aber sei rot. Diese Munition hätten sie, die Bordmannschaften, nicht mitgeführt. Während des Kampfes sei ein Offizier in einem gepanzerten Fahrzeug von *Dog* zu *Dog* gefahren und habe pro Fahrzeug nur zwei, drei dieser roten Granaten verteilt.

Sie hätten gewusst, dass sie chemische Kampfstoffe verschießen. Alhailo sagt, dass sein Bataillon die Sondermunition vor der Abfahrt in die Nuba-Region in Khartum zugeteilt bekommen habe. Sie sei ihnen in al-Shagara gegeben worden, einem Militärkomplex außerhalb der Stadt. In al-Shagara betreibt der Sudan eine Munitionsfabrik. Dort, erzählt Alhailo, hätten sie viele Kisten gewöhnlicher Munition geladen und 240 Kisten mit Totenkopf-Aufdruck. Die seien gesondert bewacht und in einem gesonderten Lkw transportiert worden.

»Wir sind Männer!«, habe der Kommandant ihnen vor ihrer Fahrt an die Front zugerufen. »Wir werden siegen! Wir haben die moderneren Waffen! Jeder, der denkt, er ist kein Mann, kann jetzt gehen. Aber jeder, der sich unserem Kampf anschließt und im Krieg stirbt, wird ins Paradies gelangen!«

An der Front werde jeder Toyota mit einem *Dog* von drei anderen Wagen abgeschirmt. So solle verhindert werden, dass die Waffe vom Gegner erbeutet werde. Der Offizier – oft ein Oberst – ziehe sich vor dem Einsatz der Gasgranaten schwarze Stulpenhandschuhe über und eine schmale Maske über Nase und Mund. Er bestimme zunächst die Windrichtung. Baue einen Teleskopstab auf. Der sei weiß-rot geringelt, erinnert sich Alhailo, und habe ein rotes Rechteck an der Spitze. Der Offizier pflocke ihn neben dem Wagen in den Boden. Für jeden einzelnen Schuss gebe der Oberst dem Schützen genaue Anweisungen zu Entfernung und Richtung. Alhailo erzählt von einer Wolldecke, die der Offizier unter den Auswurfschacht der Waffe lege, um die leeren Hülsen aufzufangen. Bevor er wieder gehe, rolle er die Decke um die Hüllen und packe sie in einen Sack.

Er, der Schütze, habe beim Feuern keinen Schutz getragen und sich hinterher oft elendig gefühlt. Die Augen begännen wässrig zu werden, manchmal müsse man sich übergeben, sagt er. »Noch zwei Tage später fühlst du dich müde. Wenn du versuchst, aufzustehen, wird dir schwarz vor Augen.« Bei einer Militäroperation im Frühjahr 2014, bei der sie so viele Gasgranaten wie nie zuvor verschossen hatten, seien sechs *Dog*-Schützen an den Nachwirkungen gestorben. Alhailo gibt uns Namen und Dienstränge der Toten. Mit einigen von ihnen sei er im Ausbildungscamp gewesen.

Sie hätten damals zwei Tage lang vergeblich versucht, einen wichtigen Berg einzunehmen. Die Armee habe Luftangriffe für sie geflogen, trotzdem seien sie unter großen Verlusten zurückgeschlagen worden. Deswegen habe der Bataillonskommandeur am dritten Tag den Befehl zum Giftgaseinsatz gegeben. Zehn der *Dogs* ließ er an der Front aufreihen, jeweils etwas versetzt zueinander. Jeder Wagen habe zwei bis drei Gasgranaten verschossen. Alhailo erzählt detailliert, er malt einen Plan über den Ablauf der Kämpfe auf. Das Gas habe ihnen zum Erfolg verholfen. Er erzählt, wie sie auf dem Berg eine MG-Stellung der SPLA stürmten und dort alle auf dem Boden lagen. Sechs Männer, sagt er, und eine Frau. »Ich erinnere mich an einen der Kämpfer. Er lag da und krampfte. Aus seinem Mund lief weißer Schaum. Aus seiner Nase kam Blut. Seine Augen waren verdreht.«

Ein Angehöriger des Militärgeheimdienstes, der ihren Trupp anführte, habe alle erschossen, auch die Frau.

Der Überläufer weiß nicht, wie es für ihn weitergeht. Vorläufig verdingt er sich als Feldarbeiter. Er würde aber auch gerne SPLA-Kämpfer an der *Dog* ausbilden und ihnen beibringen, wie man Giftgas verschießt – denn richtig eingesetzt, sei das eine wirkungsvolle Waffe. »Ich stehe zur Verfügung«, sagt er zum Abschied.

Noch einmal wollen wir am nächsten Tag einem Hinweis nachgehen und eine Bodenprobe nehmen. Wir fahren von Kauda ins anderthalb Stunden entfernte Azraq. Bei den

Kämpfen dort soll die sudanesische Armee erst vor wenigen Tagen Gasgranaten auf angreifende SPLA-Einheiten geschossen haben. Wieder ist die Fahrt vergeblich. Für die Proben müssten wir viel zu dicht an die Verteidigungsgräben der Sudanesen. Was wir stattdessen finden: 40 Kleinkinder in einer Höhle, drei Kilometer von der Front entfernt. Sie quetschen sich in eine Kluftspalte, hocken und liegen über- und untereinander. Eine alte Frau hütet sie. Von Sonnenaufgang bis Sonnenuntergang. Jeden Tag passt ein anderer Erwachsener auf sie auf.

»Es ist nicht sicher da draußen«, sagt die alte Frau. Als die Kleinen uns sehen, kommen sie heraus, wagen sich ins Licht, einige von ihnen das erste Mal an diesem Tag, aufgeregt, kichernd, sie betrachten uns und flüstern einander zu. Plötzlich kracht es. Mehrere Granaten röhren über uns hinweg, explodieren auf einem Hügel hinter uns. Die Kinder beginnen zu rennen, stolpern, fallen über Steine, raffen sich wieder auf, kleinere halten die Hände der größeren und klettern die Felsen zur Höhle hinauf.

Wir eilen zu unserem Wagen. Als wir zurückschauen, versperrt uns unsere eigene Staubfahne die Sicht.

Die Lage sei schwierig, aber sie sei für die Nuba schon schwieriger gewesen, sagt uns Tutu am letzten Tag. Er hofft nicht auf die UN. Sie gestatteten dem Regime seit Jahren, Dörfer und Schulen zu bombardieren. »Aber der Feind kann uns nicht schlagen.« Ihre Berge seien uneinnehmbar. Er gibt sich zuversichtlich, wie alle Funktionäre der SPLA. Sie wollen vermeiden, dass die Bevölkerung in Panik gerät und flieht. Tutu hat zumindest für sich vorgesorgt. Seine Frau hat er nach Uganda gebracht, wo sie Finanzwesen studiert – für den Fall, dass seine militärischen Prognosen fehlschlagen.

»Seid ihr noch an der *American Dog* interessiert?«, fragt er kurz vor unserer Abreise.

Sie ist kein Mythos. Ihr Lauf ist so kurz wie vom Überläufer beschrieben. Im Hauptquartier eines Kommandanten haben sie den Granatwerfer vor einer Rundhütte für uns aufgebaut. Die Waffe sei 2015 erbeutet worden, sie war auf einen Toyota montiert. Tatsächlich sieht sie ein bisschen aus wie ein Hund, der sich duckt, einer, der aus Angst gleich zubeißt. »Wir wissen nicht, wie man die bedient«, erklärt der Kommandant offenherzig. Zwei davon hätten sie dem Feind abgenommen. Sie können nichts mit ihnen anfangen, verschieben sie von einem Hauptquartier zum anderen. Auf die Idee, verdächtige Munitionsreste für Analysen zu bergen, sagt der Anführer, seien sie noch nie gekommen.

Eines ist die *Dog* jedenfalls nicht: amerikanisch. Die Beschriftungen auf ihr sind alle kyrillisch.

Die Waffe, die in den Nuba-Bergen so berüchtigt ist, das ergeben Recherchen zurück in Deutschland, stammt aus alten sowjetischen Rüstungsschmieden. AGS-17 ist ihr Kürzel. *Awtomatitscheski Granatomjot na Stanke.* Lafettierter automatischer Granatwerfer. Sie gehörte zu den Standardwaffen des Ostblocks. Im Afghanistankrieg der Sowjetunion wurde sie erstmals eingesetzt. Kann diese Waffe chemische Kampfstoffe verschießen?

Technisch sei das Kaliber zu klein, um die Granaten mit chemischen Kampfstoffen zu füllen, sagt ein New Yorker Waffenexperte von Amnesty International. Das Kaliber reiche aus, urteilt ein skandinavischer UN-Waffeninspektor, der in Syrien und im Irak nach Chemiewaffen gesucht hat, aber solche Granaten hätten bei dem Volumen nur einen geringen Effekt an der Front.

Russische und bulgarische Munitionshersteller werben indes für die variablen Einsatzmöglichkeiten. Mehrere Unternehmen bieten für die AGS-17 Granaten an, die nach ihren eigenen Produktbeschreibungen in der Lage sind, »bewaffnete Gesetzesbrecher vorübergehend kampfunfähig zu machen«. Technisch ist es also möglich, eine AGS-17-Granate mit Reizgasen zu füllen. Die Frage ist offenbar nur, mit welchem Gas sie gefüllt werden und in welcher Konzentration. Eine Substanz, die betäubt, ist potenziell immer auch tödlich.

So wie sich die Kriege verändern, verändern sich die Waffen. Immer häufiger wird nicht mehr nur das Militär mit seinem Arsenal zur Niederschlagung von Aufständen eingesetzt, sondern die Polizei. In Ländern wie Russland oder China wird sie mit immer schwereren Waffen aufgerüstet. Im britischen Manchester erforscht die Omega Research Foundation die Grauzone zwischen Militär und Polizei. Finanziert wird ihre Arbeit durch die Europäische Kommission. Die Annahme, dass die AGS-17 im Sudan für chemische Kampfstoffe eingesetzt werde, »ist für mich sehr plausibel«, urteilt ihr Experte. Auch er will ungenannt bleiben. Es gebe immer mehr Staaten, die das Abkommen zur Kontrolle von Chemiewaffen auf legale Art unterlaufen. Denn der Einsatz toxischer Stoffe sei nur für militärische Zwecke international verboten, nicht aber für polizeiliche. Zudem sei in den letzten Jahren eine neue Generation von Giftstoffen in den Laboren entwickelt worden. Sie tauchten in keinem Verzeichnis chemischer Kampfstoffe auf. Russische Sicherheitskräfte beendeten 2002 die Geiselnahme in einem Theater in Moskau, indem sie ein Nervengas einsetzten. Das betäubte Terroristen wie Geiseln, tötete aber auch Dutzende. Bis heute weigert sich Russland, die genaue Zusammensetzung des Gases bekannt zu machen. Es brauche ein neues Abkommen, fordert der britische Forscher, »sonst stehen wir bei den Chemiewaffen wieder dort, wo wir vor dem Ersten Weltkrieg standen«.

Der Sudan sei in den letzten Jahren zu einem wichtigen Rüstungshersteller geworden, sagt er. Es ist durchaus möglich, dass er in der Lage ist, Nervengas zu produzieren. »Es ist schlicht so: Wir wissen nicht mehr, was die Sudanesen können.« Er glaube im Übrigen nicht, dass man in den Bodenproben, die wir mitgebracht hätten, etwas finden werde. Die Symptome, die uns die Betroffenen beschrieben hätten, glichen denen, die durch Nervengas hervorgerufen werden. Und die Komponenten von Nervengas verflüchtigten sich schon nach wenigen Stunden. Die UN, fordert er, müssten in Nuba ständig ein Team bereithalten, um Verdachtsfällen nachzugehen.

In den Nuba-Bergen bleibt Johannes Plate zurück und bereitet sich auf die nächste Regierungsoffensive vor, die die letzte sein könnte. Warum, fragt er, gebe es noch keine Flugverbotszone? Wie viel Beweise brauche der Westen, um etwas zu tun? Die Menschen in der Nuba-Region seien aufgegeben worden. »Das ist sehr schwer zu ertragen.« Er hat das Personal angewiesen, über Weihnachten die Ambulanzen wieder mit Erde zu beschmieren, damit sie aus der Luft schwerer zu sehen sind.

Am Ende, im Labor in Deutschland, aufgelöst in Dichlormethan, wird die Erde aus den Nuba-Bergen durch das 0,25 Millimeter weite Glasröhrchen des Chromatografen geschleudert. Das werde bis zum Abend dauern, sagt mir der Chemiker. Ich setze mich in einem leeren Raum an einen leeren Tisch und warte auf das Ergebnis.

Es ist negativ.

Der Versuch, die Hoffnung zu buchstabieren
Südsudan und Deutschland, 2017

Nur ein einziger Fisch. Er liegt auf dem Boden des Bootes und windet sich im Todeskampf. Er öffnet sein Maul, schnappt, reißt es so weit auf, als wolle er das Leben geradezu zwingen, erlahmt dann, wird ruhiger, bis er ganz reglos ist.

Das Kind, das das Boot durch eine endlose Wasserlandschaft steuert, ganz allein, hält sich mit Mühe aufrecht. Ein Junge mit vor Anstrengung verzerrtem Gesicht. Neun Jahre alt, James Mawieh Bol, nackte dürre Beine. Über der schmalen Brust ein zerrissenes Shirt. Er drückt mit beiden Händen eine lange Holzstange hinter sich. Meter um Meter schiebt er das Kanu voran. In den frühen Morgenstunden ist er von der Hütte seiner Familie aus aufgebrochen. Seither warten sie dort auf seine Rückkehr, die Eltern und drei kleinere Geschwister. Der Junge kontrolliert die Netze, die er weit draußen im Wasser aufgespannt hat. Seine Fahrten sind in diesen Tagen der ganze Unterschied zwischen Leben und Sterben. Das Boot, in dem er steht, ist ein Einbaum, geschlagen aus dem Stamm einer Palme. Es ist halb leck. James hält immer wieder inne, um das Wasser mit den Händen aus dem Boot zu schöpfen. Als er gegen Mittag zu seiner Familie zurückkehrt, auf die kleine Insel mit der Hütte seines Vaters, stolpert er vom Boot, erschöpft, in seiner rechten Hand der tote Fisch.

Sein Vater sitzt auf einem Hocker vor der Hütte. Ein warmer und freundlicher Mann. Einer, der selten streng ist. James steht mit krummem Rücken vor ihm, blickt ihn nicht an, schaut zu Boden. Die beiden schweigen. Der Vater sieht auf den Fisch, den James an der Schwanzflosse hält.

»Mehr konntest du nicht fangen?«, fragt der Vater, der zu krank geworden ist, um selbst zu fischen. Der Junge bleibt stumm, presst die Lippen aufeinander. Er weiß, was er seiner Familie an diesem Tag nach Hause bringt: den Hunger.

Wasser und Schlamm umgeben ihre Insel, die nur so groß wie ein Fußballfeld ist. Auf ihr wohnen 20 Menschen in fünf Hütten, und in alle vier Himmelsrichtungen schauen sie auf einen riesigen Morast, den »Sudd«. Er liegt im Norden des Südsudan. Die Wasser des Weißen Nils stauen sich hier seit Ende der letzten Eiszeit zu einem der größten Sümpfe der Erde auf. In der Regenzeit bedeckt er 130000 Quadratkilometer. Eine Fläche groß wie England. Fast undurchdringlich. Für viele Jahrhunderte glaubten die Europäer, er sei das Ende der Welt.

An diesem Ort, den auch heute noch die meisten fürchten, haben James und seine Familie vor zwei Jahren Zuflucht gesucht. Zehntausende Menschen flohen während der letzten Monate auf ein Archipel winzigster Inseln in dem Sumpf. Seit fünf Jahrzehnten ist Krieg im Südsudan, aber noch nie tobte er so schlimm wie jetzt. In vielen Provinzen sind die Städte verlassen, Dörfer verbrannt und die Felder unbestellt. Sogar in Regionen, die bis vor Kurzem als Kornkammer galten, drohen die Menschen an Hunger zu sterben.

Im Februar 2017 richteten die Vereinten Nationen einen Hilfsappell an die Welt, der in seiner Art einmalig war. Der Nothilfekoordinator Stephen O'Brien warnte im Sicherheitsrat in New York vor der »größten humanitären Katastrophe seit Bestehen der UN«. Hungersnöte werden von der UN für große Teile Afrikas erwartet. 20 Millionen Menschen seien vom Hungertod bedroht, erklärten die UN. Um das Massensterben abzuwenden, müssten die reichen Länder zusätzlich 6,1 Milliarden US-Dollar bereitstellen. Die Regierungen der Weltgemeinschaft gaben Geld – aber bisher nur einen Bruchteil des Notwendigen. Auch die Hilfsorganisationen haben Probleme, Finanzmittel gegen den Hunger einzusammeln. Viele, die früher gespendet haben, fragen jetzt: wozu? Warum ist nach 600 Milliarden Euro Entwicklungshilfe, die in den letzten 50 Jahren nach Afrika flossen, die Not größer als zuvor? Haben wir falsch geholfen? Zu wenig geholfen? Vielleicht war es ja auch nur eine Illusion: die Annahme, helfen zu können.

Wir, Fotograf und Autor, die beide viel in Afrika unterwegs gewesen sind, beide schon kleine Hilfsorganisationen gegründet haben, ringen mit diesen Fragen auch für uns selber. Für drei Wochen reisen wir in den Südsudan, um Antworten zu finden. Antworten, nach denen wir im deutschen Konstanz suchen, bei der Initiative Hoffnungszeichen, die sich jüngst aus dem Südsudan zurückgezogen hat, obwohl die Not dort so groß ist. Antworten, die wir in Bad Godesberg zu finden hoffen, am Sitz der Welthungerhilfe, die im Südsudan weitermachen will. Doch die Frage, die uns am Ende am meisten beschäftigen wird, ist diese: Sind James und seine Familie noch am Leben?

Wir wissen es nicht.

Buthony heißt die Insel, auf die sich James' Familie in ihrer Verzweiflung flüchtete. Sie liegt tief im Inneren des Sudd. Fremde kommen selten hierher, zu abgelegen ist das Eiland. Zehn Stunden sind wir in zwei Kanus unterwegs, fahren über weite Seenlandschaften, die sich immer wieder zu Kanälen verengen, zu Rinnen, oft nur wenig breiter als das Kanu, überwachsen mit Schilf, grüne Tunnel, durch die wir gleiten. Oft versiegen die Wasserwege ganz. Bis zur Hüfte waten wir durch schmatzenden Morast. Jeder Schritt ist kraftraubend, die Erde wirft Blasen. Bewegt man sich nicht rasch genug, bleibt man stecken. Es ist Mitte Mai, im Südsudan das Ende der Trockenzeit. Die Hitze flirrt. In dieser Landschaft gibt es keinen Schatten. Kleine Erdkegel stechen wie Warzen aus dem Sumpf. Auf ihnen wachsen die einzigen Bäume.

Sie verheißen Kühlung, doch behausen sie Giftschlangen und Skorpione. »Seht!«, sagt dann am späten Nachmittag unser Kanuführer und zeigt auf den fernen Horizont. »Buthony!«

»Ihr seid die Ersten, die hierherkommen«, sagt Garchang Bol, James' Vater, auf der Insel zur Begrüßung.

Verunsichert treten die Bewohner aus ihren Hütten. Die Männer zuerst, Bol, 51, in Shorts und Shirt. Der misstrauische Stephen Wijnay, 39, der uns als Sprecher der Inselbewohner vorgestellt wird und in seiner Hütte abseits der anderen lebt. Der Älteste, Simon, 62, Cousin von Bol, halb blind, schwer hustend. Marieh, 25, im Trikot des FC Barcelona, seine ältere Schwester Maria liegt querschnittsgelähmt auf einer Bastmatte in ihrer Hütte. Stephens Frau erscheint, Nyakuon, sie ist mit allen zerstritten. »Sie brüllt immer«, klagen die anderen. Bols Frau, Nyakuol, die eine Nette ist, wenn man sie einmal für sich gewonnen hat. Elf Kinder, die erst Abstand zu uns halten, dann neugierig mit ihren Fingern durch unsere Haare fahren. Insgesamt 20 Menschen, Vertriebene, von weit her aus ihren Dörfern geflohen. Schon zwei Jahre halten sie auf der Insel aus, wie viele andere, die sich in die Sümpfe gerettet haben.

3,5 Millionen Menschen sind im Südsudan nach UN-Schätzungen auf der Flucht. Hunderttausende retteten sich in die Nachbarländer, nach Uganda, Äthiopien und in den Sudan. Hunderttausende suchen Schutz in den Stützpunkten der UN-Truppen, die sie kaum schützen können. Die meisten aber wichen in den Busch aus und leben jetzt an Orten, die derart abgelegen sind, dass alle Kriegsparteien sie längst vergessen haben. So hoffen sie.

17 Palmen wachsen auf Buthony und wenige Büsche. Eine winzige Welt. Fast ganz ist sie bedeckt von bleichen Fischgräten und menschlichem Kot, aus dem Marabus ihre Nahrung picken. Die Vögel, schwarz und beinahe so groß wie

Menschen, stehen den ganzen Tag im Kreis um die Hütten. Wartend. Immer härter kämpfen die Bewohner ums Überleben. Sie leben fast allein vom Fisch, aber die Fischschwärme scheinen weitergezogen zu sein. Die Fänge werden von Woche zu Woche ärmer. Und noch nie hat diese Insel Hilfe von außen erreicht.

»Was können wir tun?« Im Raum 122 beraten in der Zentrale der Welthungerhilfe am 16. Februar 2017 um neun Uhr morgens sieben Frauen und Männer. Sie diskutieren eine Stunde lang. Am Konferenztisch sitzen: die Regionaldirektorin Renate Becker, der Leiter des Fundraisings Carsten Scholz, der Vorstand und der Nothilfekoordinator. Sie halten eine »Lage« ab, wie sie hier in Bad Godesberg ihre Krisensitzungen nennen. Die erste von vielen, die in den nächsten Wochen folgen werden. Die Büros im Südsudan, in Äthiopien und Kenia sind per Video zugeschaltet. Eine Woche zuvor haben die Vereinten Nationen für Teile des Südsudan die Hungersnot ausgerufen. Die Phase 5.

Auf der Landkarte, die im Raum 122 aufgespannt ist, ist Phase 5 dunkelrot vermerkt. Die höchste Stufe auf der Skala, mit der die UN den Hunger messen. In den betroffenen Regionen sind mehr als 30 Prozent der Bevölkerung unterernährt. Vier Millionen Menschen hungerten im Februar. Die Prognose: Bis Juli werde die Zahl auf 5,5 Millionen steigen. Ein Massensterben sei auch für Kenia, Nigeria, Jemen und Somalia zu befürchten. Nur sehr selten in ihrer Geschichte haben die Vereinten Nationen die Phase 5 ausgerufen. Zum letzten Mal taten sie es 2011 in Somalia. Damals starben eine Viertelmillion Menschen.

Die Runde in Bad Godesberg ist trotzdem unentschieden. »Ich war mir damals nicht sicher, wie wir darauf reagieren sollten«, erinnert sich der Fundraiser Carsten Scholz. Er ist für die Spendenaufrufe der Welthungerhilfe verantwortlich. Damals auf der Sitzung hört Scholz die erschreckenden Berichte der Länderdirektoren und zögert dennoch. »Ich habe mich gefragt, ob diese Krise bei uns in Deutschland schon bekannt genug war.« Die Menschen, weiß Scholz, spenden nicht für etwas, von dem sie nicht wissen. Bis dahin hatten nur wenige Tageszeitungen und Radiosender von der Hungersnot berichtet, aber es hatte noch nicht das, wie es Scholz nennt, »ARD-Brennpunkt-Format«. Ihm stellt sich ein betriebswirtschaftliches Problem. Um Geld zu bekommen, muss die Welthungerhilfe erst einmal Geld ausgeben. Scholz fragt sich: Refinanzieren sich die Kosten für das Versenden von 600 000 Briefen? Oder verliert man mehr, als man einnimmt? Eine zum falschen Zeitpunkt gestartete Kampagne kann viel Geld vernichten.

Auch Renate Becker, der die Länderbüros in der Region unterstehen, ist sich unschlüssig. »Wo können wir im Moment überhaupt zusätzlich helfen?«, fragt sie in die Runde.

Es gibt wenige deutsche Hilfsorganisationen, die so gut aufgestellt sind wie die Welthungerhilfe. Ihre Mitarbeiter vor Ort sind jedoch zumeist in Langzeitprojekten gebunden. Sie unterrichten Bauern in neuen Anbaumethoden, lassen Brunnen bohren, geben Kurse, um die Rechte der Frauen zu stärken. Im Südsudan verteilen die Deutschen seit Langem in mehreren Distrikten Lebensmittel für 350 000 Menschen, im Auftrag des Welternährungsprogramms der Vereinten Nationen. Für zusätzliche Aufgaben haben sie praktisch keine Kapazitäten mehr. »Es ist unglaublich schwierig«, sagt Becker, internationales Personal für den Südsudan zu finden. Es fehle an gut ausgebildeten Mitarbeitern, die bereit sind, dort dauerhaft zu arbeiten. Der Südsudan zählt zu den gefährlichsten Einsatzgebieten der Welt. In den vergangenen drei Jahren sind hier 79 Entwicklungshelfer ermordet worden.

So beschließen sie an diesem Februarmorgen in Bad Godesberg lediglich, in Kenia ein Erkundungsteam in die dortigen Dürregebiete zu schicken, wo die schlimmste Trockenheit seit Jahrzehnten die Ernten zerstört. Es soll herausfinden, mit welchen Projekten sie von Nairobi aus helfen können. »Ich war wirklich ein bisschen ratlos, was wir mit dem Südsudan machen sollten«, erinnert sich Renate Becker. Ohne einen Entschluss zur Krise im Südsudan geht die Runde in Raum 122 gegen zehn Uhr wieder auseinander.

Bols Frau erleidet in der Nacht wieder einen Anfall. Krämpfe schütteln ihren Körper. Nyakuol, die 16 Kinder geboren hat, liegt mit weit aufgerissenen Augen da, den Nacken nach hinten gedehnt. Dann verliert sie das Bewusstsein. Wie benommen wirkt sie am Morgen danach. »Mein Kopf«, sagt sie mit schmerzverzerrtem Gesicht. Nyakuol mahlt trotzdem die Hirse für das Frühstück. Die Aufgabe der Frau. Es macht niemand anderes. Die Männer kochen nicht. Bol sitzt hilflos neben ihr. »Sie ist meine große Liebe«, sagt er. »Ich habe noch keinen Moment bereut, sie geheiratet zu haben.« Die Anfälle seiner Frau hätten mit der Flucht auf die Insel begonnen. »Weißt du, wie man ihr helfen kann?«, fragt er mich. Ich weiß es nicht. Er nickt und schaut ihr weiter beim Kochen zu.

Die Insel mit den 17 Palmen ist ihnen Zuflucht, aber auch Fluch. Jeden Tag, den sie länger hierbleiben, schwindet ihre Kraft, sie zu verlassen. Vor fast genau zwei Jahren, im Juni 2015, floh Bol aus seinem Dorf hierher, von einem Tag auf den anderen, ohne Plan. Sie lebten in Mayendit, 50 Kilometer weiter im Norden. Bol baute Mais und Hirse an. Er besaß 42 Rinder. Die Familien auf der Insel sind Nuer; der Reichtum der Nuer sind ihre Rinder. Im Glauben der Nuer hat einst ein Rind den Menschen geboren. Die Familie von Bol war nicht reich, aber sie konnte gut leben. Der Krieg hatte Bols Familie bislang verschont, bis zu jenem Tag. »Es war im Juni, oder?«, fragt er seine Frau, die das Essen zubereitet. Sie nickt.

Er hatte gerade mit der Feldarbeit begonnen. Nyakuol, so erinnert sie sich, saß mit Freundinnen vor dem Haus; sie scherzten über ihre Ehemänner. »Ich habe ihnen vom Lied von Bol erzählt.« Jeder Mann hat bei den Nuer ein Lied, das ihm spirituelle Kräfte gibt. Ein Lied zum Schutz seiner Seele.

»Darf ich dein Lied hören?«, frage ich ihn. Er lacht verlegen und schweigt.

Im Frühsommer 2015 griffen Regierungstruppen die Region um Mayendit an. Panzerkolonnen rollten auf die Stadt zu. Als Bol mit seiner Familie fliehen wollte, drängten bereits Bewaffnete in die Straßen.

Der Südsudan spaltete sich 2011 vom Sudan ab; damals galt das Land als großes Versprechen. Ein neuer, wahrhaft demokratischer Staat in Afrika, das war die Hoffnung. Plötzlich schien sich dem Westen eine Chance zu bieten, alle Fehler zu vermeiden, die bei der Gründung anderer afrikanischer Staaten begangen worden waren. Vor allem die USA und ihre protestantischen Freikirchen hatten sich für die Loslösung eingesetzt. Elf Milliarden Dollar investierten allein die USA in den Aufbau von Ministerien und die Ausbildung der südsudanesischen Armee. Doch nach der Unabhängigkeit kollabierte das Land binnen Monaten. Die Korruption in den Ministerien verschlang die internationalen Hilfen zum Staatsaufbau. Zwischen den beiden größten Volksgruppen, den Nuer und den Dinka, brach Krieg aus, die Armee, in der beide Stämme gemeinsam dienen sollten, zerfiel. Nuer-Milizen bekämpften Dinka-Truppen. Beide Seiten stehen sich in Grausamkeit in nichts nach, vergewaltigen und morden. Bald erfasste der Krieg auch weitere Stämme, und bald spalteten sich auch die Stämme in sich, bald kämpften Nuer auch gegen Nuer und Dinka auch gegen Dinka.

Bol rannte mit seiner Familie aus einer brennenden Stadt. Die nationale Armee, in der beide Gruppen dienen sollten, war längst zerfallen. Die Armee des Südsudan wandelte sich zu einer Miliz der Dinka, während die Nuer in ihrem Siedlungsgebiet ihre eigene Miliz aushoben. Sie nennen sie »die weiße Armee«. »Ich habe so viele Tote gesehen«, sagt Bol. Er sah in ihren Häusern die Leichen zweier Cousins, zweier Neffen und von vier Tanten. Insgesamt, sagt er, starben an diesem Tag 18 Verwandte von ihm.

Eine Woche später betrat er zum ersten Mal die Insel. Mit dem Kanu hatte er zwei Tage hierher gebraucht. Buthony schien von den Dinka-Truppen weit genug entfernt zu sein. Die Insel war unbewohnt. Er hackte mit einer Machete einen Platz von Büschen frei, tötete einige Schlangen und begann, eine Hütte zu bauen. Wenig später folgten einige Verwandte, der grimmige Stephen und seine launenhafte Freundin. Beide flohen nicht vor dem Krieg hierher. Bol weiß nicht, wovor Stephen floh. Er hat manchmal etwas Angst vor ihm.

In Bad Godesberg ist bei der Welthungerhilfe immer noch keine Entscheidung gefallen. Am 22. Februar berät der Fundraiser Carsten Scholz mit den Kollegen seiner Abteilung. Für einige Minuten stehen sie im »Vision-Room« zusammen, einem Raum für Blitzkonferenzen. Statt Stühlen gibt es nur Stehhocker, das ist jetzt Mode in Deutschlands Büroetagen. »Was glaubt ihr«, fragt er in die Runde hinein. »Sollen wir es machen?« Die Kollegen teilen Scholz' Ratlosigkeit. Noch immer ignoriert die Öffentlichkeit den Hunger. Bei der Pressestelle der Welthungerhilfe gab es einige Anfragen, aber kein massives Interesse. Hunger in Afrika ist für die meisten Medien kein Aufreger. Hunger scheint zu Afrika zu gehören wie die Fettleibigkeit zu Amerika. Er steht in vielen Redaktionen in dem Ruf: zu langweilen.

Im »Vision-Room« einigen sie sich darauf, noch einmal

die Entscheidung aufzuschieben. Der Vorstand hat unterdessen beschlossen, eine halbe Million Euro freizugeben, um die Presseberichterstattung anzuregen. Das Geld fließt in erste Nothilfeprojekte in Kenia und Somaliland. Die Welthungerhilfe organisiert dann Journalistenreisen dorthin. Sie zahlt einem Pool an ausgewählten Reportern die Reisekosten und sorgt so dafür, dass die Hungerkrise endlich in die Medien kommt. In die Medien, von denen Fundraiser Scholz wiederum abhängig ist. So ist es mittlerweile Brauch im humanitären Gewerbe.

»Du musst wieder fischen gehen«, sagt Bol zu James.
»Ich will nicht. Es ist kalt. Ich friere«, sagt James.
»Es geht nicht anders«, sagt der Vater.
Der Sturm trifft ganz plötzlich auf die Insel. Er reißt den Sand in Wirbeln empor, biegt die Palmen, färbt den Himmel braun. Es ist der Morgen des dritten Tages, den wir auf Buthony verbringen. Die Vorboten der Regenzeit. Sie bringt Kälte mit sich und Krankheiten. Die kleinen Kinder kreischen vor Freude. Meist liegen sie irgendwo dösend im Schatten, fast alle sind sie unterernährt. Doch jetzt hüpfen sie hoch und greifen nach den Fetzen der Palmblätter, die durch die Luft wehen. Die Erwachsenen laufen raus, um rasch die Dächer zu sichern. Bol und Nyakuol ziehen die Stricke strammer, die die große Plastikplane an der Hütte hält. Sie ziehen mit aller Kraft. Eine Hälfte der Plane hat sich losgerissen. Diese Plane ist alles, womit sie in den nächsten Monaten Wind und Regen abhalten können. Sie schaffen es, eilen in den Schutz der Hütte, in der es dunkel ist und verraucht, in der sie auf dem Boden kauern, vor Kälte zitternd, jeder mit einer Decke um die Schultern.
James ist zum Fischen irgendwo da draußen im Sturm.
»Er wird zurechtkommen«, sagt Bol.
An den Innenwänden der Hütte, dort, wo Nyakuol ihre

Töpfe verstaut hat, mehrere Plastiktüten mit Kleidern, ein Moskitonetz, das sie von zu Hause hatten retten können, lagert ein Sack Getreide. Nyakuol zieht ihn heraus, um das Essen vorzubereiten. Er ist fast leer. Der letzte Vorrat, der der Familie geblieben ist. »Zwei Tage noch«, schätzt sie. »Supercereal Plus« steht auf dem Sack, ein Gemisch aus Mais, Sojabohnen und Zucker. Eine spezielle Rezeptur des UN-Ernährungsprogramms, hergestellt in Belgien. Verteilt von der deutschen Welthungerhilfe, finanziert von Spenden gegen den Hunger. Ein kleiner Teil der Hilfe, die die Organisation schon vor der akuten Krise leistete.

Doch die Familie hat den Sack »Supercereal Plus« nicht etwa geschenkt bekommen. Den Sack hat Bols Cousin Marieh bei seiner letzten Fahrt in die Stadt Nyal auf dem Schwarzmarkt für 250 südsudanesische Pfund gekauft. So viel, wie hier ein Lehrer in einer Woche verdient.

Nyal ist für die Sumpfbewohner der nächste größere Ort auf dem »Festland«, wie sie hier sagen, früher nur ein Dorf mit Rindermarkt, jetzt eine Stadt von Zehntausenden Flüchtlingen. Wer mit dem Kanu die üblichen zehn Stunden nach Nyal reist, hält Ausschau nach der Antenne des Mobilfunkmasts. Ein früherer Gouverneur hat ihn im Wahlkampf errichten, aber nie in Betrieb gehen lassen. Symbol des Fortschritts, der nie stattfand. Nyal ist heute Teil des Herrschaftsgebiets der Nuer, eine eingeschlossene Stadt. Dinka-Truppen blockieren die Straßen, eine Landebahn für Flugzeuge gibt es nicht.

Die ganze Siedlung ist um ein einziges großes freies Feld gewachsen, die »Drop Zone«. Es ist übersät mit Fetzen von weißer Plastikfolie. Alle zwei Monate wirft eine gecharterte Antonow im Auftrag des Welternährungsprogramms Säcke mit Mais, Hirse und Pakete mit Palmöl über diesem Feld ab. So wie es in vielen Orten im Südsudan geschieht. Fallschirme mildern den Aufprall. Nahrung für 80 000 Menschen, die nach UN-Zählung in der Gegend leben. Seit Ausbruch des Bürgerkrieges ist der wichtigste Wirtschaftsfaktor des Ortes dieses leere Feld.

Am Rand der Drop Zone haben die NGOs ihre Stützpunkte gebaut. Die Welthungerhilfe, die für die Verteilung der abgeworfenen Lebensmittel zuständig ist, unterhält hier zwei große Vorratszelte. Ihr Nachbar ist die britische Organisation Oxfam, die auf den Sumpfinseln Brunnen für sauberes Trinkwasser bohrt und Kanugutscheine ausstellt. Damit sich die Flüchtlinge die Fahrt zur Essensverteilung nach Nyal leisten können. Es gibt das Mercy Corps, das die Menschen mit Angelhaken und Netzen versorgt. Zwischen den weitläufigen NGO-Niederlassungen mit Fuhrpark und Satellitenschüsseln steht ein kleiner Ziegelbau mit zwei Räumen und einem leeren Schreibtisch. Der Sitz der lokalen Regierung.

Bol und die anderen Inselbewohner fürchten Nyal. Weil sie argwöhnen, dass es der Dinka-Regierung irgendwann gelingt, den Ort zu überrennen. »Ich habe Angst«, sagt Bol. »Ich habe das schon einmal erlebt.« Er und die anderen auf Buthony erhalten keine Rationen von der Welthungerhilfe. Sie haben es wiederholt versäumt, sich in Nyal von der UN registrieren zu lassen. In unregelmäßigen Abständen, einmal im halben Jahr, fliegt die UN dazu ein Team nach Nyal. Doch nie haben Bol und die anderen rechtzeitig von ihrer Ankunft erfahren.

Bol löst die Filetstücke von den Gräten der Fische, die James jeden Tag fängt. Er hängt sie auf der Insel zum Trocknen auf, um sie durchreisenden Händlern zu verkaufen. So verdient er das Geld, um auf dem Schwarzmarkt in Nyal Mais und Hirse zu kaufen, die ursprünglich von der Welthungerhilfe verteilt wurden. Von den Fischen bleibt ihnen nur der Rest, das Bisschen zwischen den Gräten.

Morgens, auf dem Weg ins Büro, trifft Carsten Scholz seine Entscheidung; er wagt es. Er verschickt E-Mails an seine Marketingkollegen: »Wir machen es!« Sie sollen alles für einen Spendenaufruf für Afrika vorbereiten, der am 8. März rausgehen soll. Auch andere große NGOs wie Care oder Oxfam Deutschland planen Nothilfeaktionen. Um das Kostenrisiko zu mindern, wählt Scholz den »mittleren Verteiler«: 300000 Adressen in ganz Deutschland, halb so viele wie bei einer großen Briefaussendung. Im Haus läuft jetzt das Räderwerk an, ein Rad gibt die Bewegung ans nächste weiter, eine seit Jahren festgefügte Folge, wie bei vielen Katastrophen und Hungersnöten davor.

Eine Büroetage unter Carsten Scholz klickt sich ein Bildredakteur durch sein Fotoarchiv. Die Kampagne braucht Bilder, die ans Herz gehen, Mitleid erregen, aber nicht mitleidheischend sind. Es gibt viele Regeln, die er beachten muss. Das Deutsche Zentralinstitut für soziale Fragen, eine Stiftung mit Sitz in Berlin, die die Verwendung von Spendengeldern überprüft, kann bei Verstößen das Spendensiegel entziehen. Auf den Fotos dürfen keine Kinder mit großen Augen zu sehen sein, keine Grausamkeit, »keine Weißnasen«. Sie sollen nicht paternalistisch wirken. Die Fotos sollen nicht von oben nach unten aufgenommen sein, weil das schnell so wirkt, als blicke man auf die Menschen herab. Außerdem darf dieses Mal auf den Fotos nichts Grünes zu sehen sein. Die Bilder sollen nach »Dürre« aussehen. Das ist Kalkül. Im Fall von Dürrekatastrophen spenden die Deutschen bereitwilliger als für Hunger, der durch Kriege verursacht wurde. Die Grenzen des Mitgefühls. Viele denken: Diese Menschen sind selbst schuld an ihrem Leid.

James kann kaum noch stehen, als er aus dem Sturm auf die Insel zurückkommt. Vier Fische liegen im Boot. Er bittet seinen Vater, sie zu holen, und eilt zu seiner Mutter in die Hütte, legt sich dort ans Feuer. James ist krank. Seit Wochen plagt ihn eine Blasenentzündung. »Sein Urin ist rot wie Blut«, erzählt Bol besorgt. Jedes Pinkeln bereitet ihm große Schmerzen. Die Kälte der beginnenden Regenzeit macht die Entzündung jetzt schlimmer. Bol schickt den Jungen zum Fischen, weil er es nicht mehr kann, seine Knie sind kaputt, er sieht nur noch auf einem Auge. Ein dummer Unfall, sagt er. Nur wenige Monate nach ihrer Ankunft auf der Insel habe er nachts rausgemusst und sei gegen den Schaft eines Speers gerannt. Der Speer steckte mit der Spitze aufrecht im Boden, so dass er sich das Ende direkt ins Auge rammte. Acht Monate habe er mit der Verletzung in der Hütte gelegen, und noch immer ist die Wunde entzündet. Er hat starke Schmerzen.

In Nyal gibt es eine Klinik, das wissen sie, aber ihnen fehlt das Geld für Medikamente. Jedes der drei kleineren Kinder ist krank. »Wir hatten in unserem Leben auch viele glückliche Tage«, sagt Nyakuol, die über dem Feuer Wasser erhitzt, um darin den Fisch zu kochen. Das heißt das, was vom Fisch noch übrig ist, die Gräten mit Kopf und Schwanz. Nyakuol erzählt von der Zeit, als sie jung war, mit der Dorfjugend den Sommer über im Rindercamp verbrachte, die Zeit, in der sie sang, sich die Jungs anschaute, obwohl sie schon Bol versprochen war. Sie kichert, wenn sie davon erzählt, und er lacht. Bei ihrer Hochzeit musste Bols Familie 42 Kühe für sie bezahlen, eine Menge!

16 Kinder haben sie gemeinsam bekommen, davon starben vier, sagt sie. »Nein«, sagt Bol. »Es waren acht, die gestorben sind!« – »Acht?«, wiederholt Nyakuol und horcht in sich hinein.

Nur anderthalb Jahre alt wurde das erste Kind, das ihnen geboren wurde, erzählt Bol. Ein Junge. Sie wissen nicht, woran er starb. »Er hat am Ende nur noch geschrien«, sagt Nyakuol. Sein Kopf sei angeschwollen, dann sei er über Nacht gestorben. Auch ihr zweites Kind ist mittlerweile tot, ein Junge. Er wurde als 15-Jähriger im Rindercamp von einem Skorpion gebissen. Das war kurz vor Ausbruch des neuen Krieges. Das dritte Kind, ein Mädchen, überlebte, ist heute selbst Mutter mehrerer Kinder. Sie wohnt mit ihrer Familie in einem anderen Teil Südsudans. Das nächste Kind, das sie bekamen, starb. Ein Mädchen. Sie war fünf Jahre alt, als sie von der Straße nach Hause kam, über Schmerzen im Bauch klagte und nach zwei Tagen verstarb. Der Junge, den Nyakuol danach gebar, kam an einem Nachmittag auf die Welt. Gegen Abend war er tot.

Tot ist auch ihr Junge, der 17 Jahre alt war, als die Dinka ihn bei einem Überfall auf das Rindercamp der Familie erschossen. Damals verlor Bol alle seine Kühe. Das sechste Kind, das starb, ein Mädchen, wurde nur wenige Monate alt. Ein Keuchhusten raffte es dahin. Das siebte Kind, ein Junge, wurde im Alter von zwei Jahren Opfer einer Masernepidemie, die damals Hunderte Kinder tötete. Das achte, das sie verloren, ein Mädchen, ein Jahr alt, erzählt Bol, starb wie das erste. Der Kopf schwoll an, dann war es tot.

Als sie ihr Mahl zu Ende gegessen, mit den Fingern den kläglichen Rest Fisch aus den Gräten gepult haben, streckt sich Nyakuol auf den Boden der Hütte aus und schläft, mit ihrem Kleinsten im Arm, ihr Gesicht in der Asche.

Der 8. März, an dem die Spendenbriefe an 300000 Haushalte in die Post gehen, ist ein Mittwoch. In alarmierendem Rot haben sie auf die Vorderseite der Umschläge gedruckt: »++ Katastrophale Hungersnot ++ Afrika braucht Ihre Hilfe ++«. Die Briefe, so der Plan, werden die meisten Adressen am Samstag erreichen. Der optimale Tag für eine Hungerkampagne. Die Chance, die Leute zu berühren, erklärt Carsten Scholz, ist übers Wochenende am größten.

Gleichzeitig schaltet die Onlineabteilung Anzeigen bei

Google. Wer die Begriffe »Spende«, »Hunger«, »Dürre« sucht, soll möglichst schnell bei der Welthungerhilfe landen. Die Konkurrenz unter den Hilfsorganisationen nimmt zu. Alle buhlen um denselben Spendenmarkt. »Wenn man bei Google auf Seite zwei gelistet wird, existiert man nicht«, sagt die Referentin für Onlinefundraising. Deshalb lassen sie Google den Link zur Welthungerhilfe, der ganz oben in der Trefferliste auftaucht, mit dem kleinen Zusatz »Anzeige« versehen. Wird der Link dann tatsächlich angeklickt, kassiert Google von der Welthungerhilfe Geld.

Je häufiger ein Begriff gesucht wird, desto höher steigt bei Google sein Wert. Das Wort »Kinderpatenschaften« in einer Anzeige kostet pro Klick derzeit 26,74 Euro. Am »Hunger« verdient Google pro Klick sieben Euro, an der »Dürre« zwei Euro. Das Unglück der Welt rechnet sich auf diese Weise in der Unternehmensbilanz zum Glücksfall.

In Bad Godesberg beginnt nach dem Versand der Briefe das Warten. »Ich war da sehr angespannt«, erinnert sich Carsten Scholz. Immer wieder schaut er auf den Computerschirm, wo eine spezielle Software stündlich den Spendeneingang registriert. Die ersten drei, vier Tage seien entscheidend, sagt er. In diesen ersten Tagen sieht Scholz, ob eine Aktion gelingt oder scheitert.

Unterdessen suchen die Projektleiter der Welthungerhilfe in Juba, Hauptstadt des Südsudan, immer noch die Frage zu klären: Was können wir zusätzlich unternehmen? Denn die Krise, in der sie ihre Aktivitäten eigentlich ausweiten sollten, zwang sie dazu, ihr Hilfsprogramm zu reduzieren. In der südsudanischen Region Äquatoria mussten sie zwei Standorte schließen, aus Angst um ihre Mitarbeiter. Auch diese Gegend wird jetzt vom Krieg erfasst. Tausende werden massakriert, nur weil sie Angehörige anderer Stämme sind. Die UN warnen vor einem Genozid.

In Juba selbst ist die Lage extrem angespannt. Mehrfach

sind hier Kämpfe ausgebrochen zwischen den Dinka und den Nuer. Das Militär patrouilliert, die Kriminalität steigt, die Hotels sind voll mit Spitzeln und Agenten. Die Stützpunkte der Hilfsorganisationen sind wie Festungen gesichert. Niemand weiß, wie lange sie noch im Land arbeiten können. Das letzte Mal evakuierten die meisten NGOs ihr Personal im Juli 2016. Zu heftig waren die Kämpfe in Juba geworden. Auch die staatliche Deutsche Gesellschaft für internationale Zusammenarbeit (GIZ) zog sich damals zurück. Bis heute kam sie nicht wieder. Selbst dem dramatischen Ruf der UN ist sie nicht gefolgt. Die GIZ sieht sich außerstande, in dieser Krise zu helfen. Ihre Projekte hat die Welthungerhilfe übernommen. Denn die Bad Godesberger beschlossen, zurückzukehren, unter großer Nervosität.

»Warum kann ich nicht wieder in die Schule?«, fragt James.

»Wir haben nicht das Geld«, sagt der Vater.

»Ich hasse Fischen. Ich will lernen«, sagt James.

Am Morgen des fünften Tages, den wir auf der Insel verbringen, sind die Vorräte der Familie erschöpft. »Ich habe nichts mehr«, sagt Nyakuol. Der Hirsesack ist so gut wie leer. Sie könnten jetzt den getrockneten Fisch an die Händler verkaufen, die alle paar Tage mit ihrem Kanu vorbeiziehen. Aber James hat in den letzten Tagen zu wenig Fische gebracht. »Du musst noch einmal los«, sagt Bol. Doch James ist immer noch krank. Immer noch plagt ihn die Blasenentzündung.

Es gäbe auf der Insel genügend Fisch, er trocknet auf der Stange vor ihrer Hütte. Doch der gehört Stephen. Der ist ein kräftiger Mann und fängt die größten Fische irgendwo sehr weit draußen im Sumpf. Doch Stephen teilt nicht. In der Not helfen sie einander auf der Insel nur bedingt.

Bol hat versucht, auf Buthony etwas anzupflanzen. Er hat es mit Hirse versucht und mit Mais. Hat es an unterschiedlichen Orten des Eilands probiert, am Rand und in der Mitte, doch stets ist die Aussaat verdorrt. »Ich glaube, der Boden hier ist zu salzig.«

Wir, die Reporter aus Deutschland, können nur wenig helfen. Wir sind keine Ärzte, wir führen nur Lebensmittel für uns und unser Team mit. Was werden wir auslösen, wenn wir dort sind, hatten wir zuvor überlegt. Wollen wir uns dem aussetzen? Dürfen wir das? Provozieren wir mit dieser Reise nicht ein moralisches Dilemma? In den Kanus, mit denen wir hierherkamen, können wir kaum Gepäck transportieren. Die Konservennahrung, die wir aus Deutschland mitgebracht haben, vertragen die unterernährten Menschen auf der Insel nicht. Zu essen fühlt sich für uns auf einmal zutiefst unanständig an. Oft esse ich in Momenten, in denen ich glaube, von niemandem beobachtet zu werden.

In einer Hungersnot sterben die Schwächsten zuerst. Die Alten, die Kinder und die Kranken. In der armseligsten Hütte auf der Insel leben Bols Cousine und ihre drei Kinder. »Der Regen leckt durch das Dach«, klagt sie. Seit der Geburt ihres jüngsten Kindes vor drei Jahren ist Maria Nyadaak gelähmt. Nur den Kopf kann sie etwas bewegen. Den ganzen Tag über dämmert die 34-Jährige auf einer Bastmatte vor sich hin. Mit ihrem Mund berührt sie fast den Boden, auf dem das Regenwasser steht. Niemand auf der Insel hilft ihr, die Hütte abzudichten. Selten gibt man ihr etwas von den eigenen Essensvorräten ab. Bol tut es manchmal, aber nicht oft. Mitleid ist auf Buthony ein rares Gut. Mitleid erfordert eine Energie, die hier nur selten jemand hat. Alle auf dieser Insel brauchen alle Energien für das eigene Überleben.

Ihre zehnjährige Tochter kümmert sich um sie, wäscht sie, so gut es geht. Niemand auf der Insel besitzt ein Stück Seife, nicht einmal Stephen. Sie hilft ihr beim Stuhlgang. Sie trägt ihren Kot in einer Schüssel weg und macht sie mit einer Hand voller Asche sauber. Sie klagt darüber nicht. Manchmal liegt sie einfach nur neben ihrer Mutter, flüstert mit ihr und streichelt sie lange, küsst sie. Das Mädchen kocht, wenn es etwas zu kochen gibt. Ein Bruder von Maria, Mitglied der Nuer-Miliz, kommt alle paar Wochen mit dem Kanu vorbei und bringt etwas Hirse. Die hält meist nicht lange.

Die drei jüngsten Kinder von Maria haben aufgeblähte Wurmbäuche und rot verfärbte Haare, Zeichen von Mangelernährung. Nur mit Glück werden sie die Regenzeit überstehen. Ihre Namen sind Nyabeyang, Nyagoanar und Sudan.

Wie können wir helfen? Wir, die Einwohner reicher Länder. Können wir überhaupt helfen?

In Nyal, der Stadt, in der die Vereinten Nationen alle zwei Monate die Lebensmittel abwerfen, arbeitete bis vor Kurzem neben der Welthungerhilfe noch eine zweite deutsche Hilfsorganisation. Der Verein Hoffnungszeichen mit Sitz in Konstanz. Er hatte die Klinik des Ortes betrieben und Tausende Patienten behandelt. Doch in diesem Jahr hat der Verein seine Arbeit im Südsudan beendet. »Eine sehr bittere Entscheidung«, sagt Vorstand Klaus Stieglitz. 20 Jahre lang war der Verein im Südsudan aktiv, mit 70 Mitarbeitern. »Wir können das nicht länger machen.«

Die Sümpfe, in denen Bol und seine Familie hungern, liegen über den wichtigsten Ölvorkommen des Südsudan. Stieglitz bekam Hinweise, dass bei der Ölförderung im Norden von Nyal das Grundwasser mit Schwermetallen verunreinigt wird. Kinder litten unter merkwürdigem Durchfall, viele Kühe starben. Die Mitarbeiter von Hoffnungszeichen analysierten Haarproben und fanden heraus, dass in der Region rund um die Sümpfe vermutlich 180 000 Menschen vergiftet sind. Stieglitz prangerte öffentlich die Ursache der Leiden an, die seine Mediziner in Nyal behandelten. Er hielt in Juba Pressekonferenzen ab. Er versuchte, den malaysischen Ölkonzern Petronas unter Druck zu setzen, der im Südsudan bohrt. Machte Druck auf Daimler, das sich sein Formel-1-

Team von Petronas sponsern lässt. Bis ihm schließlich ein Abgesandter des Ölministeriums in Juba erklärte, dass der Verein als Bedrohung für die Sicherheit des Staates eingestuft werde – falls Stieglitz weiter über die Schwermetallvergiftungen spreche. Stieglitz fürchtete seine Verhaftung.

»Wir können nicht schweigen«, sagt er. »Ich kann das mit meinem Gewissen nicht vereinbaren.« Also verließ er das Land, in der Zeit der größten Krise. Hoffnungszeichen will jetzt Projekte in Kenia beginnen.

Südsudans Machthaber und die internationale Gemeinde der NGOs stehen sich mittlerweile in einer gefährlichen Frontstellung gegenüber. Sie befanden sich lange Zeit über in einer Art Symbiose. Fast alles in diesem Land wurde von der internationalen Gemeinschaft finanziert. Viele Helfer glaubten an die gute Sache der Rebellen, die sich aus der Unterdrückung des Nordens lösen wollten. Jetzt, nur wenige Jahre später, fühlen sie sich von denen ausgenutzt, die sie einst groß gemacht haben. Sie halten einander im Würgegriff.

Der Hunger ist im Südsudan zu einer Waffe geworden, mit der die Regierung ihre Gegner bekämpft. Sie vertreibt die Bevölkerung von ihren Feldern und riegelt sie von Hilfslieferungen ab. Sie investiert ihre eigenen Ressourcen nicht etwa in Lebensmittel, sondern in Rüstung. Allein 2016 hat Juba für 262 Millionen Dollar neue Waffen gekauft. Im Südsudan gäbe es dieses Jahr ohne den Krieg keine Hungerkatastrophe.

»Machen wir uns mitschuldig, wenn wir bleiben?«, fragt der Landesdirektor einer großen Hilfsorganisation in Juba. Wird der Krieg durch die humanitäre Hilfe künstlich verlängert? Würden wir unsere Hilfe reduzieren, müssten dann die Clanführer nicht ihre eigenen Ressourcen für das Wohlergehen ihrer Leute einsetzen? Weil sich sonst ihre Anhänger gegen sie wenden? Geben wir den Rivalen im Machtkampf nicht erst die Möglichkeit, sich aufs Militärische zu konzentrieren? Gibt man aber auf – macht man sich dann nicht auch schuldig? »Wir können so nicht weitermachen«, sagt ein führender Mitarbeiter der Welthungerhilfe in Juba, »aber wir können auch nicht aufhören.«

Die Verzweiflung ist inzwischen so groß, dass Diplomaten und Menschenrechtler fordern, den Südsudan unter Kuratel zu stellen. Damit das Morden aufhört. Ein internationales Protektorat. Ein von ausländischen Regierungen bestimmtes Gremium würde das Land regieren. Ein neuer Anfang. Aber dafür gibt es bei der UN keine Mehrheiten. Der Sicherheitsrat in New York konnte sich vor einigen Monaten nicht einmal auf ein Verbot von Waffenlieferungen in den Südsudan einigen. Russische und chinesische Unternehmen machen auch weiterhin beste Geschäfte mit beiden Konfliktparteien.

In Bad Godesberg wird der Spendenaufruf des Fundraisers Scholz zu einem enormen Erfolg für die Welthungerhilfe. Der Rücklauf ist viel höher, als von ihm erwartet. Bis Mitte Juni gehen 5,1 Millionen Euro auf dem Nothilfekonto ein. Eine Unternehmerin gibt sogar noch eine Million Euro dazu. Mit dem Geld will die Welthungerhilfe in Nyal ihren Stützpunkt ausbauen und neue Projekte für 3000 Familien finanzieren. Sie wollen die Menschen mit Saatgut versorgen und den Bau des Deiches vorantreiben. Weil die Ägypter flussabwärts den Nil aufstauen, ist der Sumpf in den letzten Jahrzehnten immer größer geworden. Der Deich soll verlorenes Land zurückgewinnen – falls der Krieg ihn nicht wieder zerstört.

Doch noch immer sucht Renate Becker, die Regionaldirektorin in Bad Godesberg, verzweifelt nach Projektleitern.

Bol vertraut währenddessen einzig auf die Kraft des Heiligen Baumes, eine alles überragende Kokospalme, die am anderen Ende dieser winzigen Welt steht. Er führt mich an unserem letzten Tag auf der Insel zu ihr. Geht mit mir einen schmalen Pfad, bleibt dann vor dem Baum stehen. Ehrfürchtig hält er Abstand. »Dieser Baum«, sagt er, »ist die Mutter aller Kokosnussbäume des Sumpfes.« »Du darfst diesen Baum nicht fällen«, sagt sogar Stephen, der grimmige Einzelgänger. Der Baum schützt sich selbst, erklärt Stephen. Der Baum brüllt, wenn die Axt an ihn gesetzt wird. »Wir alle«, sagt Bol, »haben das Weinen des Baumes gehört, als ihn vor einem Jahr ein Räuber fällen wollte.« Er erzählt davon. Wie in dem Moment, als der Mann die Axt gehoben habe, um den ersten Schlag zu führen, dieses fürchterliche Jammern aus dem Baumstamm gekommen sei. Ein Geräusch wie das Kreischen eines Babys. Der Mann habe vor Schreck Durchfall bekommen. Das ist hier etwas sehr Ernstes, etwas, an dem in den Sümpfen viele sterben. Dann sei er geflohen. Alle Familien, die auf der Insel Schutz gesucht haben, fürchteten, dass der Baum sich nun gegen sie wenden würde. Sie legten ihr Erspartes zusammen, jetzt, in dieser Not, taten sie sich doch zusammen, um einander zu helfen. Sie kauften eine Ziege, die sie unter der Palme mit vielen Gebeten opferten. Sie alle knieten unter dem Baum. Um seinen Geist zu besänftigen. Seither sei die Palme wieder ruhig und behüte sie. »Respektiere den Baum«, sagt Bol seinem Sohn James. Er verbietet ihm sogar, Blätter, die von seiner Krone gefallen sind, als Feuerholz aufzusammeln. »Ich möchte im Leben nie wieder dieses Kreischen hören.«

»Schickt ihr uns einen Arzt?«, fragt Bol beim Abschied. Wir versprechen es ihm. Bol träumt davon, die Insel im nächsten Jahr für immer verlassen zu können. Er ist Bauer, sagt er. Er würde die Feldarbeit auch mit seinem wunden Auge schaffen. Er hat von dem Deich gehört, der auf dem

Festland gebaut wird, um dem Sumpf fruchtbare Äcker ab-
zugewinnen. Neues Land, sagt er. Die Chance, noch einmal
anfangen zu können.

James träumt davon, endlich wieder zur Schule zu gehen.
Am Ende seines ersten Schuljahres hatte die Familie fliehen
müssen. Sein wertvollster Besitz sind sechs bunte Kugelschreiber, die alle nicht mehr funktionieren. In jeder freien
Minute schreibt er auf der Insel Buchstaben in den Sand.
Die kleineren Kinder sehen ihm dabei zu, als habe er Zau-
berkräfte.

Die Reihenfolge der Buchstaben ist wirr. Noch ergeben
sie keinen Sinn. Für James aber schon. Er schreibt im Grunde nur ein Wort, das sich immer wieder anders buchstabiert.

Hoffnung.

Der Maniak
Zentralrussland, 2014

»Sei nicht enttäuscht, wenn wir ihn eines Tages finden«, sagt Sonderermittler Wadim Maximow zu seinem jungen Assistenten, der ein Held werden will.

»Wieso enttäuscht?! Er ist der Champ!«, entgegnet Fyodor Neboroschew.

»Es wird nichts Besonderes an ihm sein. Einer wie jeder. Du wirst ihn anschauen, und dich in ihm wiedererkennen.«

Die Wahrheit, die sie seit Jahren suchen, ohne ihr dabei näher gekommen zu sein, ist einfach und schlicht. So schlicht, glaubt Oberst Wadim Maximow, dass sie sie nicht sehen – selbst dann, wenn sie ihr einmal ganz nah kommen sollten. Der Sonderermittler der Russischen Föderation in der Stadt Kasan an der Wolga sitzt im sechsten Stock des Gebäudes in der Bolschaja-Krasnaja-Straße, an dem viele Menschen eilig vorbeigehen, mit verstohlenen Blicken auf die pfirsichfarbene Fassade. Das sechste ist das oberste Geschoss, das ruhigste, mit leeren Fluren. Nur wenige Besucher haben Gründe, im Treppenhaus bis hierherauf zu steigen.

Das Büro des Wadim Maximow bietet eine weite Aussicht über die Stadt und ist dabei ganz winzig. Ein Raum, schmal wie eine Fuge. Die linke Wand mit zwei Schreibtischen drängt sich an die rechte, vor der sich ein Wall aus Akten türmt. Hüfthoch sind die Unterlagen gestapelt, eine Mauer wie aus papiernen Ziegeln, dünnere und dickere, viele wellig vom Druck der auf ihnen lagernden Schichten. Sie alle tragen den Stempel der Strafsache mit der Registriernummer 716960. Der bürokratischen Chiffre für einen der schlimmsten Albträume Russlands, den sie hier alle den »Maniak« nennen, den »Irren«. Maniaks, die es überall auf der Welt gibt, besonders aber in Russland, morden nicht aus Habgier, Eifersucht oder für eine politische Sache, sondern einfach, weil sie Spaß am Töten haben.

Die Strafsache 716 960 umfasst die Ermittlungen zu 31 Morden an alten Frauen, die in den vergangenen zwei Jahren begangen wurden, von vermutlich ein und demselben Täter, in 15 weit auseinanderliegenden Städten. Sie alle befinden sich am Lauf der Wolga und ihren Nebenflüssen. Maximow, 42, arbeitet seit 19 Jahren beim Ermittlungskomitee der Russischen Föderation. Ein studierter Jurist. Zuständig für die Wolga-Region. In Deutschland würde man ihn einen ermittelnden Staatsanwalt nennen. Maximow hat ein mondweißes Gesicht und leuchtend blaue Augen. Schaut er einen an, scheint er weit in die Ferne zu blicken. Und sieht er mit seinen Augen in die Ferne, ist es, als sähe er einen geradewegs an. Der Sonderermittler hat etwas Elfenartiges. Er spricht mit leiser, zarter Stimme, die aber unvermittelt verhärten kann. Er ist achtsam in allen seinen Bewegungen; so vorsichtig tritt er auf: Fast scheint er beim Gehen eine Winzigkeit über dem Boden zu schweben. Gerne antwortet er auf konkrete Fragen mit philosophischen Betrachtungen.

Maximow wurde für die nächste Woche zum Rapport nach Moskau bestellt und sichtet nochmals den ganzen Fall. Die Spitzen des Innenministeriums werden dort zusammentreten. Maximow ist nervös. Sein Maniak ist von allen noch nicht identifizierten Serienmördern weltweit der blutrünstigste. Maximow hat in den letzten Jahren viel versucht, aber noch wenig Erfolge vorzuweisen. Der Druck seiner Vorgesetzten nimmt zu, seine Karriere wird diskutiert. Er greift zum ersten Band der Ermittlungsakten und schlägt ihn auf.

Die Fahrt von Kasan, dem Amtssitz von Maximow, in die Industriestadt Uljanowsk dauert drei Stunden. Dort ist die

Wolga breit wie ein Meeresarm, ruhmreicher Geburtsort Lenins, viel Maschinenbau. Der Strom fließt gleich hinter jenem Plattenbau, in dem der Maniak im Winter vor drei Jahren seine Mordserie begann. »Schicksalsfluss«, sagen die Alten zu dem Strom. Aus großer Höhe betrachtet, wirkt die Wolga wie ein riesiges Herzkranzgefäß, eingefasst von vielen kleineren Blutbahnen, die sich verzweigen und wieder verzweigen.

Ihr sei damals nichts aufgefallen, sagt die Nachbarin, die tief in ihrem Fernsehsessel sitzt. Ihr Mann hockt auf dem Sofa und hat den Kopf ganz nah zum Fernseher vorgeschoben. Er schaut grimmig und schweigt. Seine Frau sagt, sie habe die ermordete Nachbarin Vera Ajugora Ivanowna nicht sonderlich gemocht. »Wissen Sie, wir sind ja hier 1971 alle miteinander eingezogen«, erzählt die Alte im Fernsehsessel. Damals sei Vera noch normal gewesen. Erst nach dem Tod ihres Mannes, kurz nach dem Zerfall der Sowjetunion, hätten die Nachbarn ihre Krankheit bemerkt. Sie alle hätten Angst vor der 82-Jährigen gehabt. »Sie hat geschrien, am Tag, in der Nacht. Sie kreischte mal wie ein Kind, mit unnatürlich hoher Stimme, dann brüllte sie in den tiefsten Tönen wie ein Mann.« Einmal habe sie, die Nachbarin, an Veras Tür geklopft und gefragt, ob sie jemand bedrohe. Doch sie habe gesagt, sie sei alleine. Zum Glück habe nur ihr Badezimmer an Veras Wohnung gegrenzt und nicht das Schlafzimmer. Die Nachbarn zur anderen Seite hin hätten oft die Polizei gerufen. »Sie sprach mit ihrem toten Mann. Sie schleuderte die Stühle gegen die Wände und rief: Du schlägst mich nicht!«

Plötzlich, im Januar 2011, habe sie nicht mehr geschrien.

Das erste Opfer, doziert Oberst Maximow über seinen Akten, hat den Täter vielleicht persönlich gekannt. Der Schauplatz des ersten Mordes ist am aussagekräftigsten. Der Maniak ist noch ungeübt, macht Fehler. Serientäter begehen ihren ersten Mord meist dort, wo sie zu Hause sind.

Eine Woche vor Veras Tod erneuerte eine dreiköpfige Handwerkertruppe die Rohrleitungen im Haus. Aber Vera habe sie nicht zu sich hereingelassen, zu ängstlich sei sie gewesen, sie, die selbst vor den Nachbarn davonlief, wenn sie ihnen draußen im Park begegnete. »Erst als wir gut auf sie einredeten, hat sie den Jungs aufgemacht.« Wieso sie jemand hätte umbringen wollen? Die Alte im Sessel, mit einem Auge bereits am Fernsehen, schüttelt den Kopf. »Die hat 500 Rubel Rente bekommen. Was will man von der?« Zum Abschied starrt der Mann auf dem Sofa weiter in den Fernsehapparat.

Die Ermittler in Uljanowsk seien damals von einem Raubmord ausgegangen, erzählt Oberst Wadim Maximow. Eine typische Junkie-Tat, dachten sie, und schenkten dem Tod der alten Verrückten keine weitere Beachtung. Aber dann, im März 2011, begannen die Morde in Kasan, 217 Flusskilometer entfernt, in der Hauptstadt der russischen Teilrepublik Tatarstan. »Gib mir doch mal die Akte von der Ischmuratowa«, bittet Maximow seinen Assistenten Fyodor, einen 23-jährigen Oberleutnant, der seinen Bürostuhl zur Papierwand schwenkt.

»Das Objekt der Besichtigung ist die Wohnung der Verstorbenen. Die Wohnung wird durch eine Metalltür betreten, die zum Zeitpunkt der Protokollaufnahme unverschlossen ist. Es gibt keine Einbruchsspuren. Links von der Tür gibt es einen Durchgang zum Wohnzimmer, auch diese Tür ist unverschlossen. Das Zimmer hat eine Grundfläche von 6 × 4,5 Metern. Die Schranktüren sind teilweise geöffnet. Der Boden ist bedeckt mit Bettwäsche und Kleidungsstücken. Rechts von der Tür, auf dem Sofa, liegt die Leiche einer alten Frau, mit dem Kopf zum Fenster. Die Beine sind ausgestreckt. Die Entfernung zwischen den Fußballen beträgt 40 Zentimeter, die Entfernung zwischen den Zehen 20 Zentimeter. Sie hat graues Haar, Länge 30 Zentimeter.

Die Augen sind geschlossen. Der Durchmesser der Pupillen beträgt 0,5 Zentimeter. Die Iris ist durchsichtig. Sie wurde mit dem Träger einer Küchenschürze erdrosselt. Die Schürze ist weiß und mit grünen Blümchen bedruckt. Die Enden des Trägers liegen lose auf dem Hals. Im mittleren Drittel des Halses verläuft ein Strangulationsstreifen, weißlich rot, mit einer Tiefe von 0,2 Zentimetern. Bei der Drehung der Leiche tritt Blut aus den Ohren. Die Zunge ist aus dem Mund hinausgedrückt, der Abstand zwischen Zungenspitze und Zahnlinie beträgt einen Zentimeter. Die Fingerspitzen sind blutverkrustet. Die Körpertemperatur beträgt 33 Grad, die Raumtemperatur 22 Grad. Nach einer Stunde ist die Körpertemperatur der Leiche um ein Grad gesunken.«

Es ist fast drei Jahre her, und trotzdem ist es Asja Schamsutdinowa an manchen Tagen so, als sei ihre Mutter erst gestern umgebracht worden. Sie sitzt mit ihrem Mann am Küchentisch, ihre Hündin Dinja wedelt um die Beine des Ehepaares. Beide sind mit 65 bzw. 66 Jahren ebenfalls schon im Rentenalter. Als ihre Mutter Nassima Ischmuratowa damals den ganzen Tag das Telefon nicht abnahm, erzählt Asja, sei sie zu ihrer Wohnung gefahren, mit einer Buslinie quer durch die Stadt Kasan. Den Schlüssel dazu hat sie ja immer gehabt. So habe sie die Mutter, die bald 91 geworden wäre, entdeckt. Sie sah dieses Grauen, das die Ermittler in ihrem Bericht später ausführlich festhielten. »Ich hatte an dem Morgen noch mit ihr telefoniert. Da hatte sie gesagt, sie wolle sich kurz schlafen legen.« Asja holt das Foto der Mutter, legt es auf die Tischdecke, der Hund weicht ihr nicht von der Seite. Ihre Mutter mit Anfang 30: von einer strengen Schönheit. Asja hört sie fast jede Nacht. Ihre Mutter spricht zu ihr, flüstert, und nicht alles, was sie sagt, ist angenehm.

Die Frauen dieser Generation sind in Russland verhasst und geachtet. Die Männer sterben rasch, an Wodka und harter Arbeit, die Frauen überleben sie um Jahrzehnte. Sie schlagen sich durch, mit oft kleinsten Renten, haben als Kind den Krieg erlebt, die Hungerjahre danach, aber auch den Stolz der Sowjetunion, der neuen glänzenden Supermacht, die die Jungen jetzt zugrunde gerichtet haben. Viele dieser Frauen sind rauer als ihre Altersgenossinnen im Westen, sie sind unerbittlicher, sie haben ein reiches Repertoire an Schimpfwörtern und können erschütternd herzlich sein. »Meine Mutter«, sagt Asja, »war kein einfacher Mensch. Aber wenn sie lachte, war alles vergessen.« Selten hatte sie sie als Kind umarmt, nie hat sie Kosenamen für sie gehabt. Nur am Tag ihres Todes sagte ihre Mutter am Telefon »mein Töchterchen«. Als hätte sie es geahnt.

War es wirklich der Maniak, fragt sich ihre Tochter. Zu viele gab es, die einen Grund hatten, die 90-Jährige umzubringen. Sie verlieh Geld, besserte ihre Rente auf, indem sie zehn Prozent Zinsen nahm. »Mama stritt viel«, sagt Asja am Küchentisch. Wurden die Gläubiger säumig, verklagte ihre Mutter sie noch am Tag der Fälligkeit. Freunde hatte sie nicht viele. Sie hatte ihren Sohn, den Bruder Asjas, aus dem Haus geworfen, weil der eine orthodoxe Russin geheiratet hatte. Asjas Familie ist tatarisch und muslimisch. Aber Asja fühlte sich verpflichtet, hielt den Kontakt, pflegte sie zum Schluss sogar, badete sie einmal in der Woche. Lud sie zu sich zum Kaffeetrinken ein und erduldete ihre missfälligen Blicke. »Ich konnte nichts richtig machen«, sagt die 65-Jährige. »Ich war ihr immer zu ungeschickt, zu dumm, zu unaufmerksam.« Und unverändert fühlt sie den Blick der Mutter im Nacken, wenn sie Hausarbeiten verrichtet. »Es muss alles so sein, wie Mutter es gewollt hätte«, sagt Asja, die ewige Tochter, die sich aus dem Schatten der Toten nicht lösen kann. »Mutter«, sagt sie, »muss zufrieden sein.«

Das Aktenbündel, das Wadim Maximow in Händen hält, dokumentiert die Befragungen aller Nachbarn von Asjas Mutter, der Kunden, der Familie. Zehn verschiedene Fingerabdrücke wurden in der Wohnung gefunden, aber kein Hinweis auf den Täter. So sollte es auch nach den nächsten Morden bleiben. Er tötet noch einmal im August, erstickt eine 82-Jährige mit einem Kissen. Er stiehlt erstmals eine größere Geldsumme, umgerechnet 16 000 Euro, macht dann erneut eine längere Pause.»Er hatte jetzt viel Geld«, sagt Maximow. »Das reichte ihm eine gewisse Zeit.« Im Oktober und November 2011 aber gerät er plötzlich in einen Blutrausch, mordet fünfmal, immer nur mit wenigen Tagen Abstand.

Allmählich werden Muster in seinem Verhalten erkennbar. Oberst Maximow führt eine Tabelle, mit deren Hilfe er Strukturen sichtbar machen will. Er nennt sie das »Schachbrett«. Der Täter tötet nur alte Frauen, gibt sich offenbar häufig als Handwerker aus, sucht sich nur solche Opfer, die in dem Plattenbautyp wohnen, der in der Sowjetunion während der Chruschtschow-Ära gebaut wurde, den sogenannten Chruschtschowkas. Sie wurden nach dem Krieg errichtet, als man dringend viel Wohnraum brauchte. Sie gelten heute als »Sowjet-Slums«, haben keine Aufzüge, maximal fünf Stockwerke und sehr kleine Wohnungen.

Chruschtschowkas sind in Russland die Ghettos der Alten. Vier Wohneinheiten auf jeder Etage. Die Treppenhäuser grau und oft heruntergekommen, die Wohnungen aber sehr gepflegt. Der Mörder bevorzugt den zweiten oder dritten Stock, weil er auf Fluchtmöglichkeiten bedacht ist. Er erdrosselt seine Opfer ausnahmslos: eine 85-Jährige mit bloßen Händen, eine 82-Jährige mit einer Wäscheleine aus ihrem Bad, er erwürgt eine 83-Jährige mit einer Plastikkordel, die er aus ihrem Handbesen gezogen hat. Nie bringt er sein Mordwerkzeug mit. Er bedient sich dessen, was er spontan in den Wohnungen seiner Opfer findet, Stromkabel, Gürtel von Morgenmänteln, Schnürsenkel. Offenbar gehört das zu einem Ritual. Er nimmt den Frauen das Leben mit Dingen, die Teil ihres Lebens sind.

Dann begeht er seinen ersten Fehler – sein Opfer, eine 83-Jährige, überlebt.

»Jeden Tag lebt sie mit der Angst, dass er noch einmal kommt«, sagt ihre beste Freundin, ihre einzige Freundin mit gedämpfter Stimme. Sie kümmert sich um die alte Dame und lebt in der Nachbarwohnung in Kasan. Das Opfer des Überfalls, Frau Nassima Fortunatowa, die »Glückliche«, hat seit Herbst 2012 ihre Wohnung nicht mehr verlassen. Die pensionierte Lehrerin sieht schlecht und hört schwer. »Ich lasse niemanden zu ihr vor, das ist alles zu aufregend für sie«, sagt Marina, die Freundin. Wer etwas von Fortunatowa will, klingelt bei Marina. Das Gespräch findet im Treppenhaus statt, denn auch die Nachbarin lädt niemanden zu sich ein. Ihr Ehemann lauscht zur Sicherheit an der Wohnungstür.

Der Maniak hat die Furcht in dieses Haus gebracht. Marina berichtet, was sie von ihrer Freundin erfahren hat. Der Mann, der sie überfiel, so erzählt sie uns, hatte ihr an der Tür gesagt, er wolle den Schornstein kontrollieren. In der Wohnung stieß er sie aufs Bett und begann, sie zu erdrosseln. »Stellen Sie sich vor!«, ruft die Freundin. »Sie ist doch nur Haut und Knochen. Sie wiegt 40 Kilo.« Das Glück der Frau Fortunatowa war, dass sie rasch das Bewusstsein verlor. Der Täter, im Glauben, sie sei tot, ließ von ihr ab.

Die einzige noch lebende Verwandte, eine Nichte, die am anderen Ende der Stadt wohnt, interessiert sich nicht für die alte Dame. Am Tag des Überfalls hat Marina bei ihr angerufen. Ob sie nicht vorbeischauen wolle. Ihrer Tante gehe es nicht gut. »Die kam bis heute nicht. Obwohl die doch alles erbt!«, ruft die Freundin im Treppenhaus, so laut, dass ihr Mann jetzt die Wohnungstür öffnet.

»Schluss jetzt!«, sagt er. »Komm rein.«

Oberst Maximow hatte endlich eine Zeugin, die ihn gesehen hatte, ihm von Angesicht zu Angesicht gegenübergestanden hatte. Doch Frau Fortunatowa ist halb blind und war durch den Überfall sehr verwirrt. Mal sprach sie von einem Täter, mal von zweien.

»Er hat leider immer wieder großes Glück«, klagt Maximow seinem Assistenten beim Mittagessen im Restaurant Billard. Das Lokal liegt nahe beim Büro, und sie kommen fast täglich hierher. Der Fernseher an der Wand überträgt eine Sportveranstaltung. Die Stimme des Liveberichterstatters ist sehr verzerrt. »Ja«, sagt der Assistent, »das Glück ist nicht auf unserer Seite.«

Serientäter gab es zu allen Zeiten und in allen Ländern. Im Mittelalter haben sie die Legenden von Vampiren und Werwölfen gespeist. Etwas Unmenschliches, dachte man damals, musste sich hinter dem grundlosen Töten verbergen. Heute hat man diesen Trost nicht mehr: Freude am Töten ist eine sehr menschliche Eigenschaft. Es gibt Serienmörder auch in Deutschland, doch werden sie hier meist früh gestoppt, im Durchschnitt nach dem vierten Mord. Den Ermittlern steht modernste Technik zur Verfügung, und die Bevölkerung arbeitet stärker mit ihnen zusammen.

Am hemmungslosesten, so behauptet die kriminalistische Fachliteratur, morden Serientäter in den USA und Russland. In Moskau verhaftete die Polizei vor einiger Zeit einen Verkäufer, der den Mord an 81 Frauen und Männern gestand. Im südrussischen Orenburg wird in diesen Wochen nach einem Lkw-Fahrer gefahndet, der bis zu 50 junge Frauen umgebracht haben soll. Viele Russen misstrauen ihrer Polizei, man mischt sich nicht ein, man ruft sie nicht an. Der Nachbar geht einen nichts an.

Die Anonymität der gigantischen Wohnsilos in Russland macht es Mordsüchtigen einfach. Die Alten verschanzen sich in ihren Wohnungen, igeln sich ein. Oft ist die einzige Verbindung nach außen der Fernseher. Sobald der Maniak die Schale ihrer Behausungen einmal geknackt hat, ist er völlig ungestört. Serientäter können selten von allein aufhören, das scheint in allen Ländern, in allen Kulturen gleich. Sie geraten in einen Rausch.

Der Tod ist für sie eine Erlösung: der Tod des anderen. Er erlöst sie von der eigenen Bedeutungslosigkeit. So versuchen Kriminalpsychologen die Logik der Serientäter zu erklären. Die Verzweiflung des anderen überdeckt die eigene. Einzelne von ihnen versuchen, sich selbst zu heilen, sie wissen, wohin das alles führen wird. Sie verlieben sich, bekommen Kinder, fangen etwas Neues an. Das Morden endet für eine Weile. Doch alles bleibt blass und leer, nichts gibt dem eigenen Leben so viel Erfüllung. Nur Gott obliegt die Entscheidung, wann der Mensch stirbt, sagen die, die an ihn glauben. Maniaks durchbrechen diese Grenze. So empfinden sie es: Sie verlassen die Existenz des Menschlichen und treten ein in die Sphäre des Göttlichen.

Um die Spur des Mörders nicht zu verlieren, haben Maximow und sein Assistent eine Russlandkarte an die Wand gepinnt. Papierfähnchen zeigen, welche Route er in den darauffolgenden Monaten nimmt.

Er verlässt Kasan, womöglich erschreckt durch den misslungenen Mord an Fortunatowa. Er tötet eine 85-jährige ehemalige Verkäuferin in einer Stadt an einem Wolga-Zufluss. Er entwickelt sich weiter. Er benutzt immer noch dieselbe Technik, perfektioniert sie aber. Er dreht die Schlinge jetzt mit einem Hilfsmittel zu, einem Schraubenzieher, einer Schere. Er tötet eine 80-jährige pensionierte Fabrikarbeiterin in Wolschsk, 40 Flusskilometer im Süden. Erneut geht etwas schief, er wird überrascht. Der Sohn des Opfers klopft an der Tür, während der Maniak noch in der Wohnung ist. Er flieht über den Balkon im ersten Stock. Die Ermittler von Maximow finden seine Fußspuren im Schnee, mit Hunden folgen sie ihnen an eine nahe Bahnlinie, dann verliert sich seine Spur. Zum ersten Mal können die Ermittler seine

DNA feststellen, Haut und Schweiß am Kabel des Bügeleisens, dem Mordwerkzeug. In den nächsten Wochen gleichen sie Gewebespuren sämtlicher ähnlicher Mordfälle der vergangenen Jahre mit der in Wolschsk gefundenen DNA ab.

Nach sieben toten Frauen wissen sie noch nicht, wie er aussieht, wie alt er ist, ob er Russe ist oder nicht, aber sie kennen jetzt den Stoff, aus dem er gemacht ist.

Als ob ein Sonderermittler wie Wadim Maximow in der Wolga-Region nicht schon genug zu tun hätte. Er muss die separatistischen Tendenzen der muslimischen Tataren im Auge behalten, die Mafiabanden, die letzten, die die Straßenschießereien der neunziger Jahre überlebt haben, korrupte Polizisten, gegen die derzeit große Verfahren laufen, die wachsende Zahl russischer Faschisten, die zum Mord an Muslimen aufrufen, und muslimische Extremisten, die Anschläge verüben. Im Büro des Sonderermittlers sieht es manchmal aus wie in einem Lagerhaus. Der Assistent und er schleppen Kleinbusladungen an Untersuchungsakten in den sechsten Stock, über all diese Treppen, weil der Fahrstuhl beständig außer Betrieb ist. Aktuelle Fälle kommen neu herein, werden nach Wochen oder Monaten gelöst und im Archiv im Kellergeschoss abgelegt. Nur die Akten zum Maniak bleiben an derselben Stelle. Immer wieder stoßen sich die Kehrbesen der Putzfrauen daran.

»Was denkst du über die psychologischen Gutachten?«, fragt Maximow im Restaurant Billard seinen Assistenten. »Ich glaube nicht, dass das ein Seemannsknoten ist«, sagt der Assistent Fyodor. Ihre örtliche Expertin aus Kasan hat in einer Wäscheleine, einem der Tatwerkzeuge, einen Knoten mit Doppelschlaufe entdeckt. Sie folgerte, der Täter habe auf Schiffen auf der Wolga gearbeitet oder sei Alpinist. »Also für mich sieht der Knoten aus wie ein ganz normaler Knoten«, sagt Maximow. Im Fernseher an der Wand läuft die Wiederholung des gestrigen Eishockeyspiels Russland gegen Finnland. Finnland gewinnt. Maximow steht kauend auf. Er hat den Bericht an Moskau noch nicht zur Hälfte fertig.

In seiner Not hat Maximow bereits vor Wochen die Kriminalpsychologen des Innenministeriums in Moskau um ein Profil des Täters gebeten. 14 Tage lang haben sie alle Akten gesichtet. Sie entwerfen ein erstaunlich detailreiches Bild.

Der Mörder ist ein Mann im Alter von 35 bis 40 Jahren, vermuten sie, er hat Familie, ein Kind. Wohnt in beengten Verhältnissen, die er mit einer Frau im hohen Alter teilt. Das kann die Mutter, Schwiegermutter oder Großmutter sein. Die Alte hat in der Familie die dominante Rolle inne. Vermutlich ist er ein Wanderarbeiter, arbeitet in der gesamten Wolga-Region. Er ist akkurat angezogen, aber nicht teuer. Ihm geht die Funktionalität über alles, nicht nur bei der Kleidung. Er besitzt nichts Überflüssiges. Er liebt sich sehr. Er sieht die ganze Welt nur durch sich. Er bildet sich ein, er lenke den Strom seines Lebens; in Wahrheit schwimmt er in ihm nur mit. Er hat wenig erreicht, diese wenigen Erfolge aber preist er unermüdlich. Er sieht sich als reich begabte Persönlichkeit. Er wiegt sich in der Illusion, er sei erfolgreich. Alles, was im Widerspruch zu dieser Illusion steht, sperrt er aus seinem Bewusstsein aus. Die ältere Frau stört diese Illusion. Aber er kann sie nicht aus seinem Leben stoßen. Er ist auf ihre Rente angewiesen oder auf die Wohnung.

Der Täter ist nicht wahnsinnig, er ist vermutlich psychisch gesund. Mit jedem Mord an einer alten Frau versucht er, sich zu befreien. Doch der Effekt hält nur kurze Zeit an. Er glaubt, indem er alte Menschen umbringt, leistet er der Gesellschaft einen wichtigen Dienst. Die Alten verderben das Leben der Jungen. Der Täter will die Jüngeren von der Unterdrückung durch die Älteren befreien.

Der Mörder zieht weiter, tötet in weit entfernten Städten im Osten, tötet tief im Westen. Er tötet relativ wahllos, er bringt Alte um, die so arm sind, dass sie im Hausmüll nach Verwertbarem suchen, erwürgt eine pensionierte Experimentalphysikerin, mehrere Lehrerinnen, eine Geologin, eine Frau, die rund um die Uhr von einer Pflegekraft betreut wird, weil die Kinder nach Tschechien ausgewandert sind und ihr Geld schicken. Er vergewaltigt die Frauen nicht, auch werden nie Spermaspuren von ihm gefunden. Er wechselt rasch die Orte, legt zwischen den Morden viele hundert Kilometer zurück. Immer bewegt er sich an den Flüssen des Wolga-Systems entlang. Die Ermittler kommen bei der raschen Folge der Morde mit der Spurenanalyse kaum hinterher. Er wird beim Morden immer entspannter, verbringt manchmal die Nacht in der Wohnung der Toten, kocht in ihrer Küche, isst.

»Den Würger« nennt ihn jetzt die russische Presse. Die Polizei in Zentralrussland organisiert Kurse für Seniorinnen und lehrt sie, wie sie sich besser schützen können.

Dann, nach fast zwei Jahren, Ende 2012, bekommt ihn Wadim Maximow erstmals zu sehen. Im Treppenhaus eines Wohnblocks in Ufa, einer Stadt im Osten, filmt ihn eine Überwachungskamera.

Vier Minuten 24 Sekunden. Grelles Licht fällt durch die Fenster in ein Treppenhaus. Ein jüngerer Mann läuft die Stufen hinauf, zwischen 20 und 40 Jahre alt, graue Kapuzenjacke, schwarzes Haar, das am Kragen borstig übersteht.

»Ich glaube, er trägt eine Perücke«, sagt der Assistent, als er es sich mit seinem Chef ansieht.

»Bin mir nicht sicher«, meint Maximow.

Der Mann hält ein Blatt Papier vor sich, mit beiden Händen. Wartet damit vor einer Wohnungstür, den Blick auf das Papier geheftet. Eine Alte kommt die Stufen von unten hinauf. Er eilt ihr entgegen, will ihr die Tüte abnehmen, obwohl es nur eine sehr kleine ist. Sie schüttelt unwirsch den Kopf. Die Alte öffnet ihre Wohnungstür, er drängt sich mit ihr hinein.

Für ein paar Sekunden zeigt die Aufnahme ein leeres Treppenhaus. Dann eilt er wieder aus der Wohnung der Alten. »Er hat der Frau nichts getan, weil die Enkeltochter in der Wohnung gewesen ist«, sagt Maximow. Der Mann, immer noch auf das Papier starrend – »eine Art Namensliste«, sagt der Assistent –, rennt eine Etage höher. Wartet dort unschlüssig, unruhig, 30 Sekunden lang, dreht sich um sich selbst wie ein in die Enge getriebenes Tier. Die Hofkamera zeigt, wie er aus der Haustür stürzt, in die Richtung, aus der er kam. Dieses Video lässt Maximow in ganz Russland ausstrahlen. Damit endet das Morden abrupt.

»Ich komme zu folgenden Schlussfolgerungen«, schreibt der Ermittler in seinen Bericht an Moskau. »Vielleicht wurde der Täter durch die Ausstrahlung des Videos eingeschüchtert. Er fühlte sich unter Druck. Vielleicht war er wegen eines anderen Deliktes in Haft. Eventuell ist er erkrankt. Es gilt, die DNA der Insassen von Straflagern und Krankenhäusern für den entsprechenden Zeitraum zu überprüfen.«

Die Ruhe hält 16 Monate, viele beginnen den Maniak zu vergessen – bis es am 5. Dezember 2013 gegen zehn Uhr morgens an die Tür von Guzesija Mardanowa klopft.

Das Klopfen ist nicht laut, und eigentlich hätte sie es auch überhören müssen, weil sie schwerhörig ist, wundert sich Mardanowa im Nachhinein. Sie wohnt in Ischewsk, der Hauptstadt der Teilrepublik Udmurtien, sieben Zugstunden von Kasan entfernt. Die Kalaschnikow kommt von hier. Eine Stadt, die nur aus Plattenbauten zu bestehen scheint. Die höchste Selbstmordrate in Russland. Mardanowa, die früher als Telegrafistin arbeitete, wohnt mit ihrem Sohn und der Familie ihrer Tochter in einer Chruschtschowka. Sie ist sehr zierlich, 1,47 Meter klein. Sie setzt sich auf einen Stuhl im Wohnzimmer, um zu erzählen, den anderthalb Jahre alten Enkel zwischen den Beinen. Auch ihr Sohn Damir, 42, kommt hinzu, er fasst sie an die Schulter.

Sie erinnert sich: »Was wollen Sie?«, fragt sie durch die Tür und sieht durchs Guckloch. Dahinter steht ein jüngerer Mann. »Ich bin der Elektriker und soll die Kabelisolierungen bei Ihnen überprüfen«, antwortet er. Sie macht ihm auf, ohne Angst, weil sie ja weiß, dass an jenem Tag ihr Sohn Damir hinten in seinem Zimmer schläft.

Der vermeintliche Elektriker geht in das Bad, ein winziges Kämmerchen, er bückt sich unters Waschbecken, sieht bei alldem Mardanowa nicht in die Augen. »Er sagt: ›Ich sehe da keine Isolierung auf Ihrem Kabel.‹« Da geht sie ebenfalls in die Hocke, und plötzlich presst er ihr die Hand auf den Mund, drückt sie auf den Boden, traktiert sie am ganzen Körper mit einem Elektroschocker. Von ihrem Schreien erwacht der Sohn. Er sieht einen Mann auf dem Rücken seiner Mutter, sieht im Flur das Kind seiner Schwester weinen.

»Ich wusste nicht, was tun, das Kind zuerst retten, die Mutter retten?« Er packt ihn, reißt ihn von der Mutter, wehrt ihn ab, als er plötzlich ein Messer zieht, wirft ihn hinaus ins Treppenhaus. Als kurz darauf die Polizei eintrifft, ist der Mann bereits geflohen.

Jetzt sitzen Sohn und Mutter nebeneinander auf ihren Stühlen. Noch Tage später konnte Mardanowa wegen der Stromschläge nicht richtig gehen. Sie nimmt bis heute Beruhigungsmittel. Sie denke ständig daran, lenke sich aber durch Arbeit ab. Sie sorgt für den Enkel, den ganzen Tag. Der Sohn, ein arbeitsloser Automechaniker, hat Tränen in den Augen. Als Mardanowa in die Küche geht, um für den Kleinen etwas zu kochen, erzählt er von seiner Kindheit. Wie ihn sein Vater schlug, wenn er betrunken war. Dass er ihn oft schlug, weil er oft betrunken war. »Ich hatte große Angst vor meinem Vater.« Doch Mutter schützte ihn, versuchte den Vater von ihm abzulenken, schickte ihn zu Verwandten, hielt den prügelnden Mann allein aus. »An einem dieser schlimmen Tage habe ich ihr versprochen: Wenn ich groß bin, dann beschütze ich dich.« Dieses Versprechen hat er gehalten. Das Leben, das sie ihm schenkte, sagt der Sohn, schenkte er ihr jetzt zurück.

In Ischewsk haben sich neben dem Maniak von Oberst Maximow gleich mehrere andere Maniaks auf das Töten von Großmüttern spezialisiert. Die Ermittler wissen von wenigstens drei Serienmördern. Im November 2013 konnten sie einen von ihnen verhaften. Er vergewaltigte und tötete drei taubstumme Greisinnen. Er ist verheiratet und hat eine Frau, die ihn liebt, hat im Tschetschenienkrieg gekämpft. Nach seiner Rückkehr nach Ischewsk hatte er sich nie wieder davon erholt. Bei seinem ersten Opfer renovierte er die Wohnung, gab er bei seiner Festnahme an. Sie beschimpfte ihn. Er habe nicht vorgehabt, sie zu töten, aber dann sei es passiert. Sein viertes Opfer, das blind war, überlebte, sie betastete sein Gesicht, während er sich an ihr verging. Mithilfe einer Gebärdendolmetscherin konnten die Ermittler ein Phantombild anfertigen und eine Gipsmaske. Zudem hatte man in der Wohnung des Opfers Fingerabdrücke gefunden. Bei einer Gegenüberstellung identifizierte ihn das letzte Opfer, die Blinde, durch das Abtasten seines Gesichts. Festgenommen wurde er nur durch Zufall. Eine Polizeistreife erwischte ihn beim Pinkeln in einem öffentlichen Park und nahm seine Fingerabdrücke. Die kannte das Computersystem schon: als die des Mörders der drei Taubstummen.

Nach einer Woche Arbeit hat der Sonderermittler Wadim Maximow seinen Bericht für das Innenministerium in Moskau endlich abgeschlossen. Stöhnend versucht er am Computer, das Wappen des Ermittlungskomitees auf das Titelblatt zu drucken. Maximow ist ein guter Mann, einer, zu dem seine Mitarbeiter aufschauen, der beste in der Wolga-Region, sagt sein Assistent Fyodor. In seinem Bericht listet er die getroffenen Maßnahmen auf. Überprüfung aller Angehörigen. Überprüfung aller Nachbarn, der Hausierer. Kontrolle aller Obdachlosen und ortsbekannten Drogenabhängigen. Der Mitarbeiter von Speditionen. Ehemalige und heutige Mitarbeiter von Strom- und Gasunternehmen. Die Vernehmung von 700 Personen und die Anfertigung von 350 Expertisen, archiviert in 190 Akten. Zahl der bisher eingesetzten operativen Mitarbeiter: 350. Zahl der untersuchten DNA-Proben: 7000. Zahl der Internetdateien, die auf verdächtige Inhalte überprüft wurden: 25 Millionen.

Der Fernseher an der Wand des Restaurants Billard, ihrem Stammlokal, zeigt jetzt Panzer, die in der Ukraine auffahren. Der Westen erlässt gegen Russland Sanktionen. Eine neue Zeit zieht auf, oder ist es nur die alte, die jetzt endgültig vergeht? Für den nächsten Tag ist in Moskau die Konferenz über den Serienmörder angesetzt. In einer Plastiktüte nimmt Maximow die Schlingen mit, die in der Asservatenkammer verwahrt werden.

Die oberste Leitung hat ihn angewiesen, sie in Moskau nochmals von Experten eines parapsychologischen Instituts untersuchen zu lassen, zur Sicherheit. In Russland, dem Staat der Geistheiler, findet das niemand verwunderlich. Irgendwann, sagt Maximow vor seinem Abflug nach Moskau, als ob er sich noch einmal Mut machen müsse, werde der Maniak gefasst, denn das gelinge ihnen immer. Früher oder später.

Was in Russland leider nicht stimmt. Die meisten Morde bleiben unaufgeklärt.

Manchmal wirft die strenge Mutter Nassima Ischmuratowa ihrer Tochter Asja im Traum vor, ihr Grab nicht zu besuchen. Der Schnee liegt hoch auf dem Grab. Es ist in diesem Winter an der Wolga so kalt wie lange nicht mehr. Asja, die selbst schon 65-jährige Tochter des ersten Opfers aus Kasan, konnte seit Monaten nicht auf den Friedhof. Die Mutter klagt oft im Traum. Sie fühle sich schmutzig, weil die Grabplatte von der Tochter so lange nicht geputzt worden sei. Asja sehnt den Sommer herbei, um ihre Pflicht erfüllen zu können. Um in ihren Träumen das Klagen der Mutter endlich zum Schweigen zu bringen.

Neulich, in einem anderen Traum, kam Mutter zu ihr, setzte sich auf einen Stuhl und fragte: »Willst du wissen, wer es war?«

»Ja«, antwortete Asja.

Die Mutter beugte sich zu ihr vor und sagte: »Dann hör mir jetzt gut zu.«

In diesem Moment wachte Asja auf und hörte lautes Hundegebell, irgendwo da draußen in der Stadt.

Bis zum Redaktionsschluss dieses Buchs wurde der Mörder ihrer und vieler anderer Mütter nicht gefunden.

Feodossija, Krim, März 2014. Foto: Stanislav Krupar.

Ihre letzte Flagge
Krim, 2014

Der Mann, der an diesem Morgen noch nicht weiß, ob er als Held oder als Verräter in die Geschichte seines Landes eingehen wird, starrt auf den Kugelschreiber, der vor ihm auf seinem Schreibtisch liegt. Der Schreibtisch ist leer geräumt, alle Dokumente, sagt er, hat er bereits verbrannt. Er stützt die Ellbogen auf, hält die Hände wie zum Gebet gefaltet. Ein graues, abgegriffenes Diensttelefon steht zu seiner Rechten.

Oberstleutnant Dimitri Deliatitskij hat vor Stunden den Generalstab in Kiew um dringenden Rückruf gebeten. Er wartet seit der Nacht darauf, dass das Telefon endlich klingelt. Doch Kiew ruft nicht zurück. »Kiew schweigt«, sagt Deliatitskij. Die Schränke an den Wänden sind ebenfalls ausgeräumt, das Vorzimmer ist verlassen. Kein Laut ist in dem Büro zu hören, eine große Stille liegt über dem Gelände vor seinen Fenstern, über dem Stabsgebäude und den Munitionsdepots, den Mannschaftsunterkünften und den Fahrzeughangars.

»Wir sind auf uns gestellt«, sagt der Kommandeur des 1. Marineinfanterie-Bataillons der ukrainischen Armee. Seine Einheit gilt als Elite der ukrainischen Streitkräfte, der Stolz der jungen Nation. 750 Soldaten, stationiert in der Hafenstadt Feodossija auf der Krim. Deliatitskij starrt auf den Kugelschreiber, mit dem er die nächsten Befehle unterschreiben wird. Der 38-Jährige ist fahl im Gesicht, kann sich vor Müdigkeit kaum noch in seinem Stuhl halten.

An diesem Tag im März liegt es an ihm, ob in Europa wieder ein Krieg ausbricht.

Was noch vor drei Wochen ukrainisches Heimatland war, die Hafenstadt Feodossija auf der Krim, ist mit einem Mal für den Kommandeur Deliatitskij zu feindlichem Territorium geworden.

Die Tore des Stützpunktes sind verbarrikadiert, von innen und von außen. Am Abend des 3. März 2014 erschienen Panzerwagen der russischen Schwarzmeerflotte vor den Zufahrten der Kaserne. Die Russen forderten die überraschten Ukrainer auf, ihnen die Tore zu öffnen und sich zu ergeben. So wie in Feodossija hatten die Russen in den Tagen zuvor auch die anderen 181 ukrainischen Militärstützpunkte auf der Krim abgeriegelt. Einer nach dem anderen ergab sich oder wurde von den Russen gestürmt – bis auf das Bataillon des Oberstleutnant Deliatitskij.

Draußen auf dem Exerzierplatz vor Deliatitskijs Dienstzimmer weht eine gelb-blaue Flagge am Fahnenmast. Es ist die letzte Flagge der ukrainischen Armee auf der Krim.

»Der General der Russen«, sagt Deliatitskij, »hat mir heute ein Ultimatum gestellt. Wenn wir nicht bis um 15 Uhr die russische Flagge hissen, könne er nicht mehr für unsere Sicherheit garantieren.« Es ist der 20. März 2014. Um 15 Uhr entscheidet die Duma in Moskau über die Aufnahme der Krim in die Russische Föderation. Es ist 7:30 Uhr, der Generalstab in Kiew meldet sich nicht, lässt den Kommandeur ohne Order. Dem Offizier bleiben noch siebeneinhalb Stunden für eine schwere Entscheidung. Ohne Hoffnung kämpfen oder mit Schande aufgeben?

Der Belagerungsring der Russen wird mit jedem Tag enger. Sie haben die Zufahrt zur Kaserne mit acht Panzerwagen blockiert und Wälle aus Sandsäcken aufgebaut. Weder Gerät noch Soldaten tragen russische Hoheitsabzeichen. Auch die beiden Seitentore haben sie von außen abgeriegelt. In kleinen Gruppen patrouillieren sie ums Gelände. Aber es gibt Lücken in ihrem Überwachungssystem, und durch eine dieser Lücken ist es uns, Reporter und Fotograf, vor zwei Tagen gelungen, den Sperrkreis zu durchbrechen. Offiziere der Einheit, die loyal zur Ukraine stehen, haben uns geholfen. Auf ihre Anweisung hin haben wir stundenlang in Sichtweite der Kasernenmauern gewartet. Der Stützpunkt liegt am Rande der Stadt Feodossija, ist umgeben von Gewerbebetrieben und Wohnhäusern. Unser Fahrer wechselte immer wieder den Parkplatz, hielt nirgendwo lange, um bei den russischen Truppen keinen Verdacht zu erregen. Irgendwann klingelte das Telefon, ein Offizier meldete sich, er sagte »Jetzt!«, und nannte uns eine Seitenstraße, die zur Kasernenmauer führt. Als wir hineinfuhren, entdeckten wir einen Kieshaufen an der Mauer, über die sich die Köpfe zweier ukrainischer Soldaten schoben, die uns kurz winkten und dann verschwanden.

Mit zitternden Knien kletterte ich über die Mauer, wankte auf ihrer Krone, kurz sichtbar für jeden, um dann auf der anderen Seite hinunterzuspringen. Dem letzten Rest der Ukraine auf der Krim. Ich muss zugeben: Es ist uns noch nicht wirklich klar, auf was wir uns damit eingelassen haben.

Der Tag des Ultimatums ist sonnig, blauer Himmel, frischer Wind vom Festland her. In den Straßen um die Kaserne haben die Pfirsichbäume zu blühen begonnen. Die Soldaten der Ukrainer dämmern im Morgengrauen auf ihren Wachtposten, hinter ihren Verschanzungen aus Sandsäcken und Stacheldraht, hinter den Erdwällen, die ihre Bagger auf dem Kasernenareal frisch aufgeschüttet haben. Sie stehen auf den Kontrolltürmen und schauen auf die Häuser der Stadt, die Häuser, in denen ihre Familien wohnen und die sie bisher ihre Heimat nannten.

Auf der anderen Seite der Mauer haben die Russen große Lautsprecher montiert, aus denen sie die Belagerten mit Aufzeichnungen von Putin-Reden bedröhnen. Wasser und Strom haben ihnen die Russen schon vor Wochen abgeschaltet. Ein ukrainischer Hubschrauber hat einen Generator auf den Stützpunkt eingeflogen, die letzte Unterstützung, die ihnen Kiew zuteilwerden ließ. Freiwillige aus der Stadt bringen Lebensmittel und Wasservorräte ans Tor, doch kommen sie immer seltener. Sie haben Angst vor Repressalien. Die Soldaten, mit Ausnahme der Offiziere, dürfen die Anlage seltsamerweise verlassen und sie wieder betreten, aber nur in Zivil. Eine der vielen Merkwürdigkeiten dieses Nervenkrieges auf der Krim.

»Nein, Mama, alles ist in Ordnung«, flüstert der Chef der ersten Kompanie in seinem Dienstzimmer beim Telefonat mit seiner weinenden Mutter. »Niemand schießt auf uns.« Hauptmann Vitali, ein stämmiger 41-Jähriger mit Glatze und bulligem Gesicht. Wie fast alle Offiziere will er aus Furcht vor späterer Vergeltung nur seinen Vornamen preisgeben.

Der Hauptmann steht nach dem Telefonat mit seiner Mutter am Fenster und wischt sich über die Augen. »Es ist doch alles im Arsch.«

Auf dem Boden liegen die Akten seiner Kompanie. Vitali geht in die Hocke, blättert in den Papieren, sortiert, was noch verbrannt werden muss und was er noch vorläufig aufbewahrt. Im Gang vor dem Zimmer des Kompaniechefs rennen Soldaten hin und her, es hallt von ihren Stiefeln. Es sind nur noch Minuten bis zum Morgenappell. Ein letzter Rest an militärischer Routine. Unter den beiden Pritschen hat Vitali Munitionskisten gelagert. Die hat er zu Beginn der Belagerung aus der Waffenkammer hierher in sein Büro schaffen lassen, zur Sicherheit. Falls der Bataillonskommandeur den Schießbefehl gibt, wird Vitali von hier aus seine Einheit mit Gewehrmunition versorgen. »Ich hätte nie gedacht, dass es so weit kommt.« Vitali ist ein Vorbild an Soldat – ein Soldat in sechster Generation. An ihm liegt es, die Moral seiner Untergebenen aufrechtzuerhalten, sie trotz allem zu Disziplin zu zwingen, wenn nötig auch mit der Faust.

Der Hauptmann ist bei seiner Truppe dafür bekannt, kein Mann aus Zucker zu sein. Er ist ein Offizier alter sowjetischer Schule, der hart durchgreift, manchmal auch mit Schlägen. Er erzählt gern vom seinem Großvater, der im Zweiten Weltkrieg kämpfte, von seinem Urgroßvater, der dreimal mit dem höchsten Orden des Zarenreiches ausgezeichnet worden sei. Ausgerechnet ihm, der bisher mustergültiger Offizier der ukrainischen Armee war, machen die Wochen der Belagerung besonders schwer zu schaffen. Denn er weiß nicht, auf welche Seite der Mauer er gehört.

In den vergangenen Wochen haben die russischen Belagerer die Eingeschlossenen systematisch unter immer größeren Druck gesetzt. Sie ließen nachts einen kleinen Kommandotrupp über die Mauern steigen, mit der Absicht den eingeflogenen Generator zu zerstören. Doch die Ukrainer wehrten sich erfolgreich. Mit Schaufeln und Stöcken prügelten zehn Offiziere und Unteroffiziere die Eindringlinge zum Tor hinaus. Ihr gemeinsamer Sieg: Wenn sie von ihm erzählen, strahlen sie alle im Bataillon, ob Russen oder Ukrainer.

Es gibt Scheinangriffe, alle paar Tage. Immer häufiger melden die Wachen, dass sie vor der Mauer Männer sichten, die sich anschickten, über die Umfassung zu springen. In der Nacht schlagen Unbekannte mit Blechnäpfen gegen die Mauersteine. Fast täglich lassen die Russen Gerüchte verbreiten. Gerüchte, die besagen, dass es am jeweils nächsten Tag so weit sei, dass eine Kolonne Spezialkräfte unterwegs wäre, um den letzten Stützpunkt der Ukrainer zu stürmen. Dazu bekommen die Familien der Soldaten Drohanrufe. Die Wochen der Belagerung zeigen Spuren. Von den ursprünglich 750 Männern werden am Ende nur noch 80 übrig sein.

Auch Hauptmann Vitali steht in den nächsten Stunden eine schwere Entscheidung bevor. Er ist gebürtiger Russe. Er hasst die neuen Machthaber in Kiew. »Faschisten!«, sagt er. Sie wollten die Russen auf der Krim ukrainisieren. Nie-

mals werde er unter ihnen dienen. Aber das 1. Marineinfan-
terie-Bataillon ist seine Heimat. 23 Jahre seines Lebens hat er
in diesem Bataillon gedient, es ist der Angelpunkt seiner
Existenz. Würde er dieses Bataillon verraten, verriete er sich
selbst. Was soll er tun? Vitali ringt um einen Ausweg aus dem
Dilemma.

Es ist mittlerweile acht Uhr morgens, Kommandeur Deliatitskij läuft vor den Mannschaftsunterkünften unruhig
auf und ab. Morgenappell. Der Moment des Schwörens und
Einschwörens. Der Moment magischer Formeln. Jeden Tag
lässt ihn der Kommandeur zelebrieren, unter den Augen der
Belagerer.

Die letzten Krim-Soldaten der Ukraine sammeln sich auf
dem großen Exerzierplatz, sie kommen einzeln und in kleinen Grüppchen, hektisch einige, langsam andere. Die Männer tragen halb zerschlissene Uniformen. Ihre Schutzwesten
bestehen häufig aus drei, vier Teilen, wild übereinander ge-
näht. Manche haben auf dem Markt in Feodossija gebrauch-
te amerikanische Militärstiefel und britische Uniformen aus
dem Afghanistankrieg gekauft. Der ukrainische Staat ist so
gut wie pleite und die Armee der Ukraine, rein äußerlich,
eine Lumpenarmee. Sogar die Flagge, die hier über ihren
Köpfen weht, für die sie ihr Leben riskieren, haben die Soldaten mit ihrem Sold gekauft. Jedes halbe Jahr sammeln sie
Geld für eine neue.

Die Nationalhymne läuft vom Band. »Noch sind der Ukraine Ruhm und Freiheit nicht gestorben«, lautet die erste
Zeile. Einige singen mit, anderen schweigen. »Kameraden, Offiziere und Soldaten!«, ruft Dimitri Deliatitskij über den
Platz, hinter ihm die Fahne. Die russischen Staatsmedien be-
zeichnen ihn mittlerweile als »ukrainischen Extremisten«,
weil er einfach nicht aufgeben will. Die Hundertschaften
sind angetreten, getrennt in Kompanien, Züge und Abteilungen. Die Zugführer vor ihnen. »Wir bleiben auf unseren

Posten! Habt Geduld!«, verkündet der Kommandeur mit heiserer Stimme. »Die Regierung«, behilft er sich mit einer Lüge, »hat mir gestern mitgeteilt, dass sie mit den Russen an einem Evakuierungsplan arbeiten. Wir werden in Würde gehen!« Es werde einen Konvoi in die 400 Kilometer entfernte Stadt Mykolajiw geben. Alle Offiziere, die sich ihm anschließen, würden befördert. Die Regierung hätte ihnen neue Eigentumswohnungen versprochen. Die Panzerabteilung solle ihre Fahrzeuge bereitmachen, alles Gerät aus den Gebäuden soll zum Abtransport ausgebaut werden. Vom Ultimatum sagt ihnen der Kommandeur nichts, auch nichts von seinen Zweifeln, ob Kiew eine Räumung überhaupt will.

Die letzten Befehle der Zentrale hießen: halten. Keinen Zentimeter Boden aufgeben. Will Kiew sie opfern, um auf ihrem Heldentod einen neuen nationalen Mythos zu bauen?

Der Kommandeur entlässt die Männer mit dem Befehl, zu packen. Es ist 8:20 Uhr.

»Hast du schon gehört?«, fragt um 8:30 Uhr im Kiosk der Kaserne eine rothaarige Sanitäterin die Wirtin Svetlana. Die Wirtin ist Russin und hat beim Referendum für die Loslösung von der Ukraine gestimmt. Die Sanitäterin klagt: »Die Russen werden uns unsere Eigentumswohnungen wegnehmen. Und glaube bloß nicht, dass die uns Entschädigung dafür zahlen!« – »Das kann nicht sein!«, sagt Svetlana auf die Verkaufstheke gebeugt. »Das tut Putin nicht!« Doch auch Svetlana macht sich Sorgen. Ob sie den Kiosk weiterbetreiben darf, wenn die Russen die Kaserne übernehmen. »Gibt es bei dir nächste Woche schon russische Zigaretten?«, ulken junge Rekruten.

»Ich bin für Putin«, sagt sie. »Aber ich werde die Ukrainer vermissen. Die Jungs sind für mich doch wie Kinder.«

Um neun Uhr tritt der Befehlshaber der Russen mit zwei Adjutanten durchs Kasernentor, zum ersten Mal seit Beginn der Belagerung. Generalmajor Alexander Ostrikow, stellvertretender Oberbefehlshaber der russischen Schwarzmeer-flotte, schreitet mit breiten Schultern und mächtiger Pelz-mütze durch das verbarrikadierte Haupttor. Im Stechschritt, ohne sich nach den ukrainischen Wachen umzuschauen, geht er auf den Kommandeur Deliatitskij zu. Der General der Russen ist um die 60 Jahre alt, hat kleine blaue Augen, die ausdruckslos bleiben, selbst dann, wenn er brüllt.

Dann stehen sie voreinander: der schmale Ukrainer in Tarnuniform und der wuchtige Russe in olivgrünem Parka. Deliatitskij spricht leise. Dem Blick des Russen kann er immer nur kurz standhalten, dann weicht er ihm aus, verletzt, wuterfüllt. Er führt die russische Verhandlungsdelegation in das Stabsgebäude. Dort drehen sich die Soldaten nach den Russen um, die mit dem Bataillonskommandeur in einem Besprechungsraum verschwinden und hinter sich die Tür absperren.

»Ich bin froh«, sagt vor der Tür ein hoher ukrainischer Offizier, »dass sich die Regierung nicht militärisch gewehrt hat. Aber im Herzen, als Soldat, bin ich tief deprimiert, jetzt kampflos zu gehen.«

Die Schlacht um die Krim war für die Ukraine bereits verloren, bevor sie begann. Zwar erschienen die Truppenstärken beider Mächte auf dem Papier einigermaßen ausgewogen. 20 000 Mann der russischen Schwarzmeerflotte standen auf der Halbinsel 18 000 Soldaten der Ukraine gegenüber. Doch große Teile der Krimbevölkerung fühlen sich nicht als Ukrainer. Kiew hatte es nie geschafft, die Loyalität der Krimbewohner zu gewinnen. Die russischen Truppen, die die Kaserne der Marineinfanteristen belagern, sind Marineinfanteristen aus Sewastopol und Eliteeinheiten aus Astrachan am Kaspischen Meer. Die aus Astrachan haben extra über die Meerenge zwischen Russland und der Krim übergesetzt. Sie sind nicht maskiert und ihre Panzerwagen tragen klar ihre Kennung. Die Grenzposten der Ukraine, wohl heimlich mit Putin sympathisierend, ließen die Russen gewähren. Der ukrainische Geheimdienst auf der Krim, so klagen die in der Kaserne Eingeschlossenen, habe im Vorfeld keinen Alarm gegeben. Niemand stoppte die Invasoren, weil die meisten hier auf der Krim sie nicht als Invasoren empfinden. Die eigentlichen Invasoren, so klagen viele Krimbewohner seit Jahrzehnten, sind die Truppen der Ukraine und Männer wie Kommandeur Deliatitskij.

Igor, der Hauptfeldwebel, der zum Morgenappell die Hymne vom Band abspielt, beginnt gleich nach Ankunft des Russen-Generals mit der Räumung des Hauptquartiers. Während beide Seiten noch hinter verschlossenen Türen verhandeln, nimmt Igor die Bataillonshelden von den Wänden der Stabsräume, die Ehrenurkunden hinter Glas, er hängt die Tafeln mit den militärischen Vorschriften ab. Zehn Soldaten mit geschulterten Gewehren helfen ihm. Die Jungen scheinen unberührt, aber Igor muss immer wieder innehalten, manchmal sieht er auf all die nackten Wände und sagt: »Was tun wir hier bloß?«

Immer wieder verschwindet er für eine Weile in seinem Büro, mit rotem Kopf und glasigen Augen. Jedes Bild, das er abhängt, ist ihm eine schreckliche Last.

Um zehn Uhr stehen der russische General und der ukrainische Bataillonskommandeur wieder auf dem Exerzierplatz. Er, der General, hat sich ein erstes Bild von den Gebäuden und den Waffenbeständen der Ukrainer gemacht. »Ich gehe davon aus«, sagt der Russe im Tonfall des Siegers, der Großzügigkeit demonstrieren will, »dass wir das alles auf einer freundschaftlichen Basis abwickeln«.

Deliatitskij schweigt und sieht ihn abfällig an. Der General dreht sich um und geht ohne Gruß.

»Er lügt mit jedem Wort, er ist ein Bastard«, sagt Deliatitskij, noch in Hörweite des Russen.

Mit jeder Stunde zerfällt das Bataillon etwas mehr. Es hatte bisher gleichermaßen aus Ukrainern wie aus gebürtigen Russen bestanden. Im Dienstzimmer von Kompaniechef Vitali geben Soldaten ihre Kündigungsschreiben ab. Die meisten der russischstämmigen Soldaten reichen jetzt ihren Abschied ein. In Vitalis Dienstzimmer füllen ihre Erklärungen das Regal, das zuvor die mittlerweile verbrannten Akten füllten.

»Hiermit erkläre ich, dass ich aufgrund mangelnder Motivation den Dienst in der ukrainischen Armee quittiere.« Oder: »Ich bitte darum, mich aus der ukrainischen Armee zu entlassen.«

Es seien keine bestimmten bürokratischen Formeln für das Entlassungsersuchen vorgeschrieben, sagt Vitali. »Du kannst es in deinen eigenen Worten schreiben«, rät er Soldaten, die seinen Rat suchen. Die meisten, die gehen, wollten vom russischen Militär übernommen werden und von der Seite der Belagerten auf die der Belagernden wechseln. Unmittelbar nach dem Morgenappell saß ein 20-jähriger Gefreiter auf der Pritsche in Vitalis Dienstzimmer, um ihm seine Kündigung zu überreichen. »Der hat losgeheult, er hat hier all seine Freunde und wollte gerne bei ihnen bleiben.« Aber seine prorussischen Eltern hätten ihn als Nazi beschimpft, weil er weiter in der Armee der Faschisten diene.

Die Uhr in der Fahrzeughalle zeigt halb zwölf. Die Mechaniker des Bataillons liegen in und unter und auf den Panzerwagen. Sie haben den Auftrag, sie in Kürze für einen möglichen Abzug fahrtüchtig zu machen. Die Panzerwagen sind so marode wie alles auf diesem Stützpunkt, wie die Gebäude, wie die Toiletten, wie offenbar das meiste Material der ukrainischen Armee. Die Fahrzeuge stammen aus den achtziger Jahren, Erbstücke der Sowjetunion. Ersatzteile zahlen die Soldaten oft aus eigener Tasche. 16 haben die Mechaniker in den letzten Tagen fahrbereit bekommen, an zehn weiteren sind sie dran.

Inzwischen hat sich das Gerücht verbreitet, die Russen hätten dem Bataillon eine Frist bis 15 Uhr gesetzt. »Die werden heute nicht ihre Flagge hochziehen!«, ruft der ukrainische Chefmechaniker. »Wir werden das verhindern!«

Auf der anderen Seite der Halle sitzen sechs russischstämmige Mechaniker und sehen ihren schuftenden Kameraden aus der Ferne zu. »Wieso soll das heute ein trauriger Tag sein?«, sagt einer von ihnen lachend. Er hat die Arme hinter dem Kopf verschränkt. »Es ist herrlich, die Sonne scheint! Das Meer wird warm. Wir werden schon bald schwimmen gehen können.«

Über die Essenstheke der Kantine schreit die Küchenfrau in der Mittagspause ukrainische Soldaten an. »Wann endlich haut ihr in eure Ukraine ab!? Verschwindet!«

Die beschimpften jungen Gefreiten nehmen stumm ihre Teller. Seit Wochen gibt es nichts als Hirsebrei.

»Einer hat mir eben gesagt, wir werden uns wiedersehen«, erklärt die Küchenfrau ihren Zorn. »Er hat gesagt, wir werden uns eines Tages die Krim zurückholen. Ich habe ihm gesagt: Fickt euch!« Die Ukraine habe in den 23 Jahren die Krim zugrunde gerichtet, mit niedrigen Löhnen und hohen Preisen. Ihr Mann müsse nächste Woche operiert werden, und sie wüssten nicht, wie sie das nötige Geld aufbringen sollen. »Fickt euch!«, ruft die Frau noch einmal in den Kantinenraum. Der metallene Thekentisch, der das Küchenpersonal aus Feodossija und die Ukrainer trennt, ist heute eine Front aus Hohn und Demütigungen.

Die meisten ukrainischen Offiziere haben in den vergangenen Tagen ihre Familien in Sicherheit gebracht. Zu Freunden oder Verwandten nach Kiew und in die Westukraine. Wie an vielen Stützpunkten auf der Krim bedrohen Unbekannte ihre Frauen und Kinder. In der Öffentlichkeit werden sie als »Faschisten-Schlampen« beschimpft. Oft leben die Familien in Sichtweite der Kaserne in Feodossija, in engen fünfgeschossigen Wohnquartieren aus den sechziger Jahren.

In Zivil verlassen einzelne Soldaten den belagerten Stützpunkt, um ihren Frauen beim Kofferpacken zu helfen, um die Kinder von der Schule abzumelden, sich von Nachbarn zu verabschieden.

»Wirst du wiederkommen?«, fragt im Obergeschoss des Stabsgebäudes ein Wachposten den anderen. Zwei Freunde, der eine bleibt, der andere geht.

»Du könntest hier doch immer deinen Urlaub verbringen.«

»Vielleicht«, sagt der andere. »Aber ich glaube, eher nicht.«

Zusammen sehen sie aus dem Fenster, hinaus auf den Rasen vor dem Gebäude, das sie sichern sollen.

Noch zwei Stunden bis zum Ablauf der Frist. Die Flagge weht unverändert über dem Stützpunkt, mit zwei Knoten am Mast verzurrt. Sie flattert im Wind, fällt zwischen den Brisen zusammen, dann strafft sie sich wieder und entrollt ihr leuchtend blau-gelbes Band. Der blaue Himmel über den gelben Getreidefeldern der Ukraine.

Kiew hat immer noch nicht geantwortet. Immer noch bleibt das Telefon des Kommandeurs stumm. Eine zweite Delegation von Russen wird von den Ukrainern durch das Tor gelassen. Die vier Offiziere, die das Inventar der Kaserne auf Listen verbuchen sollen, fühlen sich nicht wohl, betreten unsicher das Stabsgebäude, sehen niemandem in die Augen. Igor, der weiter mit dem Abhängen der Flaggen und Insignien beschäftigt ist, bietet ihnen an, im Konferenzraum auf den Kommandeur zu warten.

»Oder ist es nicht besser, draußen zu warten«, sagt einer der Russen zögerlich. Die nächsten Stunden verbringen sie auf einer Holzbank unter dem Flaggenmast, an dem nach wie vor die ukrainische Flagge hängt. Sie reden wenig und rauchen viel.

»Wenn wir die russische Flagge hissen«, sagt der Kommandeur in seinem Büro, »dann sind wir hier nur noch Gäste. Dann haben die Russen das Sagen.« Und die Russen wollen nicht nur ihre Farben am Mast sehen, sondern um 15 Uhr ganz in die Kaserne einziehen.

Der Kommandeur hat sich mittlerweile zu der Entscheidung durchgerungen. Er wird seine Soldaten nicht kämpfen lassen, aber er wird ein Zeichen setzen. Er will nicht schmachvoll von der Krim abziehen, sondern in Würde, in eigenen Fahrzeugen, unter eigener Flagge. Er sagt, ihm gehe es dabei um die Zukunft seines ganzen Landes.

Die Ukraine ist durch die russische Besetzung der Krim tief in ihrer Identität erschüttert. »Am Rand« heißt »Ukraine« übersetzt. Immer war sie am Rand, nie fand sie ihre Mitte, war sie sie selbst. Immer wurde sie in den vergangenen Jahrhunderten von anderen infrage gestellt. Immer war sie Teil von etwas anderem, vom Osmanischen Reich, von Österreich-Ungarn, von Polen, von Rumänien und der Sowjetunion. Und nun, gerade einmal 23 Jahre nach ihrer Unabhängigkeit, droht sie schon wieder zu zerbrechen. Die Ukraine ist schwach, sagen die, die zu Russland wollen. Sie ist nicht stark genug, um auf Dauer als eigenständiger Staat zu überleben. Die Ukraine ist eine Leerstelle, der faulig weiche Kern in der Mitte Osteuropas.

»Können wir jetzt gehen?«, fragen vier russischstämmige Soldaten den Kompaniechef Vitali an der Tür ihrer Unterkunft. Sie hätten ihre Waffen abgegeben, auch das Funkgerät. »Was hat das noch für einen Sinn, hierzubleiben?«, fragen sie.

»Wartet noch bis 15:20 Uhr«, bittet Vitali, »dann könnt ihr gehen.«

Der Eingang des Gebäudes ist rauchverhangen. In zwei Metallvasen, die einst dem Bau etwas Glanz verleihen sollten, verbrennen Soldaten die letzten Dokumente. Bündel für Bündel werfen sie in die Flammen.

Vitali selbst hat sich noch nicht für eine der beiden Armeen entschieden. Kaum hat er einen Beschluss gefasst, verwirft er ihn wieder. Ihm fehlen nur noch zwei Jahre in der ukrainischen Armee, um die vollen Rentenansprüche zu erwerben. Schließt er sich den Russen an, verfallen sie komplett. Jahrzehntelange Arbeit umsonst.

Dann aber fürchtet er sich vor der Ukraine. Die Kiewer Militärführung fordert die Eingeschlossenen über Pressemitteilungen im Internet zum Durchhalten auf. Offiziere von Einheiten, die sich den Russen ergeben haben, werden als »Schwächlinge« beschimpft. »Männer weinen nicht!«, kriegsrasselt in Kiew ein Admiral. Von Freunden hat Vitali gehört, dass fliehende Krimsoldaten in ihren neuen Wohnorten auf dem Festland geächtet würden, dass sich die Nachbarn weigerten, mit ihnen zu reden. Geflohene Offiziere, so kursieren Gerüchte, seien anschließend des Verrats angeklagt und verhaftet worden. »Ich gehe nicht dorthin, um verhaftet zu werden«, sagt der Kompaniechef.

Die Frist verstreicht um 15 Uhr. Deliatitskij hat die Flagge nicht einholen lassen. Noch immer weht sie über dem Exerzierplatz. Es ist unklar, wie die Russen darauf reagieren. Werden sie stürmen? Wie brutal werden sie dabei vorgehen? Wird es Tote geben, wie vor einigen Tagen in der Stadt Simferopol? Der Bataillonskommandeur hat seinen Männern immer noch nichts erzählt, aber das Gerücht vom russischen Ultimatum hat sich längst in der Kaserne verbreitet.

Die Minuten vergehen, nichts geschieht. Dann erscheint wieder der russische Generalmajor Ostrikow auf dem Gelände. Er ist dieses Mal allein gekommen. Er steht am Rande des Exerzierplatzes, hält sich von allem abseits, die Hände hinter dem Rücken verschränkt.

Wie auf sein Kommando füllt sich plötzlich das Haupttor der Kaserne mit Zivilisten. Sie bilden einen Menschenwall in Alltagsfarben, Rot, Gelb, Blau. Zivilisten erscheinen auch an einem Mauerabschnitt an der Kantine. Sie stehen dort mit hängenden Armen und schauen auf das Areal, fast reglos sind sie, als warteten sie auf einen Befehl.

Die ukrainischen Wachposten rufen »Tituschki!« aus ihren Stellungen, das Wort für die sogenannten »wütenden Bürger« der Selbstverteidigungskräfte. Mit Bürgern haben sie wenig zu tun, sie sind Schlägertrupps unter dem Schutz der russischen Armee. In diesen Tagen stürmen sie reihenweise ukrainische Stützpunkte mit Schlagstöcken und Eisenstangen. In diesem Moment ereignet sich etwas Erstaunliches: Das Bataillon, das schon in Auflösung begriffen war, wird wieder zu einem Organismus, erinnert sich des jahrelangen Drills, die Abteilungen nehmen Aufstellung. Noch einmal halten im Bataillon gebürtige Russen und gebürtige Ukrainer zusammen. Mehrere Panzerwagen der Marineinfanteristen rasen qualmend zum Haupttor, die Maschinenkanonen auf die bunte Front der möglichen Eindringlinge gerichtet.

»Scheiße nochmal!«, brüllt der russische General in sein Telefon und blickt in Richtung der Schlägertrupps. »Weg mit diesen Bastarden! Weg mit ihnen! Ich treffe die Entscheidungen!«

Seine Aufregung wirkt inszeniert. Die Vermutung liegt sehr nahe, dass die Tituschki den Befehlen des Generals folgen. Offiziell aber hält die russische Armee Abstand zu den Schlägerbanden.

Das ukrainische Bataillon nimmt Aufstellung, in Kolonnen und Kohorten. Der Kommandeur Deliatitskij steht allein vor ihnen und ruft: »Wir sind Kameraden und Brüder, wir müssen unsere Ehre verteidigen.« »Wir stehen bis zum Ende! Wir verkaufen nicht unsere Seele! Bewaffnet euch!«

Alle rennen jetzt, manche stolpern, einige lachen, die anderen sind nah an der Panik, die Augen ganz groß, sie hetzen zurück in die Unterkünfte, werfen die Schutzwesten über, setzen die Helme auf. Die Offiziere geben Munition an die

Unteroffiziere aus. Sie sollen die Flanken des Geländes schützen. Soldaten greifen sich Schutzschilder und Schlagstöcke, in die sie Nägel getrieben haben. Bretter mit zentimeterlangen Nägeln werden auf dem Rasen verlegt, Kisten voller Steine, mit denen die Angreifer beworfen werden sollen.

Die Belagerten formieren mehrere Verteidigungslinien. Hinter ihnen läuft der Kommandeur unruhig auf und ab.

Dazwischen steht der russische General und sieht dem Aufmarsch zu. Der General bewegt sich nicht, für eine Stunde, er verharrt. So verharrt das gesamte Bataillon, in Frontstellung, kampfbereit, und es passiert nichts.

Dann, langsam, wendet sich der General ab und geht mit verschränkten Armen durch das Tor. Wenig später ziehen sich auch die Tituschki zurück.

Wie die Soldaten diskutieren auch wir, Reporter und Fotograf, wie wir uns verhalten sollen. Der General der Russen hatte uns mehrfach mit strafrechtlicher Verfolgung gedroht, würden wir uns weigern, das Gelände zu verlassen. »Nach Beschluss der Duma«, hat er uns erklärt, »gehört die Krim jetzt zu Russland«. In der Kaserne dürften wir uns nur noch mit der Genehmigung des Verteidigungsministeriums in Moskau aufhalten. Würden wir uns weigern, drohe uns bei Verlassen der Anlage Strafverfolgung, womöglich Gefängnis.

»Verschwindet«, sagt er.

»Bleibt«, bittet Dimitri Deliatitskij.

Er glaubt, unsere Anwesenheit könne die schlimmsten Übergriffe auf sein Bataillon verhindern. »Das hier ist immer noch die Ukraine«, fleht er fast. »Die Ukraine heißt euch willkommen, zu bleiben.« Es ist kein einfacher Moment: Wir gehen. Beim letzten Händedruck weicht er meinem Blick aus. Ein Offizier der Ukrainer und einer der Russen begleiten uns durch die Stellungen der Belagerer. Zögerlich öffnen sie ihre Reihen für uns, stehen links und rechts, schauen auf uns mit höhnischem Grinsen. Einzelne lachen laut. Wir sind auf alles gefasst, auf Prügel, auf Verhaftung, doch sie lassen uns passieren. An der Hauptstraße, gegenüber dem Kasernentor, nehmen wir ein Taxi und fahren davon.

Wir entschließen uns, in der Stadt zu bleiben und das Drama aus etwas sichererer Distanz weiterzuverfolgen.

Die Ukrainer halten noch drei weitere Tage durch. Am Montag, dem 24. März, gegen 4:15 Uhr nachts, ich sitze in meinem nahe gelegenen Hotelzimmer und schreibe, hallen Granatexplosionen und Maschinengewehrsalven durch die Stadt Feodossija. Fünf russische Kampfhubschrauber schweben über den Dächern. Die Einwohner des Ortes treten mitten in der Nacht vor ihre Häuser. Der Angriff auf das letzte ukrainische Bataillon auf der Krim hat begonnen. Schaulustige sammeln sich auf der Hauptstraße, von der die Zufahrt zur belagerten Kaserne abzweigt. Dunkler Rauch ist über dem Stabsgebäude.

Nach nur zehn Minuten sollte alles vorbei sein.

Die Russen feuern Tränengasgranaten vor die Mannschaftsunterkünfte, was die Ukrainer ins Freie treibt. Die Helikopter über ihnen – so werden sie uns später erzählen – schießen mit scharfer Munition in die Luft. Eigens eingeflogene Spezialkräfte überwältigen die Fliehenden auf dem Exerzierplatz, werfen sie nieder, fesseln ihre Hände und lassen sie mit dem Gesicht zum Asphalt anderthalb Stunden liegen.

Dann holen sie endlich die ukrainische Flagge vom Mast herunter und ziehen die russische hinauf.

Am späten Nachmittag desselben Tages treten die ukrainischen Soldaten dann alle aus der Gefangenschaft, wiedergeboren als Helden der Nation. Einer nach dem anderen verlässt die Militärkommandantur in Feodossija. Viele Dutzend Fernsehkameras sind vor dem Gebäude aufgepflanzt.

Wladimir, der stellvertretende Kommandeur, kommt heraus, mit blauem Auge und zerschlagenem Gesicht. Er umarmt seine Frau, die vor dem Gebäude gewartet hat. Igor, der Hauptfeldwebel, der im Bataillon die Ehrenabzeichen und Heldenbilder abgenommen hatte, trifft wieder auf seine Kinder. Viele Ukrainer wirken noch apathisch, einige weinen. Tränen fließen über die Gesichter der jungen Rekruten. Alle Soldaten, die in Zivil auf die Straße treten, haben sich entschlossen, im Dienst der Ukraine zu bleiben. Sie werden nur Minuten später mit ihren Familien in einem Konvoi aus privaten Pkw zur neuen Grenze fahren, aufs Festland. All jene, die noch ihre alte Uniform tragen, werden auf der Krim bleiben und sich der Armee der neuen Machthaber anschließen. Am Ende sind es nur 80 von 750 Soldaten, die sich für die Ukraine entscheiden. Bevor aus Freunden Feinde werden, umarmen sie sich noch einmal.

Vitali, der Kompaniechef, der so mit sich gerungen hatte, tritt ebenfalls heraus – in Uniform.

Er ist tief erschüttert, ringt um Fassung. Wieso war das notwendig, fragt er sich. Wieso diese brachiale Gewalt. »Der Kommandeur hatte bereits zugestimmt, um acht Uhr morgens die ukrainische Flagge einzuholen.« Doch dem russischen Militär war offenbar die öffentliche Demütigung der ukrainischen Elitetruppe wichtiger. Es wird in der Armee der Russen nicht einfach für ihn, weiß Vitali. Ihm wird man nie ganz trauen, ihm, dem früheren Ukrainer, ihm, dem Verräter.

»Verräter bleibt Verräter«, sagt er. »Ich habe meinen Eid gebrochen. Diese Bürde werde ich mein ganzes Leben mit mir tragen.«

Dann werden die neuen russischen Soldaten, noch in ihren ukrainischen Uniformen, zu ihrer alten Kaserne befohlen. Sie sollen dort die Verschanzungen eigenhändig wieder abbauen und die Schäden des Angriffs beheben. So wie es nach einem Krieg den Angehörigen einer geschlagenen Armee widerfährt.

Über das Schicksal des Kommandanten, Oberstleutnant Dimitri Deliatitskij, ist nichts bekannt. Er wurde von Generalmajor Ostrikow festgenommen und in einen Hubschrauber gezwungen.

In der Morgendämmerung nach dem Angriff hob der Pilot vom Exerzierplatz ab und flog mit unbekanntem Ziel über die Stadt Feodossija hinweg, über der nun die russische Flagge weht und die einst ukrainisch war.

Die Geisterschiffe
Japan, Nord- und Südkorea, 2016

Auf das Boot meines Liebsten,
geht mein Liebster an Bord,
um zum Fischen zu fahren.
Und ich rufe hinaus, wohin fährt das Boot meines Liebsten?
Ich bekomme keine Antwort.

Das Boot am Horizont, mit weißem Mast,
ist es nicht das meines Liebsten?
Ich kann ihn nicht sehen, meinen Liebsten,
weil Tränen meine Augen trüben.

(Lied nordkoreanischer Fischer, gedichtet von ihren Frauen)

Weiß sind die Wände, weiß die Regale, in denen Akten stehen, die in weißen Karton eingebunden sind. Die Menschen, die hier arbeiten, tragen weiße Anzüge. Ein Raum, steril wie ein Labortrakt. Weiße Schutzhelme hängen geordnet an den Wänden, sogar der Fußboden: ein helles Beige. Der Abteilungsleiter Kiyoshi Tanaka bringt einen Stapel Papiere an den Tisch, an dem er Besucher empfängt. In seiner Brille spiegelt sich der weiße Dampf, der hektisch aus einem Luftbestäuber quirlt. Draußen vor den Fenstern tobt ein Schneesturm, der durch die kahlen Äste niedriger Bäume weht. Der Wind reißt an den Zweigen, hebt sie und drückt sie nieder, um sie erneut in die Höhe zu peitschen.

»Wir sind es gewohnt, seltsame Dinge an unserer Küste zu finden«, sagt Tanaka in der Ortsverwaltung von Sai, einem einsamen Fischerdorf aus wenigen hundert Holzhäusern. Es liegt auf Honshu, der Hauptinsel Japans, ganz oben an deren äußerster Nordwestspitze. Die Küste hier fällt oft über Hunderte Meter steil ab ins Meer. »Wir finden Müll aller Art«, sagt Tanaka. Er berichtet von Frachtcontainern, die sich losgerissen haben, von Polstermöbeln, die auf den Wellen treiben, Chemikalientonnen, Brettern, Metallstreben, oft weiß er nicht mal, was das genau ist, das da an den Strand gespült wird.

Die Westströmung treibt ihm alles zu, was auf dem Meer seinen Halt verlor. Tanakas Aufgabe ist es, das Strandgut nach Vorschrift zu beseitigen, es auf die Deponie fahren oder verbrennen zu lassen. In dem 2000-Seelen-Dorf ist das in der Regel keine sonderlich aufregende Tätigkeit – bis im Winter 2015 im Meer vor der Küste etwas auftauchte, das die Einwohner von Sai zuvor nur aus alten Schauermärchen kannten. Die Schiffe der Toten. Hölzerne Boote, von altertümlicher Bauweise, kieloben treibend oder noch völlig intakt, leer oder mit Leichen im Rumpf.

Herr Tanaka schlägt die Akte auf, die auf ihrem Deckblatt den Vermerk »Hyouchakusen« trägt. Manövrierunfähige Schiffe. Tanaka zeigt die Karte des Gemeindegebiets, auf der er die Fundorte eingezeichnet hat. Er fährt mit dem Finger die Küstenlinie auf der Karte ab. Fünf rote Punkte. Drei davon kleine, leere Beiboote aus Fichtenholz. Sie trieben im Meer. »Wir haben nichts in ihnen gefunden. Wir haben sie verbrannt.« Die anderen beiden: große Fischerboote.

Zehn Kilometer südlich von Sai wurde am 27. Oktober 2015 das erste große Schiff entdeckt. Fundzeit, liest Tanaka aus der Akte vor: gegen 8:30 Uhr. Fundort: kieloben treibend an einem Wellenbrecher vor der Küste. Länge: zwölf Meter, Breite: drei Meter. Fünf Meter vom Schiff entfernt auf dem Basalt des Wellenbrechers der Oberkörper einer männlichen Leiche. Das Gesicht zur Unkenntlichkeit von Fischen zerfressen.

Tanaka ließ das Boot Ende Dezember von einem Abriss-unternehmer zertrümmern und später in einer örtlichen Müllverbrennungsanlage verfeuern. Nur einen Monat später erreichte Sai das zweite rätselhafte Schiff.

Geisterschiffe werden sie von der Presse genannt. Sie tauchen auf aus dem Nirgendwo, ohne dass sie zuvor auf dem Radar der Küstenwache zu sehen gewesen wären. Sie geben wenig über ihre Herkunft preis. Die meisten sind aus Fichtenholz, schwarz gestrichen, bis zu 15 Meter lang, die meisten von einem ähnlichen Typ. Sie landen nicht nur in Sai an, sondern überall entlang der japanischen Westküste. Im Abstand von manchmal nur wenigen Tagen treiben sie in den Wintermonaten an.

37 dieser geheimnisvollen Boote mit Dutzenden von Toten wurden allein im zurückliegenden Winter entdeckt. Mehr als 283 Schiffe waren es nach Angaben der japanischen Küstenwache in den vergangenen vier Jahren. Inzwischen berichten darüber meist nur noch die Lokalblätter, so sehr sind die Geisterschiffe Alltag geworden in diesem Land mit einer Küste von 29 800 Kilometern Länge. Damit die überregionalen Medien auf sie aufmerksam werden, müssen schon gleich vier Geisterschiffe zur selben Zeit an einem Ort aufgefunden werden – wie im vergangenen Jahr einmal geschehen.

Die Tür von Tanakas Büro öffnet sich, Schneeflocken wirbeln herein, und ein Mann mit weiß überschneiter Regenjacke steht im Raum. »Die Straßen sind kaum noch befahrbar«, sagt Yukihito Sakai. Er ist der Vorsitzende der Fischereikooperative; Tanaka hat ihn hergebeten; fast wäre er auf dem Weg hierher im Sturm stecken geblieben.

Sakai hatte mit seinem Fischerboot das zweite Geisterschiff im Dorf Sai geborgen. »Ich träume immer noch von diesem Tag«, sagt er. Der 2. Dezember 2015, gegen elf Uhr morgens. Nur wenige Kilometer vom ersten Fundort entfernt, hatte sich das gekenterte Boot in einem Fischernetz verfangen. In seinem Rumpf entdeckte man vier Leichen. »Dieses Schiff werde ich in zwei Monaten zerstören lassen«, sagt Tanaka mit Blick in die Akten, »falls es bis dahin niemand als sein Eigentum eingefordert hat.« So schreibt es in diesem Teil Japans das Gesetz vor.

Tanaka sieht von seiner Akte auf. Der Schneesturm draußen wird immer stärker. Das Wetter an der Nordwestspitze von Honshu ist in seiner Launenhaftigkeit extrem, selbst für einen Ort am Meer. An der Küste wechseln sich Dörfer ab, die der Wind von Schnee frei bläst und die er im Schnee versinken lässt. Wie Sai. »Ich kann euch zu diesem Schiff führen«, sagt der Fischer Sakai. Aber wir müssten das Ende des Sturmes abwarten. Der Ort, zu dem sie das Schiff gebracht haben, hoch oben in den Bergen, weit weg von den Häusern der Fischer, sei jetzt unerreichbar. Wartet den Sturm ab, rät er.

Die Armada der Toten birgt kein mystisches Geheimnis. Sie erzählt vom Überlebenskampf in einem Land, aus dem so gut wie keine Informationen nach außen dringen, der Demokratischen Volksrepublik Korea. Das Treibgut des Herrn Tanaka ist Zeugnis einer der größten menschlichen Katastrophen, die sich gegenwärtig auf den Weltmeeren ereignen. Die Geschichte, die in dem Dorf Sai endet, nimmt auf der anderen Seite des Meeres ihren Anfang, 1100 Kilometer entfernt, dazwischen nichts als schwarze Wellen, die sich unentwegt aufrollen, sich ewig senken, sich ewig heben, manchmal übereinander brechen, mit schäumender Gischt.

Kaum ein Meer auf der Welt trägt so viele Namen. Fast alle Anrainerstaaten versuchen, ihm den eigenen aufzuzwingen. Die Japaner nennen es das »Japanische Meer«, die Nordkoreaner nennen es »Koreanisches Ostmeer« und die Südkoreaner nur »Ostmeer«. So viel Streit liegt über diesem Wasser.

Am koreanischen Ufer lebt Rhee Cheol-Soo*, 45, schmal, fast knochig, ein Mann, der zwei Gesichter hat: ein ängstliches und ein überhebliches. Bis vor wenigen Monaten lebte er in Nordkorea und besaß sein eigenes Fischerboot. Er ist einer von sehr wenigen Fischern, die es in den letzten Jahren geschafft haben, aus Nordkorea zu fliehen. Jetzt sitzt er mir in einem Hotel in Seoul gegenüber. Er bittet mich, seinen tatsächlichen Namen nicht zu veröffentlichen, weil sich seine Frau und seine Kinder noch im Norden befinden. Drei Tage lang wird er mir die Geschichte seines Schiffes erzählen.

»Das Wetter war sehr gut«, erinnert sich Rhee an jenen Morgen im März, an dem er aufbrach. Der erste Fischzug des neuen Jahres. »Der Wind blies nur schwach vom Norden her, und das Meer war ganz sanft.«

Rhee wohnt zu dieser Zeit in der Hafenstadt Kimchaek an der Ostküste Nordkoreas. Er ist aufgeregt an diesem Morgen, ist all der Monate an Land überdrüssig, als ihn dicke Eispanzer vor der Küste zu Hause hielten. Es ist noch kalt, als er aus der Tür in die Dämmerung tritt. Rhee trägt mehrere Plastiktüten, in die er die Kleider für die Wochen auf See gepackt hat. Die Tage zuvor war er damit beschäftigt, den Motor seines Bootes zu überholen. Bei Probeläufen hat er sich gut angehört. Satt und gleichmäßig. So erinnert sich Rhee Cheol-Soo an den Beginn der Fahrt, die ihn und seine Mannschaft ins Unglück führen wird.

Rhee ist in einer Bergarbeiterstadt aufgewachsen, er hat Schweißer gelernt. Er war zehn, da begann er zu rauchen. Er war dreizehn, da starb sein Vater an einer falsch gesetzten Injektion. Die Hälfte seiner Unterrichtsfächer behandelte die Revolution von Kim Il-sung, dem Staatsgründer der Demo-

---

* Neben dem Namen wurden zu seinem Schutz auch einige Details seiner Lebensumstände geändert.

kratischen Volksrepublik Korea. Rhee wurde Soldat und Mitglied der Kommunistischen Partei.

Als die Sowjetunion zerfiel und Nordkorea seinen wichtigsten Handelspartner verlor, kam es im Land zu Hungersnöten. Damals, 1994, baute Rhee sein erstes Fischerboot. Drei Meter lang, aus Metall, er war ja Schweißer. Es hatte kein Segel, keinen Motor, nur ein Paar Ruder. So begann er zu fischen, ohne je gefischt zu haben. Rhee ist einer von Zehntausenden Nordkoreanern, die in den letzten Jahrzehnten zu Fischern wurden. Einige entscheiden sich dazu aus der Not heraus, andere aus Ehrgeiz. Weil sie mehr wollen, als nur überleben.

An diesem Morgen, als er zur ersten Fahrt nach dem harten Winter aufbricht, versammeln sich die Familien am Ufer. Mittlerweile besitzt Rhee ein großes Schiff, zwölf Meter lang, vier Meter breit. Die Frauen der Fischer haben besonderes Essen gekocht, es auf einem kleinen Tisch an Bord angerichtet. Sie haben es zu einer Pyramide geschichtet. Rhee legt auf die Spitze den Schweinskopf, den er am Vortag auf dem Markt gekauft hat. Ein altes schamanistisches Ritual in diesem Land, in dem Religion offiziell als fast ausgerottet gilt.

Rhee und seine vier Besatzungsmitglieder nehmen vor den Opfergaben Aufstellung und verbeugen sich dreimal. Rhee beschwört die Geister der See, bittet sie um Milde und reichen Fang. Sie laufen von hinten nach vorne das Schiffsdeck ab und verschütten Schnaps in alle Richtungen. Dann packt Rhee den Schweinskopf mit beiden Händen und wirft ihn über den Bug.

»Die Gebete hat uns die Partei verboten, aber wir Fischer halten zusammen«, sagt Rhee. Die Fischer würden einander nicht verraten. Sie haben Vorräte für vier Wochen an Bord. Trinkwasser in Plastikkanistern, das ganze Deck haben sie mit den Kanistern vollgestellt, 15 Säcke Reis zu 20 Kilo-

gramm, Eisblöcke, 300 Kilogramm, um unterwegs den Fang
zu kühlen. Die Männer und ihre Frauen verabschieden sich
wortlos. Es bringe Unglück, sagt Rhee, wenn man beim Aufbruch einander umarmt oder sich ein Wiedersehen wünscht.
Sie werden sich bei der Rückkehr umarmen, wenn sie denn
glücklich wieder nach Hause kämen. Jetzt aber lösen die
Männer die Leinen, starten den Motor, entfernen sich langsam vom Ufer und sehen stumm zu den Frauen zurück.

Kieloben treibt das Boot, nur wenige Zentimeter schwarzen
Holzes ragen aus dem Wasser, als in Japan der Fischer Sakai
das Wrack zum ersten Mal sieht. Anfang Dezember treibt es
vor Sai im Meer. Ein anderer Fischer, Mitglied seiner Koope-
rative, hat ihn am Morgen angerufen. Seit zwei Tagen schon,
erzählt der ihm, hänge ein großes Boot in seinem Netz. Weil
aber die See so unruhig gewesen sei, habe er es nicht bergen
können. »Jetzt hatte er Angst, dass das Boot sein Netz zerstört«, erzählt Sakai im Gebäude der Gemeindeverwaltung,
wo uns mittlerweile heißer Tee gereicht wurde. Tanaka hat
sich verabschiedet, weil er als Leiter des Bauhofs die Arbeit
der Schneeräumfahrzeuge beaufsichtigen will. Sakai erzählt
weiter.

Als er mit seinem Boot an das Schiff heranfährt, bemerkt
er, dass es sich noch nicht in das Netz verheddert hat, dass es
also noch nicht allzu lange hier treibt. Vorsichtig nähert er
sich ihm. Sie sehen zunächst nur den Rumpf, seifig über-
spült, dann entdecken sie ein Tau am anderen Schiff, das sie
an ihrem Heck festmachen. Sacht schaltet Sakai den Motor
höher und zieht das verunglückte Schiff in Richtung Hafen,
wo die Küstenwache es untersuchen will. Für die Fahrt, die
sonst nur eine Viertelstunde dauert, braucht er fast drei Stunden, so schwer ist die Last.

Im Hafen endlich angekommen, macht Sakai das abge-
schleppte Boot am Kai fest. Als zwei Kräne das Schiff zur

Untersuchung auf den Landesteg hieven, sieht Sakai, dass aus den Öffnungen des Decks die Beine mehrerer Leichen baumeln. »Arme Teufel«, denkt Sakai. »Fischer wie wir.«

Die ersten Tage auf See sind Rhee und seine kleine Crew guter Stimmung. Seine Besatzung ist handverlesen. Den Mann am Motor nennen sie den »Operator«. Er repariert und wartet die Maschine. Ein schweigsamer Mann, aber sehr verlässlich, der mit Rhee seit zwei Jahren auf Fahrt geht. Der Jüngste an Bord ist erst 16 Jahre alt. Ihn kommandieren alle herum, der Jüngste wird in die mit Salz ausgelegten Fischkammern geschickt, der Jüngste muss das Deck schrubben. »Ich glaube, er hasste uns manchmal«, sagt Rhee.

Sechs Stunden nach Ablegen erreichen sie den letzten Kontrollposten der Volksrepublik an der Küste. Ein kleines Wachgebäude mit Funkstation auf dem Uferdamm. Kapitän Rhee macht noch einmal fest, zeigt die Liste der Crew, die Papiere der Mannschaft, die meisten davon gefälscht. Die Dokumente weisen sie als Militärangehörige aus, so muss er weniger Bestechungsgeld zahlen. Die meisten Regularien lassen sich im Lande der Kims mit Schmiergeld außer Kraft setzen. Rhee sagt, er sei ein Künstler der Korruption.

Die Küstenwache kontrolliert, wie viel Diesel sie gebunkert haben. Eine Maßnahme, die verhindern soll, dass sich Fischer mit ihrem Boot ins Ausland absetzen. Die Beamten stellen ihnen einen Passierschein für 15 Tage aus, so lange dürfen sie auf dem Meer bleiben. Kehren sie nach der Frist zurück, müssen sie noch mehr Schmiergeld zahlen.

Gegen Abend erreicht Kapitän Rhee mit seinem Schiff, das keinen Namen hat, nur eine amtliche Nummer, die offene See. Als sie mit dem Auswerfen der Netze beginnen, ist es bereits dunkel. Rhee hat es auf dieser Fahrt auf Seeteufel und Meeräschen abgesehen. Er kennt die Fischgründe vor der Küste am besten, weshalb er am Steuer steht, während die anderen vier die Netze auslegen. Zwei Männer backbord, zwei steuerbord. Sie verknoten die zehn jeweils 100 Meter langen Netze zu einem einen Kilometer langen Schlauch. An beiden Enden befestigen sie eine weiße Boje. Langsam lassen sie das lange Schleppnetz ins Wasser. Dann setzen sie sich an den Bug, verzehren den Rest des Essens, das ihnen die Frauen mitgegeben haben, trinken Reisschnaps – trinken aber nicht zu viel, wie Rhee betont. »Wir müssen aufpassen, damit unser Netz nicht gestohlen wird.« Bevor die Mannschaft in die Schlafkammer klettert, arbeitet Rhee einen Schichtplan für den Wachdienst aus. Alle zwei Stunden wechseln sie sich in der Nacht ab.

In den Gewässern vor Nordkorea gibt es viele Diebe. Fischer, die einander ihre Beute abjagen. So groß ist die Not im Land, so viel Geld lässt sich mit dem Fisch machen. »Ich wurde schon oft bestohlen«, sagt Rhee, »und habe auch selbst Netze gestohlen.« An Bord haben sie einen Sack mit 50 Kilogramm Steinen. Munition, um Angreifer abzuwehren. Im Jahr davor haben sie sich eine blutige Seeschlacht mit einem Fischereiboot der Nationalbank Nordkoreas geliefert. Die einen hätten angenommen, die anderen griffen sie an. Ein Missverständnis, das mit dem Austausch von Schnaps und Krabben bereinigt wurde. Rhee weiß von Kämpfen zwischen nordkoreanischen Fischern, bei denen sich die Boote gegenseitig mit Molotowcocktails in Brand gesetzt haben.

Am nächsten Morgen ziehen sie das Netz wieder ein, mit den bloßen Händen, Knochenarbeit, zwei Mann am linken Führungsseil des Netzes, zwei am rechten. Trotz Handschuhen reißen ihnen die Finger auf, bekommen die Männer blutige Blasen. Rhee steuert, fährt das Boot parallel zum Netz, damit die anderen es an Bord wuchten können. Das Netz ist voller Fische und sehr schwer; Rhee flucht, weil das eine Team schneller als das andere zieht, das Netz zu viel Spiel bekommt, »faule Säcke!«, ruft er, »Träumer!«.

Das Einholen des Netzes, sagt er, sei wie eine Schlacht. Be-eilen sich die Männer nicht, droht das Netz unter den Kiel zu geraten, in die Schraube hinein.

Der jüngste unter den Toten von Sai war nach dem Befund der japanischen Gerichtsmedizin zwischen 15 und 19 Jahre alt. In der Gemeindeverwaltung blättert Sakai in der Akte. »So jung erst«, sagt er. Sein Zeigefinger fährt über die Zeilen des Berichts. 163 Zentimeter groß, Teile der inneren Organe, wie es dort heißt, nach außen getreten.

Sakai erinnert sich an das Geräusch, als die beiden Kräne das Wrack auf dem Hafenkai aufsetzten. Ein tiefes Ächzen, das durch den Rumpf des Holzboots fährt. Zunächst stehen sie alle nur davor. Die Männer der Küstenwache, eine Ab-ordnung der örtlichen Polizei, der Abteilungsleiter Tanaka von der Dorfverwaltung, er, der Fischer Sakai. Sie umrun-den das Boot, stellen eine Aluminiumleiter gegen die Bord-wand und klettern hinauf. Äußerlich scheint das Schiff fast unbeschädigt, nur einzelne Planken sind gebrochen. Drei Luken führen in das Innere, die Ermittler gehen auf die Knie und leuchten mit Taschenlampen hinein. Zwischen zersplit-terten Balken und Plastikcontainern, in denen der Fisch in Salz eingelegt wurde, zwischen orangenen Schwimmwes-ten, Handschuhen, Seilen und leeren Wasserflaschen entde-cken sie vier Leichen, drei in einer Kammer vorne am Bug, eine mit zerfressenem Gesicht in der Kammer am Heck, wo einst der Motor war. »Der Kapitän vermutlich«, sagt Sakai.

Alle Seeleute hatten sich vor ihrem Tod mit Stricken an Balken gebunden, um nicht von Bord gespült zu werden.

Nordkorea ist ein ausgezehrtes Land, in dem die Menschen jedes Stück Erde zum Ackerbau nutzen. Kartoffeln und Bohnen wachsen an Straßenrändern, Maisstauden auf Bahndämmen. Selbst an den steilsten Gebirgshängen versuchen Bauern, Landwirtschaft zu betreiben. Nordkorea ist ein Land fast ohne Maschinen. Von Hand werden auf den Feldern die Sämlinge gesteckt. Immer noch sieht man Ochsen, die Pflüge ziehen, aber kaum Traktoren. 28 Prozent der Kinder und 42 Prozent der gesamten Bevölkerung sind nach Angaben der Vereinten Nationen unterernährt.

In Nordkorea regiert die Dynastie der Kims nunmehr in dritter Generation. Das ganze Land ist überzogen mit monumentalen Denkmälern der Kims. In Nordkorea gilt die Juche-Zeit. Drei Jahre nach dem Tod des Staatsgründers Kim Il-sung im Juli 1994 drehte dessen Sohn Kim Jong-il die Uhren im gesamten Land zurück und ersetzte die Geburt Jesu durch das Geburtsjahr seines Vaters – 1912 –, das er zum Jahr 1 erklärte.

Rhee setzt seinen Fischzug noch für fünf weitere Tage fort. Weil die Küstengewässer nahezu leer gefangen sind, wagen sich die Nordkoreaner immer weiter heraus. Er fischt mit seinem Boot nicht allein, sondern in einer Gruppe von zehn anderen Booten. Alles Kapitäne, die seit Jahren befreundet sind. Tagsüber holt jeder für sich sein Netz ein, abends vertäuen sie die Boote, um miteinander zu feiern und gemeinsam die Netze zu bewachen.

Sie sind jetzt, so schätzt Rhee, 70 Kilometer von der Küste entfernt. Das Radio an Bord hat so weit draußen keinen Empfang mehr. Die Signale der nordkoreanischen Küstenstationen reichen nicht bis hierhin, und die Nachrichten aus Japan und Südkorea kann Rhee mit dem Radio nicht hören. Die Behörden lassen die Geräte manipulieren. Fischer stehen im Staate der Kims ständig unter dem Verdacht, potenzielle Überläufer zu sein. Rhee fährt nach Gefühl, ohne Wetterbericht.

Den in China hergestellten Motor hat Rhee dort für viel Geld gekauft; am fünften Tag ihrer Fahr verliert er plötzlich an Zug. »Er kam nicht mehr auf die volle Geschwindigkeit«, erinnert er sich. Am Morgen des sechsten Tages schließlich röchelt die Maschine, stottert und stirbt ab. Der Mechaniker an Bord versucht, den Fehler zu finden. Gemeinsam mit Rhee zerlegt er den Motor in seine Einzelteile. Beide Kolben haben sich festgefressen, die Zylinder sind angeschmolzen. »Da habe ich begriffen, dass wir so gut wie verloren sind«, sagt Rhee. Der Crew gaukelt er zunächst jedoch Zuversicht vor. »Wenn der Kapitän verzweifelt, verzweifelt die ganze Mannschaft.« Sie beratschlagen.

Die befreundeten Fischer sind zu diesem Zeitpunkt weit entfernt. In einigen hundert Metern Entfernung sehen sie andere Fischerboote, sie winken, rufen um Hilfe, doch keiner dreht auf sie zu. »Fremde Boote helfen einander nicht«, sagt Rhee. Die Kapitäne haben Angst um ihre Netze oder wollen keinen Diesel verschwenden, um andere zu retten. Diesel, der so kostbar ist in Nordkorea. »Ich bin auch noch nie Schiffen zu Hilfe gekommen, die ich nicht kannte.« Rhee entscheidet sich für eine verzweifelte Maßnahme: Die Männer bauen aus zwei Balken einen Mast und nähen aus Decken ein Segel.

Die Leichen, erinnert sich der japanische Fischer Sakai, werden im Hafen von Sai von Polizisten über eine Aluminiumleiter aus dem Wrack getragen und in blaue Plastiksäcke verschlossen. Den ältesten der Seeleute wird die Gerichtsmedizin später auf 50 Jahre schätzen, 166 Zentimeter groß. Ein anderer war etwa Anfang 20, 163 Zentimeter, einen dritten schätzen sie auf Mitte 30, 165 Zentimeter groß, eine zehn Zentimeter lange Narbe am Bauch wird festgestellt, wohl von einer alten Blinddarmoperation. Dann ist da noch der Jüngste, der keine 20 wurde.

Die Polizisten ziehen den Toten die Kleider ab, Hautfetzen lösen sich dabei: das Ölzeug, das gegen Gischt und Regen schützt, schwarze Arbeitshosen und Arbeitshemden, die Unterwäsche, die Strümpfe. Die Ermittler breiten die Garderobe der Toten auf dem Beton des Hafenkais aus und fotografieren sie. In den Taschen zweier Mäntel finden sie koreanische Ausweispapiere, durchweicht, die Tinte der Schrift bereits zerlaufen.

Sakai blickt lange auf das Passbild des Ausweises, der in der Akte in der Gemeindeverwaltung abgeheftet ist. Das Gesicht eines jungen Mannes, gepflegt, in schwarzem Anzug, schwarzer Krawatte und weißem Hemd. Skeptisch schaut er in die Kamera, die Stirn in Falten gelegt.

»Wie haben die sich mit diesem kleinen Boot nur so weit aufs Meer hinauswagen können?«, murmelt Sakai.

Rhees letzte Hoffnung besteht darin, es mit dem Segel bis zur Gruppe der befreundeten Fischer zu schaffen. Doch am Nachmittag des zweiten Tages nach der Havarie schlägt das Wetter um, sind plötzlich alle Boote in ihrer Sichtweite verschwunden. Was sie nicht wissen: Ein Sturm kommt auf. Der Wind wird mit jeder Stunde stärker. Rhee ist klar, dass sein Schiff nur geringe Chancen hat, schweres Wetter zu überstehen. Hektisch trifft er Maßnahmen. Er lässt den Anker werfen und gibt der Ankerkette so viel Spiel wie möglich. Ist die Kette zu kurz, wird sich das Boot quer zu den Wellen stellen und kentern. Löst sich der Anker aus dem Seeboden, wird es kentern. Reißt die Kette, wird es kentern.

Die Wellen türmen sich bis zu drei Meter hoch auf, erinnert sich Rhee. Sie stürzen über das Deck, reißen das Boot mit sich hinunter, so tief, dass Rhee um sich nur noch schwarze Wellenwände sieht. Die Männer räumen das Deck, verbarrikadieren sich in der Schlafkammer am Heck. Zuvor haben sie die drei Lukenklappen mit Plastikfolie beschlagen, damit kein Wasser eindringen kann. So kauern sie in der Kammer, in der es kein Fenster gibt, nur eine LED-Lampe, die kaum

Licht in die Dunkelheit bringt. Der Sturm hält die nächsten zwei Tage an. »Du überlässt dich dem Schicksal«, sagt Rhee. »Du weinst viel. Du erzählst den anderen alles aus deinem Leben. Dann lässt du los. Du kannst nichts ändern.«

Jeder an Bord kennt jemanden, der beim Hochseefischen ums Leben kam. Einer von Rhees alter Crew ist drei Jahre zuvor bei schwerem Seegang über Bord gegangen. Seine Leiche wurde nie gefunden. Immer noch bringt Rhee den Hinterbliebenen nach jeder Fahrt etwas Fisch vorbei. Es gibt Familien in den Küstendörfern, die haben gleich mehrere Söhne verloren. Der Kampf um den Fisch ist für die Nordkoreaner verlustreicher als der Krieg, den das Regime offiziell immer noch gegen den Imperialismus führt. Trotzdem gibt es in Nordkorea keinen Mangel an Männern, die zur See fahren wollen. Fischer seien bei den Frauen als Ehegatten begehrt, erzählt Rhee. Ein Fischer in der Familie garantiert das Überleben der Sippschaft. Denn er bringt immer Essen nach Hause.

Rhee fischt auf eigene Kasse. Er ist mit seinem Boot offiziell dem Befehlshaber einer Militärdivision unterstellt, seitdem der ihn dem Stahlwerk von Kimchaek abgeworben hat. Im Land der Hungersnöte unterhält seit einigen Jahren jede staatliche Einrichtung ihre eigene Fischereiflotte. Das Krankenhaus von Kimchaek hat eine, die Universität, die Nationalbank und jede Militäreinheit. Rhee muss pro Mann Besatzung jedes Jahr eine Tonne Fisch an die Division abgeben. Ihren Anteil holen sich die Kommandeure bei seiner Rückkehr persönlich mit Lastwagen direkt am Schiff ab. »Ich habe ihnen natürlich nur die mindere Qualität gegeben«, sagt Rhee heute. Die größeren Fische veräußert er bereits auf hoher See. Die Fischer, die häufig auch Schmuggler sind, tauschen Schnaps, Reis und Bier gegen Fisch und Krabben, die andere Boote aus China gebracht haben. Den Rest des Fangs verkauft er im Hafen an eine Händlerin, die den Bau seines Bootes mit einem Kredit finanziert hat. Sie gibt ihm Geld, wenn er größere Reparaturen ausführen muss. Im Gegenzug erhält sie einen 20-prozentigen Abschlag auf den jeweiligen Marktpreis. Solche Händlerinnen wiederum verkaufen den Fisch an Großhändler, die mit Bussen und Zügen durchs ganze Land fahren und private Märkte beliefern. Der Staat der Kims spielt in dieser ganzen Handelskette nur eine untergeordnete Rolle.

Die Fische haben Rhee wohlhabend gemacht, sogar reich. Er konnte drei weitere Schiffe kaufen, stellte Kapitäne und Mannschaften an. Seiner Familie baute er ein großes Haus. Er schuf einen Fernseher an und einen Computer. Sich selbst gönnte er ein Motorrad, das er bei einer heimlichen Reise in China ersteigerte – im Land der Kims eine tollkühne Rarität. Doch der Preis dafür, so scheint es jetzt, ist sein Leben.

Eine Woche nach der Bergung des Geisterschiffes, sagt der Fischer Sakai in der Gemeindeverwaltung, haben sie die Toten verbrannt. Ihre Asche wird in einem Schrein auf dem Dorffriedhof von Sai verwahrt, auf dem Gelände des buddhistischen Chofukuji-Tempels. Ein kleines weißes Häuschen, das von allen Schreinen den Klippen am nächsten steht.

Nach der Einäscherung führte der alte Mönch des Ortes für jeden der unbekannten Toten eine Zeremonie durch, sprach vier Tage lang Gebete, damit die Toten erlöst werden vom ewigen Kreislauf von Geburt und Sterben.

Es wird viel gestorben im Fischerdorf Sai, erzählt Sakai. Der Terminplan des Mönches ist eng gesetzt. 70 Prozent der Einwohner sind über 60. Lebten vor 40 Jahren noch 6000 Menschen in Sai, sind es jetzt nur noch 2200. Die meisten Läden haben geschlossen, weil es keine Kunden mehr gibt, neulich hat auch die letzte Bankfiliale zugemacht. Es gibt keinen Arzt mehr im Dorf, nur noch einen Zahnarzt. Sogar im Zentrum stehen viele Häuser leer. Die Jungen ziehen in die größeren Städte, auch drei von Sakais Kindern. Die Fischerei ist wie überall auf der Welt auch in Japan im Niedergang.

Der Fischfang hat Nippon einst groß gemacht. Es war umgeben von den reichsten Fischgründen des Planeten. Doch die Menschen waren zu gierig, sie haben zu viel Fisch aus den Meeren geholt. Viele Orte, die von der Fischerei gelebt haben, drohen jetzt zu verschwinden. Die Totenschiffe aus Nordkorea treffen an Japans Küste auf sterbende Dörfer.

»Wir verloren das Gefühl für die Zeit«, sagt Rhee Cheol-Soo, als er von den Tagen im Innern des Schiffes erzählt. Sie können nicht schlafen, werden von den Wellen von einer Seite zur anderen geworfen. Zweimal flaut der Wind kurz ab, und sie schaffen es, eingedrungenes Wasser mit kleinen Handpumpen aus dem Boot zu bekommen. Am Abend des zweiten Tages legt sich der Sturm. Die Männer können endlich schlafen. »Dann traf uns ein neues Unglück«, sagt Rhee. Nach dem Aufwachen entdecken sie, dass der Sturm die Hälfte der Wasservorräte vernichtet hat. Von vielen Kanistern haben sich die Deckel gelöst.

15 Tage lang treiben sie auf dem Meer. Es wird Nacht und wieder Tag und wieder Nacht und wieder Tag. Das Segel hilft ihnen wenig, sie rudern jetzt mit dem einzigen Ruder, das sie haben, abwechselnd, bis die Sonne untergeht. Manchmal, so kommt es ihnen vor, legen sie nur einen Kilometer am Tag zurück, manchmal haben sie gar Gegenwind. Dann müssen sie Anker werfen, damit sie nicht zurückgetrieben werden. Noch immer sind sie nach Rhees Schätzungen 60 Kilometer von der Küste entfernt.

Die Wasservorräte erschöpfen sich am 14. Tag. Die Männer sind am Ende ihrer Kräfte. Immer mehr Streitereien brechen an Bord aus. Rhee wirft dem Mechaniker vor, dass er den Motor vor der Abfahrt nicht gut genug getestet habe, der Mechaniker wehrt sich; es gibt vieles, das in diesen letzten Tagen geschieht, über das Rhee bis heute nicht gern spricht.

Dann, einen Tag bevor sie zu Geistern geworden wären, wie Rhee es ausdrückt, entdecken sie in der Ferne auf dem Wasser Fischerboote, Boote, die denen ihrer Freunde ganz ähnlich sehen. Sie winken, schwenken die orangefarbenen Rettungswesten über ihren Köpfen. Die Boote kommen näher, stoppen dann aber, sind offenbar irritiert, weil sie den Mast mit dem Segel sehen, und das Boot von Rhee vormals keinen hatte. Eines der Schiffe aber fährt dann doch an sie heran und erkennt die Vermissten, die sie schon tot geglaubt hatten.

»Nie werde ich diesen Moment vergessen«, sagt Rhee. »Wir umarmten uns. Jeder weinte. Wir alle weinten.«

Das Geisterschiff von Sai, das nicht das Boot des glücklichen Rhee Cheol-Soo ist, sondern das eines anderen, hat Abteilungsleiter Tanaka von der Gemeindeverwaltung mit einem Sattelschlepper auf einen der höchsten Berge der Umgebung fahren lassen.

Als der Schneesturm nachlässt, der die Straßen der Umgebung unpassierbar gemacht hat, fahren wir zu diesem Schiff hinauf. Dort steht es, aufgebockt auf zwei Holzbalken. Aus der Ferne ein schwarzer Monolith vor konturlosem Weiß. Während das Feld von metertiefem Schnee bedeckt ist, hat der Sturm das Boot fast freigeblasen. Wie entsetzlich klein es ist. In den Kammern unter Deck hängen noch letzte Plastiktüten mit alten Reisvorräten.

Tanaka sagt, er habe das Schiff hierherbringen lassen, weil es unten im Hafen an Platz mangele. Das ist der Grund, den er offiziell nennt. Tatsächlich aber – das räumt er später ein – will er den eigenen Fischern nicht zumuten, unablässig auf das Totenschiff schauen zu müssen. Denn sie wissen: Wie jene Seeleute kann das Meer auch sie eines Tages verschlingen.

Rhee überlebte die Fahrten, bei denen so viele nordkoreanische Fischer sterben. Der Wohlstand, den er sich mit der Gefahr erwarb, nutzte ihm am Ende nicht viel. Ein Neider aus seiner Mannschaft, erzählt er, denunzierte ihn als Schmuggler und brachte ihn für ein Jahr ins Arbeitslager. Nach seiner Entlassung floh er 2015 über China nach Südkorea.

Er versucht jetzt, Fuß zu fassen in seinem neuen Heimatland. Wie die meisten nordkoreanischen Flüchtlinge fällt es ihm schwer. Er ist einsam. Seine freie Zeit verbringt er meist allein in seinem Apartment in einem der vielen Hochhäuser in einem Vorort von Seoul. Seine einzigen Freunde sind andere Flüchtlinge aus Nordkorea. Zu den Südkoreanern findet er kaum Kontakt. Die Menschen des Südens bleiben ihm fremd. Sie seien höflich, sagten aber nicht, was sie denken. Nordkoreaner seien rauer, manchmal beleidigend im Umgangston, dafür ehrlich. Die Regierung zahlt Rhee einen Fortbildungskurs für Schweißer. Er hofft, danach irgendwo in der Industrie eine Anstellung zu finden.

Am Ende unserer Gespräche in Seoul schaut er auf die Fotos aus Japan. Er entziffert den Namen auf dem Ausweis des jungen Fischers. Kim Nam-gyeong. Arbeiter des Stahlwerks Kimchaek – des Stahlwerks, für das auch Rhee einst fischte.

Was ihnen zugestoßen sein mag? Es gebe so viele Möglichkeiten, sagt Rhee. Sie sind zu weit raus und erlitten einen Motorschaden, so wie es ihm passierte. Ihnen ist der Diesel ausgegangen. Ein Sturm ließ sie kentern, und die Strömung trieb sie bis nach Japan. Vielleicht war die Mannschaft unerfahren, so viele Unerfahrene wollen jetzt Geld machen mit dem Fischen, sagt Rhee. Sie haben vielleicht einfach die Orientierung verloren und wurden dann vom Wetter überrascht. Vielleicht war es aber auch etwas ganz anderes, was ihnen zum Verhängnis wurde. Es gibt so viele Möglichkeiten, als Fischer aus Nordkorea auf dem Meer sein Leben zu verlieren.

»Ich glaube übrigens nicht«, sagt Rhee, bevor er sich verabschiedet, weil er zum Fortbildungskurs für Schweißer muss, »dass die sich im Schiff angebunden haben, weil sie hofften, sie würden dadurch dem Tod entgehen. Ich glaube, die Männer taten es, weil sie wollten, dass sie gefunden werden.«

Er will versuchen, die Angehörigen der Toten in Nordkorea zu informieren, damit die Familien nicht länger auf sie warten.

Himan & Heeb, Somalia, 2011. Foto: Stanislav Krupar.

Der Präsident der Piraten
I
Somalia, 2011

»Du bist ein Nichts«, sagt der Junge zum Präsidenten. Der Satz fällt plötzlich, die Gespräche im Raum verstummen. »Du bist ein Niemand«, sagt der 19-Jährige mit ruhiger Stimme, den Blick fest auf das Staatsoberhaupt gerichtet. Er sitzt dem Präsidenten im Amtszimmer gegenüber, hager und sehnig, die Fäuste presst er auf die Schenkel. »Du hast mir nichts zu sagen«, sagt der Junge. »Du wagst es nicht. Denn wenn ich will, nehme ich mein Gewehr und bringe dich auf der Straße um.« Die beiden Männer starren sich an. Der Präsident öffnet den Mund, will antworten, zögert dann.

Er schließt die Augen.

Es ist der Morgen, an dem Mohamed Aden das Parlament eröffnen möchte, drei Jahre nachdem er sein Einfamilienhaus im US-Bundesstaat Minnesota verlassen hat, um hierher überzusiedeln, nach Adado, gelegen in Zentralsomalia, dieser feuerroten Ebene aus Stein und Knochen, die von der Welt so gründlich vergessen wurde. Stille ist in seinem Büro. Staub weht zur Tür hinein. Die beiden Minister, die sich zu einer Besprechung eingefunden hatten, der Kommandeur der Leibgarde, der mit der Hand am Pistolenhalfter im Eingang steht, sind in ihren Bewegungen erstarrt. Der 19-Jährige ist einer von 35 Bodyguards Adens, der Fahrer eines Pick-ups mit aufmontiertem Maschinengewehr. Er hatte den Wagen auf eigene Kasse an »Privatleute« verliehen. Deswegen hat Aden ihn herzitiert und fordert den Fahrzeugschlüssel.

Der Präsident zeigt zur Tür und sagt kaum hörbar: »Raus.«

Unruhig folgt er dem Jungen auf die Terrasse vor seinem Büro, schaut ihm hinterher, wie er vom Kommandeur weggeführt wird. Der Präsident ist nervös, und er bemüht sich, es sich nicht anzumerken zu lassen. »Ich werde diese Leute nie ganz verstehen.« Für einige Minuten blickt er auf den Hof mit dem lagernden Kriegsvolk, den Männern in ihren Lumpenuniformen, wie sie die Kalaschnikows schmieren, im Schatten der Gebäude dösen, spielen, lachen. Er könnte zu ihnen nicht unterschiedlicher sein, trägt Golfmütze und Poloshirt, ist Zivilist durch und durch, und doch avancierte Mohamed Aden, 39, in den vergangenen Jahren zum Kriegsherrn.

Er ist der Regierungschef des Bundesstaates Himan & Heeb, den er selbst begründet hat. Ein Territorium mit 13 000 Quadratkilometern, das knapp so groß ist wie Schleswig-Holstein und sich von Äthiopien im Westen bis zum Indischen Ozean im Osten erstreckt. Er ist Oberhaupt einer halben Million Menschen. Ein ehemaliger IT-Berater, von fülliger Statur und jungenhaftem Auftreten, der in den USA gerade sein Diplom gemacht hat, dort kurz entschlossen seine Frau und sechs Kinder zurückließ und mit 150 000 Dollar Spenden und nur wenigen Kontakten nach Adado flog.

Bis zu seiner Ankunft zählte der Ort zu einem der gewalttätigsten des Landes. Er arbeitet in dieser entlegenen Gegend Somalias an einem Experiment, das das Schicksal des Landes verändern könnte. Mohamed Aden schuf etwas, was kaum jemand für möglich gehalten hatte, woran 20 Jahre lang sämtliche internationale Bemühungen gescheitert waren, woran die USA und die UN und alle anderen scheiterten – den Frieden. Jeden Tag ringt er neu um ihn.

»Hast du Angst?«, fragt er mich eines Abends in seinem Regierungssitz. Ich bin wie ein Staatsgast in Himan & Heeb, umsorgt wie ein Kronjuwel. »Nein«, lüge ich. Natürlich habe ich Angst. Wahnsinn wäre es, hier keine Angst zu haben.

In Wirklichkeit habe ich nur eine vage Vorstellung davon, wie gefährlich diese Reise zu Mohamed Aden tatsächlich ist.

Der Präsident hat zu meinem persönlichen Schutz 25 Milizionäre aus verschiedenen Städten seines Reiches abgezogen. Ich mache keinen Schritt ohne sie. Fünf Sicherheitsringe umgeben mich, gestaffelt in uniformierte Soldaten und Geheimpolizisten in Zivil. Sie kontrollieren Haupt- und Seitenstraßen. Jeder meiner Spaziergänge ist eine aufwändige militärische Operation. Lange Handytelefonate zwischen drei Kommandeuren gehen ihnen voraus. »Move!«, halten mich meine bewaffneten Freunde zur Eile an. »Move!« Wenn ich mich umdrehe, sehe ich zwei Pick-ups mit großkalibrigen Maschinengewehren, »Technicals«, die mir im Abstand von wenigen Metern im Schleichtempo folgen.

Ich bin von Deutschland aus drei Tage unterwegs gewesen, zwei davon verbrachte ich in Flugzeugen, in kleinen, großen, ganz kleinen, den dritten in einem bewaffneten Konvoi, der mich schließlich in das Reich von Mohamed Aden brachte. Himan & Heeb, was im Dialekt der Einheimischen »Land und Wasser« bedeutet, will kein unabhängiger Staat sein, ist es aber de facto. Die Übergangsregierung in der Hauptstadt Mogadischu kämpft gegen die radikalislamistische al-Shabaab ums Überleben und kontrolliert nur noch wenige Straßenzüge. Unterstützung von dort kann Mohamed Aden nicht erwarten. Seine Basis ist das Siedlungsgebiet des Clans der Saleban. Nicht weit im Süden herrscht al-Shabaab, im Osten liegen die Hochburgen der Piraten. »Wir leben wie auf einer Insel«, begrüßte er mich lachend in seinem Büro, »und drum herum sind die Haie.«

Der Untergang Somalias ist eine der gewaltigsten Erschütterungen, die den afrikanischen Kontinent in den letzten Jahrzehnten heimgesucht haben. Die Katastrophe begann am 26. Januar 1991 mit dem Sturz des Diktators Siad Barre und setzt sich seitdem fort. Die Republik Somalia zerfiel in viele Bruchstücke, und die Bruchstücke zerfielen erneut. Immer tiefer versank das Land im Strudel der Unregierbarkeit. Die Feinde des Diktators, die ihn besiegten, Stammesführer und Generäle, wurden einander zu Feinden. Die Hauptstadt Mogadischu, einst eine Schönheit am Indischen Ozean mit begünstigtem Klima und Traumständen, begann sich aufzulösen, in Mörtel und Putz, in Stein und Staub.

Die Kiefer der Gewalt mahlten in wechselnde Richtungen und schliffen den Ort zur endzeitlichen Trümmerstätte. In den 20 Jahren nach dem Sturz des Diktators starben bis zu eine Million Menschen, 700000 flohen ins Ausland und 1,55 Millionen innerhalb der Grenzen. Die vier großen Clans, deren traditionelle Strukturen das Land einst lose zusammenhielten, zerbrachen in 18 regionale Subclans, die wiederum in 51 Subsubclans zerstoben. Beim »Terror Risiko Index« belegt Somalia seit Jahren immer wieder einen der vorderen Plätze; es gibt auf der Welt kaum ein anderes Land, in dem die Gefahr so groß ist, Opfer von Terrorismus zu werden. Grauenhafte Geschichten erwartet man aus diesem Land, aber nicht eine wie die von Mohamed Aden.

Er habe nichts von alldem geplant, sagt er, es sei nur das eine zum anderen gekommen. Der Sohn eines Mechanikers aus Mogadischu hatte eigentlich vorgehabt, nach dem Studium in den USA Geld zu verdienen. Hart hatte sich Aden seinen sozialen Aufstieg in den Staaten erkämpft, war als 20-Jähriger aus Somalia über Nairobi nach Miami geflohen. Schlug sich durch in Obdachlosenheimen in Florida, arbeitete später als Parkeinweiser und Nachtschichtler in Minnesota. Nirgendwo in den USA leben so viele Somalier. Wie Magnetspäne ziehen sie sich in der Fremde an, 50000 zählen sie inzwischen in Minnesota, und viele verlieren sich in Alkoholismus und Depression, die Kriminalität ist hoch. Aden hingegen rackerte, erhielt Stipendien, holte seine Highschool-Liebe aus Mogadischu nach, bekam mit ihr sechs Kinder, gründete nach dem Studium ein kleines IT-Beratungsunternehmen.

Als er im Herbst 2007 zum ersten Mal nach Adado reiste, in die Geburtsstadt seines Vaters, beabsichtigte er zunächst, nur zwei Wochen zu bleiben. Zusammen mit vier US-somalischen Freunden hatte er bei einer schweren Hungersnot helfen wollen. Dabei dachten sie an das Bohren von Brunnen und Verteilen von Lebensmitteln. Doch sie sahen, dass dieses Land so viel mehr brauchte.

Die Ältesten der Stadt hatten die Heimkehrer gebeten, nicht sofort wieder zu gehen, sondern Verantwortung zu übernehmen, als Außenstehende alte Fehden beizulegen und Strukturen ins Chaos zu bringen. In den ersten Monaten lösten sie auf der Hauptstraße Adados das Dutzend Checkpoints auf, indem sie die Wegelagerer bezahlten und sie zu Polizisten machten. Aden führte Steuern auf Ziegen und Kamele ein, um ihre Gehälter zu finanzieren. »Das hat uns anderthalb Jahre gekostet, bis die Leute das akzeptierten. Die wussten einfach nicht, was Steuern sind.«

Er gründete ein Distriktgericht und ein Stadtgericht, verbot das Lynchen, holte geeignetes Personal aus anderen Landesteilen, baute ein Gefängnis, ließ das Tragen von Gewehren in der Öffentlichkeit untersagen. Zahlte hier, drohte dort, beendete den Teufelskreis der Blutrache, indem er aus der Staatskasse die Angehörigen von Getöteten entschädigte. Es half auch, dass er das Vertrauen der somalischen Diaspora genießt. Sie spendete Millionen. Aden ließ damit 20 Brunnen für jeweils 150 000 Dollar bohren, um die schlimmsten Verteilungskämpfe unter den Nomaden zu beenden. Vom ersten Tag an, erzählt er, bekam er Todesdrohungen. Er blieb trotzdem, als Einziger der vier Freunde. Warum er das tut? Wieso er sein Leben riskiert? »Ich bin bereit, mein Leben zu opfern, wenn ich viele andere retten kann.« Seine Antworten klingen nicht echt. Oder meint er es wirklich so? Noch werde ich nicht klug aus ihm.

Er tritt heute seine zweite Amtsperiode an. In der Nacht konnte er nicht schlafen, »dieses Kopfweh«, sagt er. »Du musst dich beeilen«, ruft der Parlamentssprecher von draußen, eine Gruppe alter Männer wartet vor dem Büro, sie drängen neugierig mit ihren Köpfen hinein, es ist für Himan & Heeb ein großer Tag. Aden faltet den Zettel, auf dem er hastig seine Antrittsrede notiert hat, sieht ein letztes Mal in den Spiegel, betrachtet sein Gesicht, klagt, dass es härter geworden sei in den letzten Jahren, dann sprintet er über das Gelände des Präsidentensitzes.

Der Gebäudekomplex ist so neu wie der ganze Bundesstaat, umgeben von Steppenstaub, glänzt das State House in frischen Zuckerbäckerfarben. Blaues Dach, grün-rosa-gelb-blaue Fassade. Hier sind das Amtszimmer untergebracht, seine Wohnung, die aus nur einem Zimmer besteht, einige Gästekammern und ein Kabinettssaal. Zwei alte russische Panzer stehen zur Abschreckung davor, sie sind besprenkelt mit dem Kot der Soldaten.

Die Augen Hunderter Menschen wenden sich ihm zu, als er die Versammlungshalle betritt, die Ältesten mit ihren brandroten Bärten, die ihn einst baten, eine Verwaltung aufzubauen, die Vertreter der Jugend, für die er so anders ist als die Milizführer, die sie kennen. Nahbar und jovial. Es sitzen Abgesandte mehrerer Stämme im Publikum, die sich bis vor Kurzem mit dem Clan der Saleban bekriegten. Der Sprecher der wichtigsten Piratengruppe in Somalia nimmt ebenfalls an der Zeremonie teil. Die Leute nennen ihn »Großmaul«. Über ihn wird später noch zu berichten sein. Auch die Seeräuber profitieren von der neuen Stabilität in Himan & Heeb.

Adado, die Hauptstadt, ist ihre Kinderstube, viele Männer der Piratenbesatzungen kommen von hier. Ihr Rückzugsraum. Hier leben ihre Eltern, hier ziehen ihre Frauen den Nachwuchs auf. Die Piraten sind die heimlichen Machthaber in Himan & Heeb, eine Schattengesellschaft, alles durchdringend. Die jungen Männer leben die meiste Zeit an der Küste oder auf hoher See, aber in den »Urlaubsmonaten«, wie die Einwohner der Stadt sagen, wenn die Monsunstürme den Ozean peitschen, die Wellen zu hoch schlagen, kehren sie in ihre Heimat nach Adado zurück.

Eine Stunde lang werden sie bei der Zeremonie alle den Frieden und den Aufschwung loben. Der Radiosender BBC Somalia überträgt. Es gibt keine Misstöne. »Ein großartiger Tag«, sagt Mohameds Berater überschwänglich, als sie anschließend wieder im Büro sitzen. »Es wurde nicht geschossen. Wir müssen Allah danken!«

Der Präsident nimmt zwei Schmerztabletten. Er geht heute früh zu Bett, für den Rest des Tages bleibt seine Tür geschlossen.

Die Sonne senkt sich über die neuen Blechdächer der Stadt, im letzten Licht der Dämmerung leuchten sie silbern. Um mehr als zwei Drittel ist Adado gewachsen, seit es Regierungssitz ist. Ein regelrechter Bauboom hat den Ort erfasst, der planlos in die Steppe wuchert. Fast alle Gebäude sind neu, braune Steinwürfel mit Metallhauben, sie stehen bezugslos zueinander, ohne Straßen, ohne Programm. Wie der Abdruck einer Schrotladung wirkt die Stadt aus der Luft. Wohlhabende wie Habenichtse aus ganz Somalia, Zehntausende von ihnen, suchen Zuflucht in der bisher so unbedeutenden Gemeinde, die von 40 000 Einwohnern auf 120 000 anschwoll, immer mehr treffen ein, denn sie haben gehört, es gebe keine Kämpfe hier. Jeden Tag entsteigen Neuankömmlinge den Überlandbussen aus Mogadischu.

Die Ärmsten hausen am Ortsrand unter Gerippen aus Ästen, die sie mit Plastiktüten und Fetzen alter T-Shirts bedecken. Es sind vor allem Frauen, viele haben ihre Männer im Bürgerkrieg verloren, sie erbetteln sich das Essen. Die Reicheren leisten sich Villen im Zentrum, sie bauen Läden, Werkstätten und Restaurants, das Hayi etwa, was Leben heißt und dem älteren Bruder meines Übersetzers gehört.

Anfangs hielt er nicht viel davon, für mich zu übersetzen, aber der Präsident redete ihm gut zu. Seine Familie hatte jahrzehntelang ein Lokal in Mogadischu besessen; er und seine Verwandten waren vieles gewohnt, doch die heftigen Kämpfe der letzten Monate haben sie vertrieben. Sie mieteten einen Lkw, verstauten ihr Inventar und zogen in das verheißene Land von Mohamed Aden. »Unsere Kunden schafften es nicht mehr in das Restaurant«, klagt der Bruder, dessen rechte Hand von Kugeln zertrümmert wurde. »Ich habe einmal beim Essen auf einen Granatsplitter gebissen«, lacht mein Übersetzer.

Er lacht viel. Er lacht bei Witzen lange vor der Pointe. Je hochgestellter ein Gesprächspartner ist, desto früher lacht er. Er lacht oft schon, wenn er nur wittert, jemand könnte gleich einen Witz erzählen. Damit kam er bisher gut durchs Leben.

Als sich die Tür des Präsidenten am nächsten Morgen öffnet, wischt er mit seinem Feinripp-Unterhemd den Staub von der Schreibtischplatte. Ihm bleibt keine Zeit für Förmlichkeiten, der Tod treibt ihn voran. In den nächsten Monaten werden in Somalia 260000 Menschen sterben. Im Jahr 2011 hat die schwerste Dürre seit 1974 Zentralsomalia erfasst, das Vieh der Nomaden stirbt millionenfach. Die Hungersnot der nächsten Monate wird als eine der schlimmsten in die Geschichte des afrikanischen Kontinents eingehen.

Es gibt nur wenige internationale Hilfsorganisationen, die in Zentralsomalia zu arbeiten wagen. Die USA drohen jeder NGO mit Strafmaßnahmen, die auch nur indirekt mit al-Shabaab kooperiert. Das Welternährungsprogramm der Vereinten Nationen hat sich wegen dieser Drohung aus weiten Gebieten Somalias zurückgezogen, andere Organisationen folgen. Viele Hungernde versuchen deswegen aus den Al-Shabaab-Gebieten zu fliehen, etwa in das angrenzende Himan & Heeb. Die Last der Jahrhundertkatastrophe liegt plötzlich auf dem zarten Staatsgebilde von Mohamed Aden.

Bittsteller quetschen sich in sein Büro, kneten beim Reden ihre Hände. Das iPhone des Präsidenten klingelt unentwegt, aufgeregte Stimmen bringen ihm schlechte Nachrichten aus entlegenen Dörfern. Er hat den Verteidigungsminister mit einer Untersuchungskommission an die Küste entsandt, wo die Lage am schlimmsten sein soll. Das Büro von Mohamed Aden ist ein Ein-Mann-Krisenzentrum. Alles, was er in den vergangenen Jahren erreicht hat, steht in diesen Tagen wieder auf dem Spiel. Zeitgleich sind an der Grenze zur Nachbarprovinz Galmudug Kämpfe zwischen den Saleban und den Sa'ad ausgebrochen. Die Nomaden beginnen sich gegenseitig an den Brunnen zu massakrieren. 120 Menschen sind bereits gestorben, die Grenzstadt Galinsor ist zerstört. Mörser und Maschinengewehre haben im Ort tiefe Krater geschlagen.

Über das gesamte Territorium von Himan & Heeb droht die Dürre alte Konflikte aufbrechen zu lassen, sie öffnen sich wie Risse auf trockenem Schlamm. »Das Sterben beginnt in wenigen Tagen«, berichtet der Älteste eines Dorfes Präsident Aden. Der Älteste hat mit einer fünfköpfigen Delegation 400 Kilometer zurückgelegt, zu Fuß und auf einem Lkw, um die Regierung um Hilfe zu ersuchen. »Ich bin 65 Jahre alt und habe eine solche Dürre noch nicht erlebt.« Er vertritt 300 Menschen, die mit ihren Kamelen und Ziegen ihr Dorf verließen, auf der Suche nach Wasser einen Monat durch die Steppe zogen, bis sie in einem anderen Ort aufgenommen wurden. Was Brauch ist unter Nomaden.

»Unsere Ziegen und Kamele sind zu schwach, um weiterzugehen«, sagt er. Jetzt aber schwänden auch die Wasserreserven und Lebensmittel ihrer Gastgeber. Auch sie sind mit fünf Ältesten im Büro von Aden vertreten. »Ihnen geht es mittlerweile genauso schlecht wie uns.« Die Abgesandten beider Dörfer fürchten, dass Kämpfe ausbrechen, wenn die Dürre noch schlimmer wird.

Aden verspricht, ihnen auf Staatskosten vier Wassertrucks zu schicken und eine weitere Untersuchungskommission zu entsenden. Er weist die Ältesten der Flüchtlinge an, der Forderung ihrer Gastgeber nachzukommen und ihre Waffen vorläufig dem Polizeiposten in Adado zu übergeben. Mehr könne er nicht tun. Ihm fehlen die Mittel. Die Ältesten erzählen beim Gehen, dass ihr Dorf Lababaar heißt, »zwei Vogelschwingen« zu Deutsch, benannt nach dem großen alten Baum in der Ortsmitte, dessen Form an ein Flügelpaar erinnert. Vor wenigen Wochen ist er verdorrt.

»Was machst du, wenn du nicht schlafen kannst?«, fragt mich der Präsident. Er sitzt wieder alleine in seinem Büro, fährt sich über die Augen, starrt in sein MacBook, das Herz und Hirn seines Bundesstaates. Die innere Heimat des studierten IT-Managers, das Glück, das er für sich als 20-Jähriger im Asyl entdeckte. Nie wirkt er zufriedener als in den Momenten, in denen er die Software neu konfiguriert. Er trägt den Laptop stets mit sich, auf ihm speichert er Familienbilder genauso wie den Entwurf zum Staatshaushalt 2011. Darüber brütet er an diesem Nachmittag. Etwas spät, gibt er zu. »Ich wollte nach Nairobi zu einem Fortbildungskurs ›Wie erstelle ich einen Haushalt‹, musste das aber absagen.« Die Dürre, fügt er an. In zwei Tagen soll er den Entwurf im Parlament einreichen, um ihn sich genehmigen zu lassen.

Er kratzt an der nackten Fußsohle, während er mir den Computer über den Schreibtisch schiebt. Die Staatsverwaltung von Himan & Heeb mit 500 000 Bewohnern nimmt 500 000 Dollar ein. Das ist in etwa so viel, wie in Deutschland die Kleinstadt Reutlingen jährlich für die Ausbesserung von Schlaglöchern ausgibt. 34 800 Dollar kassiert Aden über Steuern. Der Rest sind Mieten, Lizenzen für den Betrieb von Geschäften und Spenden der Diaspora. 70 Prozent der Einnahmen verwendet er für Waffen und Milizionäre. »Wenn du nicht stark bist, erreichst du hier gar nichts«, sagt er. Die Bildung in seinem Staat hingegen kommt ihn billig, es gibt nur drei Schulen, und die sind von Privatleuten aus dem Ausland finanziert. »Wir hatten 20 Jahre lang keinen Unterricht«, klagt Aden. Mittlerweile gehen fünf Prozent der Kinder zur Schule. Auch das Gesundheitswesen belastet den Haushalt nicht. Es gibt in Himan & Heeb kein funktionierendes Krankenhaus.

Der Präsident tippt bis in den späten Abend Zahlenkolonnen in das iPhone. Er ist sein eigener Finanzminister, Buchhalter und Rechnungshof. Gelbe Durchschläge von Schecks bedecken den Tisch, Benzinquittungen, Lohnzettel, Ersatzteile für die Pick-ups, immer wieder verrechnet er sich, »Scheiße«, murmelt er von Zeit zu Zeit, die Sache ist kein Vergnügen.

Die Karte Somalias verändert sich ständig, alle paar Monate gibt sie sich ein anderes Gepräge. Doch in der Ursuppe von Chaos und Anarchie tauchen allmählich Umrisse von festeren Formationen auf. Im äußersten Norden hat sich Somaliland gegründet, eine halbwegs taugliche Demokratie, die sich vom Rest lösen will. Die Wirtschaft dort boomt, der Präsident wurde abgewählt und machte klaglos Platz für einen Nachfolger. Es schließt sich die Piratenhochburg Puntland an, weiter im Süden rief sich der Bundesstaat Galmudug aus, mit dem Clan der Sàad als Basis. Dessen südlicher Nachbar wiederum ist das Himan & Heeb des Saleban-Clans von Mohamed Aden. Es grenzt an die von der Miliz Ahlu Sunna Waljama'a kontrollierten Gebiete, auf groben Karten nur mit dem Kürzel »ASWJ« versehen. Die übrigen zwei Drittel Somalias hält die al-Shabaab, die beständig versucht, ihren Einfluss auszuweiten.

Alle diese Reiche verhalten sich zueinander wie Lavaschollen auf flüssigem Magma, sie krachen zusammen, drücken sich gegenseitig in die Tiefe. Jeder ringt mit jedem. Himan & Heeb hat in den drei Jahren seiner Existenz bereits zwei Invasionen erlebt. Die vielen kleinen Scharmützel der Nomaden nicht mitgerechnet. Diese sind zahlreich wie Blitze, die in Gewitternächten über die Steppe zucken.

Das Klingeln des Handys weckt mich in meiner bewachten Unterkunft, ich nehme ab, vernehme ein Zischen auf Somali. Es klingelt wieder, bald alle paar Minuten, stets dieselben zwei Nummern, schließlich höre ich einen einzigen Satz auf Englisch. »We will kill you.«

Ich reiche das Telefon meinem Übersetzer. Er redet mit den Anrufern, nickt ein paar Mal, legt auf, erklärt mir mit ausdruckslosem Gesicht: »Das war jemand von al-Shabaab. Sie sagen, sie wissen, wo du bist. Sie wissen, wo du schläfst.« Al-Shabaab, »die Jugend«, wie der Name der Bewegung übersetzt heißt, predigt den Dschihad, paktiert mit al-Qaida und versucht Gotteskrieger aus der ganzen Welt zu rekrutieren. Ihre Herrschaft ist die der streng ausgelegten Scharia, Musik ist verboten, Zigarettenrauchen, das Fußballspiel. Ehebruch wird mit Steinigung bestraft. Ich bin aus Sicht der al-Shabaab ein Ketzer, so wie jeder, der mit mir zusammenarbeitet.

Nach einer kurzen Pause erkundigt sich mein Übersetzer mit der technischen Neugierde eines Insektenforschers: »Und, fürchtest du dich jetzt?«

Im Büro des Präsidenten bricht dessen politischer Berater in brüllendes Lachen aus. »Ein Witz! Da erlaubt sich jemand einen Scherz.« Mohamed Aden lacht nicht. Er notiert sich die Nummern und schickt damit den Chef der Leibgarde zum Betreiber des lokalen Handynetzes. Telefonterror ist System im Kampf der al-Shabaab, die ein dichtes Spitzelnetz unterhält. Sie belagert auf diese Weise politische Gegner, zermürbt sie; mit dem bloßen Klingeln von Mobiltelefonen jagte al-Shabaab bereits Tausende aus dem Land. Nach Adado haben die Islamisten vor drei Monaten ein Killerkommando geschickt. Die vier Mann führten eine Namensliste mit sich, auf der angeblich auch Mohamed Aden stand. Sie erschossen vier Männer in ihren Häusern, darunter einen Parlamentarier. Die frisch aufgebaute Polizei stellte sie, tötete zwei, inhaftierte zwei andere, ließ sie dann frei, gegen den Willen ihres Präsidenten, wie Aden klagt, und übergab sie dem Mob auf der Straße. Der prügelte auf sie ein, bis sie starben.

»Häng hier nicht so rum!«, herrscht Aden vor dem Präsidentensitz einen jungen Milizionär an, als er mich in meine Unterkunft begleitet. »Dafür bezahle ich dich nicht!« – »Du bezahlst mich ja gar nicht! Das macht mein Kommandeur!«, gibt der Bewaffnete zurück. »Ein Wort von mir, und der gibt dir keinen Cent mehr!«, brüllt der Präsident mit dem Laptop unterm Arm. Ohne den Schutz der Älteren und der wichtigsten Piratenführer wäre auch Aden in Adado nicht lange sicher.

Als ich am nächsten Tag Klopapier brauche und einen der Leibwächter frage, ob er mir etwas besorgen könne, weist er in Richtung Präsidialamt. »Nein«, sage ich. Er besteht darauf, also muss ich wieder zum Staatsoberhaupt gehen, mit 15 Wächtern, um nach Klopapier zu fragen. Im State House zuckt der nicht mit der Wimper, steht von seinem Schreibtisch auf und führt mich in seinen Wohnraum hinter dem Büro. Ein Doppelbett, ein Sony-Flachbildschirm, zwei Reisekoffer daneben, die seine Kleider bergen. Er lässt die Koffer immer gepackt. Macht den Kleiderschrank auf, wo vier Dutzend Klorollen lagern und drückt mir eine davon in die Hand, bevor er das Telefonat mit dem Außenminister eines der Nachbarstaaten weiterführt. Es gibt in diesem Land einfach nichts, was nicht in den Zuständigkeitsbereich des Präsidenten fiele.

Der Bundesstaat Himan & Heeb ist mehr Idee als Fakt. Die wichtigsten Machthaber in diesem Ort bleiben unsichtbar. Ihnen weicht Mohamed Aden geflissentlich aus und meidet die Konfrontation, die er nicht überleben würde. »Du kannst nicht alles auf einmal machen«, sagt er in der Stadt, in der es so gut wie keine jungen Männer gibt, weil die meisten an die Küste gezogen sind. Dort liegen derzeit 44 Schiffe mit mehr als 700 Geiseln unterschiedlichster Nationen an der Kette. Die Seeräuberei ist eine der Haupterwerbsquellen der Gegend. 40 Prozent der Lösegelder, die internationale Versicherungen an somalische Freibeuter zahlen, so schätzt Aden, fänden ihre Bestimmung in der Steppe von Himan & Heeb. Das Kräfteverhältnis zwischen der offiziellen Verwaltung, die 250 Bewaffnete in Sold hält, und dem 10 000-köpfigen Piratentum ist jämmerlich ungleich. Die Auslösesummen stiegen ständig, klagt Aden. Sie seien pro Schiff von anderthalb Millionen Dollar vor zwei Jahren auf inzwischen sechs Millionen geklettert. »Ich habe gehört, dass die allein im November 32 Millionen bekommen haben.« Das Geld erdrücke ihn und raube der Verwaltung alle Autorität. Es weicht das Fundament des Staates auf, noch bevor es ausgehärtet ist.

Mein Übersetzer, der eigentlich Lehrer ist und eine ehrliche Haut, wie er betont, lauscht den Erzählungen der Piraten mit Hingabe. Er sitzt mit ihnen im Restaurant seines Bruders und nippt am Kaffee. »Eine anstrengende Arbeit«, sagt er mitfühlend. Die seien monatelang auf See und die meisten würden dabei niemals auch nur ein Schiff zu Gesicht bekommen. Jeder Zweite sterbe in den Booten, die Jungs seien unerfahren und könnten nicht schwimmen. Denn das hätten sie in der Steppe Adados, wo sie herkommen, nicht gelernt. Etliche, die er kennt, hätten Kollegen verloren, weil ihnen plötzlich die Außenbordmotoren ausgefallen seien. Ein 18-Jähriger habe ihm neulich bei einem Kaffee erzählt, dass er gesehen habe, wie ein kleines Holzboot an die Küste getrieben wurde. Fünf mumifizierte Leichen fanden sie darin. Verdurstet auf dem Meer, das ihnen zur Wüste wurde. »Wir essen unsere Kleidung«, erzählen ihm die jungen Piraten. »Wir essen unsere Schuhe.« Das alles nähmen die vielen in Kauf, weil es die wenigen gebe, die mit Seeraub ein Vermögen machten.

»Frauen«, flüstert mein Übersetzer. »Alkohol.« Adado ist für die Piraten die Ruhezone. Viele der neuen Häuser, über die sich der Präsident so freut, sind mit Lösegeldern gebaut. Das schönste Hotel im Ort, das bald eröffnet wird, Hotel Medina, ein Hauch von Dubai, ist das Investitionsprojekt einer Piratengruppe. Als Gäste werden Geschäftsleute und Handwerker, Drogenhändler und Waffenschieber erwartet. Munkelt man. Mitten im Ort bauen sie an einem Krankenhaus, die Grundmauern stehen schon, um zu beweisen, dass sie etwas für ihre Heimat tun. Doch seit einigen Wochen sind die Arbeiten eingestellt, ihnen scheint das Geld ausgegangen zu sein. Die Kranken der Stadt warten seither auf einen neuen Fang.

»Ich wurde auch schon von ihnen gefragt, ob ich für sie arbeiten will«, berichtet mir stolz mein Übersetzer. Einen Jahreskontrakt für 200 000 Dollar hätten sie ihm angeboten. Er habe zwischen Geiseln und Piraten übersetzen sollen. »Ich habe natürlich abgelehnt«, fügt er an. »Ich bin ein guter Mensch.« Er lacht, ich lache. Darauf wette ich mein Leben.

Der Präsident gesteht ein, dass der Frieden, den er mit seiner Vermittlung nach Adado brachte, auch den Piraten hilft. Auch sie wurden früher Opfer von Wegelagerern an Checkpoints und Nomadenüberfällen, weshalb sie selten die Küste verließen. Jetzt trauen sie sich wieder ins Landesinnere, in die Stadt zu ihren Familien. »Die Burschen«, sagt Aden, »sorgen hier für viele Probleme.« In den »Ferien«, der Sturmsaison, habe er die Polizei angewiesen, dreimal so viele Patrouillen zu fahren. Die Restaurants und Snack-Küchen Adados verwandelten sich in dieser Zeit zu Orten der Ausschweifung mit Schlägereien und Saufgelagen. Ungern redet er darüber, wie sehr die Stadt von den Geldern der Piraten lebt. Vermutlich stammt ein Großteil der Gelder, mit denen er seine Verwaltung finanziert, von ebenjenen Piraten.

Das Freibeuter-Gewerbe hat sich in den letzten Jahren stark professionalisiert. Es sind nicht mehr nur kleine Holzkähne, mit denen die Seeräuber ihre Beute jagen. Die wichtigsten Piratenkapitäne wurden zu Millionären und sind mittlerweile im Besitz größerer Frachter. Ihren Aktionsradius haben sie bis nach Indien erweitert. Sie verfügen über GPS, haben Verbindungsleute in Reedereien und Schiffsbehörden von Kenia bis Dubai. Nicht selten kennen sie vor ihren Beutezügen die Größe der Besatzung, die Art der Fracht und die genaue Route des Schiffes. Einige Piratengruppen haben sich zu Konsortien zusammengeschlossen und Banken gegründet, die Kredite zu niedrigen Zinsen vergeben. Könnte er seine Miliz um 800 Mann verstärken, verkündet Aden immer wieder, würde er den Kampf gegen die Seeräuberei aufnehmen. Er brauche, sagt er, nur einen Bruchteil der Summen, die EU und USA in die Patrouillen ihrer Kriegsschiffe vor der Küste investieren. Das Problem, sagt er, ließe sich nicht auf See lösen, nur an Land, in Himan & Heeb.

Die Weltgemeinschaft nimmt von den neuen Staaten Somalias nur wenig Notiz. Die USA und Europa sind auf die Unterstützung der Übergangsregierung in Mogadischu fixiert, von deren Reich nicht mehr als ein paar Häuserblöcke geblieben sind. So unterhält auch die deutsche Diplomatie noch nicht einmal informelle Kontakte zu Himan & Heeb. Auf die Frage, ob erwogen werde, Kontakte aufzunehmen, antwortet eine Sprecherin des Auswärtigen Amtes mit der dreimaligen Wiederholung der Aussage: »Die Bundesregierung unterstützt die territoriale Integrität des Landes«. Die nichts anderes mehr ist als eine Illusion.

Für den Tag der Friedensvermittlung, an dem sich Leben und Tod berühren, hat Mohamed Aden auf dem Hof des Regierungssitzes ein Drittel seiner Streitkräfte versammelt. Die Milizionäre werfen sich ihre Patronengurte über die Schultern, satteln Maschinengewehre auf. Die Friedenskommission der Saleban wird 40 Kilometer weit aus der Stadt fahren, um an der Grenze zum Staat Galmudug die Delegation der Sàad zu treffen. Nach vier Monaten und 120 Toten möchten sie den Scharmützelkrieg mit den nördlichen Nachbarn beenden. »Galmudug und wir verstehen uns bestens«, sagt Aden, »wir telefonieren jeden Tag. Aber die Nomaden hören nicht immer auf ihre Regierungen«. Heute ist das fünfte Treffen der Kontrahenten, bei einem ähnlichen vor Jahren erschossen die Sa'ad vier der Friedensschlichter.

Am Verhandlungsort ist das allen noch sehr in Erinnerung, eine Moschee im Niemandsland. Innen warten 50 Stammesführer auf Plastikmatten. Der Bau ist fensterlos, das Licht diffus. Ein Gesprächsmoderator eröffnet die Runde. »Ihr müsst eure Herzen öffnen.«

Es läuft von Beginn an nicht gut. Die Anspannung ist groß, es sind keine Waffen zu sehen, aber sie sind hier nie weit weg. Die Sa'ad beschweren sich über Vorfälle der letzten Tage. »Jemand hat einem unserer Kamele ins Bein geschossen!«, klagt ein Ältester mit Reibeisenstimme »Wir wissen nicht, wer euer Kamel verletzt hat«, verteidigt sich ein Saleban-Sprecher. »Wir haben ein Komitee gebildet, um die Sache zu untersuchen. Als wir die Leute zu euch schicken wollten, habt ihr auf sie geschossen.« In der Pause wird

Tee gereicht, einige schlafen. Die Führer beider Parteien nutzen die Zeit, um in einer kleineren Gruppe unter freiem Himmel die Besetzung einer gemeinsamen Untersuchungskommission zu beraten.

»Ich bin jetzt 65 Jahre alt«, sagt einer, als die große Beratung abermals beginnt, »und ich erinnere mich heute noch, welcher Clan vor 50 Jahren meinen Vater getötet hat.« »Wir müssen vergessen!«, rufen andere beschwichtigend. »Lügen, Lügen, ich höre hier immer nur Lügen!«, brüllt ein Alter dazwischen. Er stampft mit seinem Stock auf den Boden. Die professionellen Friedensschlichter, die Mohamed Aden extra gegen Bezahlung aus Mogadischu holte, stehen zwischendurch immer wieder auf und beruhigen. Doch die Menge wird immer aufgeregter, die Situation droht den Schlichtern zu entgleiten.

Die Milizionäre schlendern um die Moschee, kicken mit Felssteinen und warten auf den Ausgang des Schreiens. Das Treffen schwankt über viele Stunden zwischen Klagen und Gegenklagen, Dösen und Beten, Brüllen und Besänftigen. »Ich gebe zu, es stimmt, wir haben Geld bekommen, damit wir euch bekämpfen«, sagt am Nachmittag einer der Sàad. Der große Nachbar im Norden, Puntland, habe sie bezahlt, mit einer Million Dollar, damit sie gegen die Saleban kämpfen. Doch Puntland habe auch die Saleban bezahlt, um Zwietracht zu säen und beide Stämme zu schwächen. Die Saleban schweigen. Es wird noch komplizierter, als sich die Jalaf, ein Unterstamm der Sàad, aus der Verhandlungslinie ihres Clans lösen. Die Jalaf fordern ein Dorf zurück, das die Saleban im Zuge der Kämpfe besetzten. »Ich sehe euch in die Augen«, brüllt ein Saleban-Ältester, »und ich erkenne, dass ihr den Frieden nicht wollt.« Niemand hält es jetzt mehr auf den Matten, die Männer beider Seiten stehen sich streitend gegenüber, nervös schauen die Uniformierten in die Moschee.

»Brüder«, ruft ein Schlichter entsetzt, »ich habe Angst, dass heute wieder neue Kämpfe ausbrechen!«

Es brechen keine aus. Es werden noch mehr Kommissionen gebildet. Ein nächstes Treffen wird vereinbart. Die Sàad ziehen sich nach Galmudug zurück und wollen untereinander ihre Verhandlungslinie abklären.

Mohamed Aden hört den Bericht der Friedensschlichter abends in seinem Büro. »Es geht voran«, sagt er zu mir, »in zwei Monaten haben wir den Frieden.« Ich zweifele.

Am nächsten Tag empfängt er die Ältesten der Jalaf. Aden verspricht, dass er Druck auf seine Leute ausüben werde, das Dorf zu räumen, drückt herzlich die Hände und stopft den Minibus der Jalaf-Delegation mit Khat-Bündeln voll. Himan & Heeb hält sich für den täglichen Khat-Flieger aus Nairobi extra eine Landepiste. Das einzige Importgut, das der Staat in Massen bezieht: eine Droge.

Der Plan des Präsidenten ist die Wiedervereinigung aller Stämme, das Verschmelzen der Clan-Staaten zu einem großen Ganzen, um mit vereinten Kräften gegen die vorrückenden Islamisten der al-Shabaab vorzugehen. »Dann können wir sie schlagen«, ist er überzeugt. Er schreibt die Namen der Subclans auf ein Blatt Papier, macht ein Sternchen hinter denen, die ihm bereits bedeuteten, dass sie Himan & Heeb beitreten wollten.

Vielen in Adado sind seine Pläne zu größenwahnsinnig. Sie rätseln über Adens wirkliche Beweggründe. Ist er denn nicht nur ein Agent der CIA? Wollen die USA mit Adens Hilfe, der US-Bürger ist, das somalische Chaos besser kontrollieren? Oder sympathisiert er heimlich mit den al-Shabaab? Will er al-Shabaab denn überhaupt schlagen, fragen andere. Gehört sein Vizepräsident nicht zu ihnen? Warum können Al-Shabaab-Führer, die den Saleban angehören, Adado unbehelligt besuchen? In diesem Land steckt das Misstrauen wie in einem morschen Haus der Schwamm. Niemand glaubt, dass womöglich hinter den Plänen von Mohamed Aden nur der Ehrgeiz von Mohamed Aden steht.

Der Präsident hat seit seinem ersten Amtseid elf Kilo abgenommen. Im März will er zu einem lang aufgeschobenen Familienbesuch nach Minnesota fliegen. Die Kinder hat er in den letzten Sommerferien aus den USA nach Adado geholt, es gefiel ihnen nicht. Diese Hitze, keine Cheeseburger und dann der Durchfall. Er weiß nicht, ob sie ihn noch einmal besuchen wollen. »Ich mach das noch drei Jahre«, sagt Mohamed Aden, »dann muss diesen Job ein anderer machen.« Doch der Präsident hat große Mühe, überhaupt Mitarbeiter für seine Regierung zu gewinnen. Piraten zahlen besser, auch die Hilfsorganisationen.

Das Parlament gab ihm 30 Tage, sein Kabinett zusammenzustellen, er überschritt die Frist um 30 Tage. Zu viele sagten ihm ab. Für manche Posten hat er bei sechs Kandidaten vorgesprochen. Und als sie dann zu Ministern ernannt worden waren, kamen sie nicht. An diesem Morgen weist Aden den Kassierer an, dem Minister für Fischerei und Landwirtschaft für diesen Monat die Hälfte seines Gehalts abzuziehen. Er war seinem Amt vier Wochen lang unentschuldigt ferngeblieben.

»Es ist seltsam«, sagt Aden an diesem Morgen irgendwann. »Ich vermisse in Adado den Geruch von Schnee.«

Auch mein Übersetzer kommt morgens immer später, abgehetzt und mit Schweißperlen auf der Stirn. Er entschuldigt sich mit vielen Worten, er habe so viel zu tun. Dann kommt er gar nicht mehr.

Es heißt, er habe eine bessere Arbeit gefunden – irgendwo.

Ein Nachtrag. Es ist ein sehr unangenehmer Nachtrag.

Im Herbst 2013, zweieinhalb Jahre nach dieser Reportage, erhielt ich einen Anruf des belgischen Anwalts Thomas Gillis aus Gent. Er fragte mich, ob ich einen Mohamed Aden kenne.

Ich bejahte, worauf mir Gillis berichtete, dass er Aden vertre-
te und der einstige Präsident von Himan & Heeb in Brügge
im Gefängnis sitze. Aden brauche meine Hilfe.

Der Präsident der Piraten
II
Belgien, 2013

Der Mann, der einst Präsident des somalischen Bundesstaates Himan & Heeb war, den seine Untertanen mit »Exzellenz« ansprachen, sitzt an Tisch 24 des Besucherraumes im Gefängnis von Brügge. Mohamed Aden, 42, trägt die einheitliche Anstaltskleidung, ein weißes T-Shirt, ein blaues Hemd, eine braune Hose. Er wirkt fassungslos, auch noch nach sechs Wochen in Haft. So schnell ist alles gegangen, so jäh ist dieser Absturz. An den Nachbartischen reden verurteilte Diebe und Mörder mit ihren Frauen. »Es ist eine schwere Zeit für mich«, sagt Mohamed Aden. Seit Mitte Oktober befindet er sich in Belgiens größtem Knast in Untersuchungshaft. Er ist umgeben von fünf Zäunen, zwei hohen Mauern und einem breiten Wassergraben. Ihm drohen bis zu 45 Jahre Haft: 15 Jahre für die Kaperung eines Schiffes, 30 Jahre für mehrfache Geiselnahme. In diesem Gefängnis endet vorläufig eine außergewöhnliche Geschichte, in der die Grenzen von Gut und Böse verschwimmen.

Die Gefängniszelle in Brügge teilt er sich mit dem wichtigsten Piratenführer Somalias, Mohamed Abdi Hassan, genannt Afweyne, was auf Deutsch »Großmaul« heißt. Pirat und Präsident waren zusammen nach Belgien gereist. »Er redet und redet«, klagt Aden im Besucherraum. »Er hält mich die ganze Nacht wach.« Der frühere Fischer Mohamed Abdi Hassan hatte in Himan & Heeb aus der Seeräuberei eine respektable Industrie gemacht.

Er gilt als Oberhaupt des Hobyo-Harardhere-Piratennetzwerkes, einer der beiden die Küsten dominierenden Gruppen, in der bis zu 3000 Männer organisiert sein sollen. In den Jahren zwischen 2005 und 2012 sollen seine Kapitäne Dutzende Schiffe gekapert und viele Millionen Dollar Lösegelder erbeutet haben. Eine Allianz aus 40 Nationen, Nato und Europäischer Union, sogar China, lässt seitdem im Indischen Ozean ihre Flottillen patrouillieren, um Frachter vor Angriffen zu schützen. Hassans Netzwerk kostete den Welthandel auf diese Weise bisher sieben Milliarden Dollar. Im Jahr 2009 lud ihn der damalige libysche Machthaber Muammar al-Gaddafi ein und pries ihn als »nationalen Helden«. Hassan ist in Himan & Heeb der eigentliche Machthaber. Will Mohamed Aden, der nur über eine Streitmacht von 250 Mann verfügt, etwas verändern, muss er sich arrangieren. »Ich kann gegen sie nicht mit Waffen vorgehen«, sagte er damals. Er wolle an Land Jobs schaffen, die Wirtschaft ankurbeln, damit die Jungen Alternativen hätten. Zu den Feierlichkeiten zu Beginn von Adens zweiter Präsidentschaft 2011 hatte er auch den Piratenchef geladen.

Diese Koexistenz wurde Aden nun zum Verhängnis. Denn im Jahr 2009 hatten mutmaßlich Hassans Piraten den belgischen Frachter MS Pompei entführt. Nach 70 Tagen ließen sie gegen hohes Lösegeld das Boot wieder ziehen. Aber die belgischen Sonderermittler hefteten sich an die Fersen der Kidnapper. Sie verhafteten den zweiten Steuermann, der Hassan belastete, sie sammelten Spuren und Beweise. Und sie entwarfen einen schillernden wie fragwürdigen Plan: Die Ermittler tarnten sich als Journalisten und kontaktierten im April 2013 Mohamed Aden und baten ihn darum, den Kontakt zum Piratenführer herzustellen. Aden und Hassan sollten als Berater für einen Dokumentarfilm mitwirken. »I Was a Pirate. Rebuilding a Nation« sollte der Film heißen. In ihm wollten die Ermittler-Journalisten, so gaben sie vor, das bewegte Leben Hassans dokumentieren. Sie schmeichelten und lockten. Aden und Hassan wurde ein Honorar von

450000 Euro geboten. In Kooperation mit US-Geheimdiensten gründeten die Belgier zum Schein die Filmfirma Baiona Films und versahen sie mit einer Webseite. Hassan war zunächst skeptisch, ihm fiel auf, dass die Webseite über keine Referenzen verfügte, ließ sich aber auf Drängen von Mohamed Aden darauf ein. Gemeinsam bestiegen sie ein halbes Jahr später in Nairobi ein Flugzeug nach Brüssel, wo sie bereits am Flughafen verhaftet wurden. Die belgischen Behörden frohlockten: Zum ersten Mal sei es der internationalen Gemeinschaft gelungen, die Hintermänner der Seelagerei zu fassen.

Doch die Dinge in Somalia verhalten sich komplexer. Noch ist nicht klar, ob die Festnahme der beiden einer der größten Erfolge gegen das Piraten-Unwesen ist oder der größte Fehler im Kampf dagegen. Das Geschäft mit der Seeräuberei verlief zuletzt miserabel. Konnten Freibeuter 2010 noch 49 Schiffe kapern, waren es im Jahr darauf nur noch 28, im Jahr 2012 enterten sie nur noch 14. Zu Land wie zu Wasser stoßen die Piraten auf immer größere Probleme. Die Frachter auf hoher See haben sich immer besser geschützt, die Kriegsschiffe der Weltgemeinschaft schrecken die Kaperboote ab. Die kenianische Armee intervenierte in Südsomalia und nahm die wichtigsten Häfen ein. Unter Druck der Weltgemeinschaft legte zudem der somalische Präsident ein Piraten-Rehabilitierungsprogramm auf – mit Mohamed Aden und Mohamed Abdi Hassan an der Spitze.

Eine im April veröffentlichte Studie der Weltbank lobt die ersten Erfolge der Regierung. Sie konnte mehrere Piratengruppen entwaffnen, nachdem sie ihnen Straffreiheit zugesichert hatte. Allein auf dem Territorium von Mohamed Aden schwörten knapp 1000 Piraten der Seebeuterei ab. Mit Unterstützung der UN richtete Aden Demobilisierungscamps ein. Auch Hassan leistete öffentlich Abbitte, forderte seine Mannschaften auf, ihre Boote zu verlassen. Zur Belohnung ernannte der somalische Präsident Mohamed Aden zum Leiter der Anti-Piraten-Agentur in Somalia und Hassan zum zuständigen Programmbeauftragten in Zentralsomalia. Wie ernst Hassan es meint, ist unklar. Offenbar übergab er das Kapergeschäft seinem Sohn und wollte sich nun darauf beschränken, das mit Lösegeldern erworbene Firmenimperium zu verwalten. Hassan ist mittlerweile einer der bedeutendsten Geschäftsleute Somalias, dem unter anderem zwei Fluglinien und eine Ölgesellschaft gehören. Ist das alles nur Maskenspiel, oder haben die belgischen Ermittler mit Aden und Hassan tatsächlich zwei der wenigen Menschen verhaftet, die in der Lage wären, das Übel der Piraterie zu beenden?

Mit Polizeimethoden und Kriegsschiffen allein ließe sich das Piratenproblem im Indischen Ozean nicht lösen, mahnt die Weltbank. Man müsse die Stämme auf seine Seite bringen, deren Clanführer, ein Wirtschaftsprogramm für Zentralsomalia entwickeln, ihnen so zeigen, dass sie weitaus mehr von einer Zusammenarbeit als von einer Konfrontation profitierten. Nur so ließe sich dauerhaft der Piraterie der Nährboden entziehen.

Den Ermittlungsakten zufolge steht die Anklage gegen Aden auf äußerst wackeligen Beinen. Gegenüber den als Journalisten getarnten Polizisten soll er gesagt haben, dass er Piraten in Himan & Heeb mit Satellitentelefonen ausgestattet habe. Er bestreitet dies. Und mehr liegt gegen ihn offenbar nicht vor. Der belgische Journalistenverband hat gegen das Vorgehen protestiert. Wenn Ermittler und Geheimdienstmitarbeiter als Reporter aufträten, gefährde dies tatsächliche Reporter, die in Somalia arbeiteten. »Der nächste Journalist, der entführt wird, geht auf das Konto der belgischen Staatsanwaltschaft«, sagt Aden in seinem Gefängnis.

Er hofft, dass ihn sein Diplomatenpass retten wird. Vor wenigen Tagen hat die Regierung in Mogadischu Adens Status noch einmal schriftlich bestätigt. Mit der Freilassung hörten für ihn die Probleme aber nicht auf, sie fingen dann erst an. »Ich bin in Adado nicht mehr sicher«, sagt Aden. »Die Männer Hassans glauben, dass ich ihn ausgeliefert habe und hier nur zum Schein im Knast sitze.« Er werde deshalb auch nach seiner Entlassung in Belgien bleiben, um für Hassans Freiheit zu kämpfen.

Der Pirat und sein Präsident. Sie haben so gut wie keine Wahl. Sie bleiben einander verbunden.

Himan & Heeb, Somalia, 2011. Foto: Stanislav Krupar.

Warum Kapitän Ibrahim nie wieder aufs Meer fahren will
Somalia, Kenia und Pakistan, 2011

Das Lachen bricht aus ihnen hervor, es platzt aus der Kruste ihrer verhärmten Gesichter. Die zehn Männer von Kapitän Ibrahim Qasim stehen am Rand einer Flugpiste in der Mitte der somalischen Steppe, in einer langen Reihe, bisher schwiegen sie, misstrauisch, in sich gekehrt, aber nun scheinen sie allmählich zu begreifen. Die Männer wenden sich einander zu, mit geweiteten Augen, und plötzlich beginnen sie zu lachen. Zu ihren Füßen steht das wenige Gepäck, in zugeknoteten Plastiktüten. Viele können sich nur mit großen Schmerzen auf den Beinen halten, treten von einem Fuß auf den anderen, doch sie lachen und lachen. Es ist der 29. November 2011. Der Tag, an dem sie zurückerhalten, was sie längst verloren glaubten. Das Leben.

»Ich entschuldige mich«, sagt ein Mann, der vor ihnen steht, mit ausgebreiteten Armen. Die Handflächen hält er in Richtung der glühenden Sonne. Er ist der Parlamentspräsident des zentralsomalischen Bundesstaates Himan & Heeb. »Im Namen meines Landes bitte ich um Vergebung für alles, was euch angetan wurde.« Eine kleine Gruppe örtlicher Würdenträger umringt den Redner.

Über der Steppe verliert sich der Applaus, der Vertreter des lokalen Radiosenders hält ihm das Mikrofon unters Kinn. Ibrahim und seine Männer verstehen ihn nicht. Nur wenige Worte seiner Sprache haben sie in den letzten zehn Monaten gelernt. Sie sind die Besatzung des Fischerbootes Al Imran aus dem pakistanischen Küstenort Piskhan. Neun Monate zuvor, im Februar 2011, kaperten somalische Piraten ihr

Schiff und nahmen sie als Geiseln, um Lösegeld zu erpressen. Ihre Familien daheim sind seit Monaten ohne jede Nachricht. »Es war die dunkelste Zeit meines Lebens«, wird Ibrahim später sagen. »Ich werde nie wieder derselbe sein. Es ist ein Fluch. Ich kämpfe jeden Tag dagegen an, wahnsinnig zu werden.«

Die Geschichte, die hier endet, am Rand der Landepiste von Adado, der staubigen Hauptstadt von Himan & Heeb, hat viele Anfänge. Sie beginnt an der pakistanischen Küste, wo die Al Imran mit Hoffnung auf reichen Fang in See sticht, es ist der dritte Tag im Januar. Das Boot misst von Bug bis Heck 14 Meter, die Aufbauten sind breit und flach. Geduckt wie eine Schildkröte zieht es über das Meer. Für fünf Wochen haben sie Treibstoff und Lebensmittel an Bord.

Ungefähr zeitgleich entschließen sich 17 Männer, 3400 Kilometer von Pakistan entfernt, ein Schiff an der somalischen Küste zu besteigen. Ihr Kapitän heißt Ali Jacket. Dieser Anfang liegt im Verborgenen.

Für mich, den Reporter, ist der Beginn ein regengrauer Nachmittag im Büro, Reutlingen, Baden-Württemberg. Ich erhalte Mitte November 2010 eine seltsame Nachricht. »Can you help?«, steht auf dem Computerschirm, ich habe Facebook geöffnet. Aus Adado schreibt mir mein alter Bekannter Abdisalam Osman. Er hatte früher für mich als Übersetzer gearbeitet. »Bei mir im Haus leben elf befreite Geiseln aus Pakistan, und ich weiß nicht, was tun.« Allein kämen sie aus der somalischen Provinz nicht weg. Er bittet mich, die pakistanischen Behörden zu informieren und die Familien der Entführten. Ratlos blicke ich auf den Computerschirm, wo der Cursor blinkt.

»Ein Scherz?«, frage ich Osman kurz darauf am Telefon. »Eine Falle?«, fragt die Redaktion. Ich bitte eine pakistanische Freundin, in Somalia anzurufen. Osman lässt sie mit den Geiseln sprechen. Sie ist sich sicher: »Kein Scherz.« Sie schickt mir Namen und Herkunftshafen des Boots. Die pakistanische Botschaft in Nairobi, der Hauptstadt Kenias, zuständig für das Nachbarland Somalia, erreiche ich lange nicht. Nach vielen Versuchen endlich eine Stimme in der Leitung. »Geiseln«, sage ich der Botschaftssekretärin, die nur silbenweise zu verstehen ist. »Stromausfall«, antwortet sie, es krächzt, es sirrt, und dann legt sie auf.

Die Fischer wissen um die Gefahren vor Somalia, aber regelmäßig nehmen sie Kurs dorthin, einzeln und in kleinen Gruppen. »Wenn du Geld machen willst, bleibt dir keine Wahl«, sagt Kapitän Ibrahim. Das Gebiet am Horn von Afrika ist so fischreich wie kein anderes im Indischen Ozean. Doch nirgendwo auf den Weltmeeren werden mehr Schiffe überfallen als hier. Die ersten Piraten Somalias sollen selber Fischer gewesen sein, die mit Motorbooten ihre Opfer attackierten, aber relativ selten Erfolg dabei hatten. Inzwischen gibt es eine Armada an Kaperschiffen. Bis vor die Küsten Indiens und des Iran durchpflügen sie das Meer. Für ganze Regionen Somalias sind diese Raubzüge eine der Haupteinnahmequellen. Die Industriestaaten, auch Deutschland, haben zum Schutz ihrer Handelsflotten Kriegsschiffe ausgeschickt.

Der Erfolg der Freibeuter ist jedoch ungemindert. Die Durchschnittshöhe der Lösegelder stieg von 150000 Dollar pro Schiff im Jahr 2005 auf heute 5,4 Millionen. Im vergangenen Jahr, 2010, erpressten sie für 27 Boote 138 Millionen Dollar. Die meisten ihrer Opfer kommen nicht aus den westlichen Industriestaaten, für die sich die Medien interessieren. Es sind Seeleute aus Dörfern in Indien, auf den Philippinen oder, wie im Fall Kapitän Ibrahims, in Pakistan. Sie schreiben keine Bücher und treten nicht in Talkshows auf. Ihr Schicksal bleibt meist unerzählt.

Der Tag, an den er so oft zurückdenken wird, der Tag ihrer Abfahrt, liegt in dichtem Nebel. Die Männer an Bord haben Wolldecken um sich geschlungen. »Es war ein kalter Morgen«, erinnert sich Kapitän Ibrahim, 34 Jahre, der älter wirkt, dem sich auf dem Kopf die letzten Haare kräuseln, in der Hüfte schon etwas füllig, ein Schalk, der die meisten Scherze über sich selber macht. Ibrahim ist der Erste seiner Familie, der das Kapitänspatent schaffte. Die Al Imran gehört seinem Onkel und wurde nach Plänen von Ibrahim gebaut. Sie lief vor drei Jahren vom Stapel, er gab ihr den Namen seines Sohnes, es ist jetzt ihr siebter Fischzug.

In den Tagen vor der großen Fahrt hat Ibrahim für die elfköpfige Besatzung 80 Kilo Zwiebeln geladen, 40 Kilo Kartoffeln, 600 Kilo Mehl, 200 Kilo Reis, Gemüse, Gewürze, Linsen, Tee, zwei Pakete Streichhölzer, Seife und Shampoo und 100 200-Liter-Tonnen Diesel. Vorräte für vier Wochen. Die Al Imran ist eines der größten Schiffe in Piskhan, einer kleinen Hafenstadt mit 20 000 Einwohnern, sieben Moscheen und vier Teestuben. Der Ort liegt in der Provinz Belutschistan, knapp vor der Grenze zum Iran.

Er liegt in Ruinen, als sie ihn Richtung Somalia verlassen, die meisten Häuser wurden vor drei Jahren von einer Regenflut zerstört. Noch immer leben viele Familien unter Plastikplanen. Es gibt in Piskhan keinen befestigten Hafen, aber eine der mächtigsten Fischereiflotten Pakistans. Weit vor dem grauen Strand liegen sie draußen in der Bucht. Ibrahim lässt die Taue lösen, er sieht, wie ihm von einem Ruderboot aus sein Onkel zuwinkt, auf dessen Schoß der fünfjährige Sohn von Ibrahim. Dann sieht er nur noch Nebel.

Ich habe den Schreibtisch in Deutschland mittlerweile verlassen und bin mit dem Fotografen Stanislav Krupar nach Nairobi geflogen. Wir wollen die Rückreise der Geiseln von Somalia nach Pakistan begleiten. Allerdings hat es die pakistanische Botschaft in Kenia mit ihrer Rettung nicht eilig. Es gibt hier keinen Krisenstab, nur mäßig interessierte Beamte, die für ihre Landsleute kaum Zeit aufbringen können, weil sie an angeblich dringlicheren UN-Sitzungen teilnehmen müssen. Für einen Flug nach Zentralsomalia fehle es ihnen zudem an Mitteln. »Wir haben dafür kein Budget«, sagt der pakistanische Chefdiplomat ratlos. Der Fotograf und ich ziehen nach einigen Tagen in ein gemeinsames Hotelzimmer, wir müssen der *Zeit* Spesen sparen, und stellen uns auf langes Warten ein.

Die Fahrt der Al Imran führt Ibrahims Männer in gutes Wetter, sanfte See, 30-mal werfen sie das Netz aus, 30-mal holen sie es wieder ein. Die Besatzung besteht im Kern aus Männern, die sich seit Jahren kennen. Der stille Chefmechaniker Bakijm, mit 40 einer der Ältesten. Saleh, 30, der Schiffskoch, der seine Witze mindestens so scharf würzt wie das Essen. Diese Redewendung über den Koch stammt von Kapitän Ibrahim, der sie immer wieder gern kundtut. Yunis, 27, der den ganzen Tag mit Handschuhen und Stiefeln im Kühllager steht. Der Jüngste, Tahir, 25, hat sich vor der Abfahrt gerade verlobt. Er ist beim Einholen des Netzes der Schnellste. Jeder der elf hat seine Aufgabe, etwas, in dem er sich vor allen anderen auszeichnet. Nur Mohamad nicht, der Älteste, 60 ist er schon, der Einzige, der lesen und schreiben kann; dies ist seine erste Fahrt. »Der ist keine große Hilfe«, sagt Ibrahim. »Seine Familie ist arm. Ich habe ihn aus Mitleid mitgenommen.«

Nach vier Wochen hat die Al Imran 18 Tonnen Fisch gebunkert, so viel wie das Lager aufnehmen kann, sie sind bereits auf dem Rückweg. In sechs Tagen, rechnet Ibrahim, werden sie, bei günstigem Wetter, wieder in der Heimat sein.

Die Nervenenden der Entführungsindustrie laufen in Nairobi zusammen, der Stadt, in der somalische Piraten ihre prachtvollen Villen bauen und Sicherheitsberater große Büros eröffnen. Abends sitzen sie in denselben eleganten Cafés. Ich treffe Ahmed Farah im Savanna. Farah ist in dieser Geschichte der Wendepunkt. Ein eleganter, in teuren Anzügen gekleideter Mann. Der 32-Jährige koordiniert in Ostafrika die Geschäfte von Tacforce, einer Firma, die selten das Rampenlicht sucht. Auf ihrer Lohnliste stehen 2000 Bewaffnete. Sie geht dorthin, wo es anderen zu riskant ist, in den Irak, nach Sudan, nach Somalia. Eine Privatarmee, die Unternehmen für ihre Zwecke mieten können. Weil Farah aus dem somalischen Adado stammt, der Hauptstadt von Himan & Heeb, bietet er seine Hilfe an. Farahs Chef, ein Australier, der in Dubai sitzt, willigt ein, den Rettungsflug zu finanzieren. Eine Werbemaßnahme gewissermaßen. Die Geiseln im Haus meines Übersetzers sind längst nicht in Sicherheit. Sie sind frei, aber die Verwaltung des somalischen Bundesstaats Himan & Heeb ist zu schwach, sie dauerhaft zu schützen. Sie traut kaum ihren eigenen Polizisten. Mit jedem Tag steigt die Gefahr, dass die Pakistaner abermals entführt werden.

Der Koch Saleh entdeckt die Piraten als Erster, als er zufällig über die Reling hinaus auf die See schaut. Ibrahim schläft in der Kapitänskajüte, der Rest der Mannschaft sitzt unter Deck. Das Kielwasser eines Motorbootes spritzt am Horizont auf, es hält direkt auf die Al Imran zu. Einer der Fischer, Hanif, der später nie wieder richtig laufen können wird, rennt ins Führerhaus, schaltet die Maschine auf Vollgas, acht Meilen die Stunde schafft sie, doch das ist nicht genug. Keine fünf Minuten dauert die Jagd, dann stellt Ibrahim den Motor ab. Zum ersten Mal sieht er jetzt Ali Jacket, Vollbart, Glatze, untersetzt, er trägt ein Poloshirt. Er springt an Bord und ist als einziger Pirat unbewaffnet.

In dem einsetzenden Gebrüll und Geschrei lächelt Ali Jacket. »Dieses verrückte Lächeln«, erinnert sich Ibrahim. Sorgfältig inspiziert Ali Jacket sein neues Schiff. Die Piraten nennen ihren Anführer so, weil er teure Lederjacken liebt. Er logiert fortan in Ibrahims Kapitänskajüte. Die Mannschaft wird unter Deck getrieben, durchsucht, ihr Besitz wird durchwühlt. Es ist der 2. Februar. Daran kann sich Mohamad, der Älteste, genau erinnern. Bevor die Piraten ihm die Armbanduhr abnehmen, sieht er noch einmal auf das Zifferblatt. »Mit der Uhr«, sagt er, »haben sie mir die Zeit gestohlen.« Bald darauf beginnen Wochen und Monate für ihn zu verschmelzen.

In Nairobi geht es mit den Vorbereitungen für den Rettungsflug nicht voran, quälend lange Tage, ich treffe Ahmed Farah ein weiteres Mal im Savanna. »Wir brauchen einen neuen Plan«, sagt er. Ratlos sitzt Farah auf der Kunstledercouch. »Wir müssen neu nachdenken.« Soeben hat ihm die letzte Chartergesellschaft abgesagt. In der ganzen Stadt findet sich keine, die den Auftrag annehmen will. Der Krieg brandet dieser Tage in Somalia neu auf. Die kenianische Luftwaffe fliegt Angriffe. Heftige Kämpfe gegen die Islamisten von al-Shabaab. Truppen aus Äthiopien sind auf dem Weg nach Adado. Es ist noch unklar, was ihr Vorstoß für die Geiseln bedeutet. Von der pakistanischen Botschaft kommt keine Hilfe. Sie hat noch nicht einmal die Pässe fertig. »Ich rufe dich an, wenn ich Neues weiß«, sagt Ahmed und erhebt sich. Draußen vor dem Café geht ein Gewitterregen nieder. Mittlerweile sind seit unserer Ankunft in Nairobi fast zwei Wochen vergangen. Tagsüber vertreiben wir uns die Zeit mit Spielfilmen vom Schwarzmarkt.

»Wo bleibt ihr?«, mailt mir Osman aus Adado an diesem Abend. Es sind drei Wochen seit seiner ersten Nachricht vergangen. »Warum seid ihr noch nicht da?«

Das Schiff wird den elf Fischern zum Sarg. Sie werden unter Deck gesperrt, in das Loch, in dem sonst das Netz gelagert wird. Die Kammer misst zwei Meter mal anderthalb Meter. Tageslicht sehen sie nur durch eine schmale Deckenöffnung. Die Wände sind feucht und mit Exkrementen beschmiert. Raus dürfen die Geiseln nur zum Toilettengang, für wenige Minuten, und nur einzeln. Doch sie schaffen es nicht immer rechtzeitig nach oben. Die Männer werden von Durchfall geplagt. Das Trinkwasser, das sie bekommen, ist brackig und verdreckt. Es gibt nur Reis, etwas Zwiebeln und am Tag zwei bis drei Kartoffeln für alle. Abwechselnd versuchen sie, aufrecht zu stehen, nachts schlafen sie in Schichten, stapeln Füße auf Köpfe und Köpfe auf Füße. Wenn sie miteinander sprechen, brüllen ihre Bewacher in die Kammer hinunter. Ali Jacket, der den Geiseln nie in die Augen guckt, steuert die Al Imran fünf Tage lang zur somalischen Küste. Er nähert sich ihr bis in Sichtweite, dann ankert er.

Als Ibrahim das erste Mal wieder auf das Deck treten darf, sieht er um die Al Imran mehr als ein Dutzend Tanker und Frachter. »Die Piraten«, sagt Ibrahim, »sind wie Spinnen. Ihr Netz ist das Meer.« Der Ort, zu dem die Fischer gebracht wurden, ist ihre Vorratskammer. Hier verdauen sie langsam ihre Opfer.

Eine Dornier 228 der Freedom Airline Express steht in Nairobi startbereit auf dem Rollfeld. Der 29. November, sechs Uhr früh. Am Vortag ist es Farah gelungen, den Direktor der Fluggesellschaft doch zu überzeugen. Farah zahlte in bar. Aber jetzt, als wir eingestiegen sind, die kenianischen Behörden alle Genehmigungen für den Sonderflug erteilt haben, das Militär, der Geheimdienst, die zivile Luftfahrtbehörde, weigert sich der Pilot zu fliegen. »Geiseln?«, fragt er. »Wir sollen von dort Geiseln abholen?«

Er steigt aus und läuft davon. Sein Chef hatte ihn über den Zweck der Mission im Unklaren gelassen. Nur der Flugschüler bleibt in der Maschine zurück, ich, Kollege Krupar sowie eine Vertreterin der Himan & Heeb-Regierung in Nairobi. Wenn sie nicht schläft, tippt sie in ihr Handy. Sie ist die Garantie, dass nicht auch wir entführt werden. Im führerlosen Flugzeug warten wir zwei Stunden. Dann kehrt der Pilot ins Cockpit zurück, wortlos, verstimmt, er hat sich dem Willen seines Chefs gebeugt. Wir heben ab.

In der Luft, nach einer Weile, erklärt sich der Pilot dann doch noch. Der 59-Jährige fliegt häufig nach Somalia, er kennt jede Piste, selten transportiert er Passagiere, meistens Drogen. Beim letzten Versuch, angeblich freigelassene Geiseln aus Zentralsomalia auszufliegen, im Bundesstaat Galmudug, erzählt der Pilot, habe man ihn für eine Woche gleich mit entführt. »Ruppige Leute«, sagt er.

Die Geschichte der Fahrt der Al Imran ist eine, in der alle Pläne scheitern, in der es keine Gewinner gibt, nur Verlierer. Der Fisch verrottet nach zwei Monaten im Kühllager, als alles Eis abgeschmolzen ist. Die Piraten haben sich mit ihrer Beute ebenfalls verkalkuliert. Ali Jacket erlaubt Ibrahim ein einziges Mal, seine Familie in Piskhan anzurufen. Er reicht ihm ein Satellitentelefon. Ibrahim spricht mit seinem Onkel, dem die Al Imran gehört, sagt ihm, dass sie in der Hand von Piraten seien und diese 300 000 Dollar forderten. Diese Summe haben die Familien der Fischer nicht.

Die meisten in Piskhan sind ärmer als die Entführer. In ihrem Verlies leiden die Männer immer mehr unter Muskelschwund, die Gelenke schmerzen. Das Sitzen schnürt die Durchblutung ab. Sie schreien zum Deck hinauf, wenn die Pein in den Beinen zu groß wird. Krämpfe plagen sie. Ali Jacket lässt sie dann manchmal hinauf auf Deck. Zwei, drei Runden dürfen sie ums Steuerhaus spazieren, fünf Minuten an der Luft vielleicht, danach müssen sie wieder in das Loch. Das Leben, das jetzt ohne sie gelebt wird, zieht an ihnen vorbei, im Schlafen wie im Wachen. Im Zwielicht des Verlieses sieht Saleh, der Schiffskoch, das Kind, das ihm einen Monat nach seiner Entführung geboren wurde. »Ich werde nicht erfahren, welchen Namen es bekommen hat.« Yunis, 27, der Kühllagerist, träumt den immer gleichen Traum. Er sitzt auf einem Motorrad und flüchtet. »Ich gebe Gas, ich fahre schneller und noch schneller, aber ich komme nicht von der Stelle.« Kapitän Ibrahim sorgt sich darüber, wovon die Familie in seiner Abwesenheit lebt. Alles Ersparte hat sein Onkel in die Al Imran investiert. »Wir sind hochverschuldet. Wir haben fast unser ganzes Land für dieses Schiff verkauft.« Die Männer beschließen, die Piraten zu töten. Es sind meist nur fünf, die sie bewachen.

Doch wie tötet man einen Menschen? Wie bringt man jemanden um?

Saleh, dem die Piraten erlauben, Wasser zu holen, schlägt vor, dass zwei von ihnen gleichzeitig zur Toilette gehen. Zusammen würden sie ihre Bewacher überwältigen, die beste Chance, sagt er, die einzige. Es kommt nicht so weit. Die Seeräuber lassen nie zwei zugleich nach oben.

An der Küste Somalias, wo die gekaperten Schiffe liegen, wird das Leid ständig neu geordnet. Fast lautlos vollzieht sich der Wechsel von Schiffen. Solchen, die gehen, und solchen, die kommen. Die Fischer der Al Imran sind Zaungäste einer Millionenindustrie. Ihr kleines Boot ist umgeben von Frachtern aller Flaggen. Die Piraten haben sie im Abstand von mehreren hundert Metern zueinander geparkt, verkehren mit Motorbooten zwischen ihnen. Fern am Strand funkelt der Lack der Jeeps, mit denen Nahrungsmittel und Diesel herangebracht werden. Ibrahim zählt in den zehn Monaten seiner Gefangenschaft sieben neu ankommende Boote, kurz zuvor gekapert. Sieben Schiffe verlassen den Ankerplatz der Seeräuber. »Meistens wurden wir vorher von Flugzeugen überflogen«, erzählt Ibrahim. Die Maschinen werfen Geldkoffer ab, befestigt an zwei, drei orangefarbenen Ballons. Motorboote eilen zur Abwurfstelle, sammeln sie vom Wasser, kehren noch einmal zurück zum gekaperten Schiff, verlassen es dann.

Einmal, erinnert sich Mohamad, der Älteste, zahlte ein Schiffseigner offenbar nicht genug. Er durfte die Crew von einem anderen Boot abholen lassen, den Frachter aber ließen die Piraten an die Küste treiben. Mit dem Bug voraus rammte er nach wenigen Stunden am Strand auf Grund.

Noch immer haben die Fischer die Hoffnung zu überleben. »Solange es das Schiff gibt, sind wir für die von Wert«, glaubt Ibrahim. »Die brauchen die Al Imran, um andere Schiffe zu überfallen.« Diese Hoffnung stirbt mit dem Tag, an dem die Al Imran sinkt.

Der Flug von Nairobi nach Somalia führt durch zwei hauchdünne Wolkendecken. Das Licht in der Kabine schlägt von hell auf dunkel und wieder auf hell. Für jede der Geiseln haben die Konsularbeamten der pakistanischen Botschaft eine kleine Flasche Mineralwasser gekauft. In einer Plastiktüte stehen sie zwischen den Sitzen. Nach einer Stunde überlässt der Pilot dem Flugschüler das Steuer. Er setzt sich in die Kabine und liest die *Daily Nation*. Unbewegt gleitet sein Blick über Schlagzeilen, die von der Hungersnot in Nordkenia zu einem Verkehrsunfall in Südkenia wechseln, von Wahlbetrug zu Cholesterinproblemen. Kurz vor dem Ziel übernimmt er wieder. Unter der Dornier erstreckt sich eine endlose hellrote Ebene, ein Land, das aussieht wie die Oberfläche des Mars oder: frisch verbrannte Haut.

Der Untergang des Schiffes vollzieht sich in Minuten, Wasser schießt in den Rumpf. Ihre Bewacher helfen ihnen aus dem Verlies, es gibt einige, die ihre Beine nicht mehr richtig bewegen können. Einzeln müssen sie eine Leiter aus Seilschlaufen erklettern. Sie stützen sich gegenseitig. Ibrahim hatte die Seeräuber oft davor gewarnt, dass das Schiff eine frische Abdichtung brauche. Sie haben nicht auf ihn gehört. Jetzt sieht er seinen Lebenstraum im Meer verschwinden. Jetzt schwimmen sie alle, klammern sich in Gruppen an große gelbe Dieselkanister.

Es ist Mitternacht, der Mast der Al Imran ist schon seit zwei Stunden versunken, als Piraten auf Motorbooten sie endlich aus dem Wasser ziehen. »Es war so knapp«, sagt Ibrahim über diese Nacht. Der Abstand zur Küste ist zu weit, um hinüberzuschwimmen. Die nach zehn Monaten Haft Entkräfteten hätten sich allein nicht mehr retten können. Die Schiffbrüchigen werden auf einen gekaperten Frachter aus den Vereinigten Arabischen Emiraten gebracht. »Der war innen völlig ausgebrannt«, erinnert sich Yunis. Ein Feuer hatte irgendwann zuvor an Bord gewütet und alles verkohlt. Der stumme Schauplatz eines anderen Dramas.

Durch die Luken im Oberdeck sieht Yunis in die Innenräume, in denen sich Menschen bewegen. Dort haust die Besatzung des Schiffes, auch sie Gefangene, Syrer, wie ihnen die Piraten sagen. Den beiden Geiselgruppen wird verboten, miteinander Kontakt aufzunehmen. Die Fischer kennen den Namen des Bootes nicht. Ihren Beschreibungen zufolge ist es vermutlich die MV Orna, 19 Mann Besatzung, die mit 26000 Tonnen Kohle von Südafrika nach Indien unterwegs war. Sie wurde im Dezember 2010 nahe den Seychellen entführt. Einige Monate lang hatten die Entführer den Frachter als Mutterschiff genutzt und von ihm aus Angriffe unternommen. Bis heute ist die MV Orna in ihrer Hand, Teile der Besatzung, wie es von der Reederei heißt, sind mittlerweile ernsthaft erkrankt.

Die Fischer bleiben nur eine Nacht. Am nächsten Morgen werden sie mit zwei Motorbooten an den Strand gebracht. »Es gab da nichts«, sagt Ibrahim. »Nur ein paar Fischerhütten.« Zum ersten Mal haben sie wieder festen Boden unter den Füßen.

Wie Strandgut, für das niemand Verwendung hat, setzen die Piraten sie im Nirgendwo aus. Ohne jede Erklärung. Sie entledigen sich ihres Verlustgeschäftes. Wortlos fahren sie in ihren Motorbooten davon. Ihre Peiniger sehen die Fischer nie wieder. Nun bewacht sie niemand mehr. Doch der Strand, an den sie die Piraten gebracht haben, ist nur ein weiterer Kerker. Der bisher schlimmste. Der, so denkt Ibrahim damals, wahrscheinlich letzte. Ringsherum nur Wüste, kein Dorf. In vier Kilometer Entfernung ein Brunnen mit salzigem Wasser. Einzig zehn somalische Fischer leben in der Gegend. Sie geben etwas Reis. »Wir glaubten«, sagt Mohamad, »wir verrotten an diesem Ort.« Die Männer hocken am Strand, gehen sich aus dem Weg, reden wenig miteinander. »Was hätten wir reden sollen?«, fragt Ibrahim. »Es war doch schon alles gesagt.« Er sieht keine Chance, mit dem Leben davonzukommen.

Das Schiff, das sie herbrachte, existiert nicht mehr. Die Wüste hinter dem Strand scheint undurchdringlich. Nach neun Monaten Gefangenschaft geht ihm die Kraft aus zu hoffen. Das ist es, sagt er sich. Dieser Ort. Das Ende.

Die Gummiräder der Dornier rollen langsam aus, roter Staub umhüllt die Maschine. Der Flugschüler öffnet die Tür und klappt die Bordtreppe aus. Ibrahim und seine Männer stehen aufgereiht an der Piste. Sie haben es vom Strand hierher geschafft. Einen Monat lang mussten sie auf dem öden Küstenstreifen aushalten. Schließlich machte sich einer der somalischen Fischer auf in die 400 Kilometer entfernte Hauptstadt Adado und bat die dortige Verwaltung um Hilfe. Die schickt einen Pick-up, der die Pakistaner nach Adado bringt.

Ich sehe Ibrahims Männer zum ersten Mal. Drücke ihre Hände. Die Hemden, die sie am Vortag von den Somaliern bekommen haben, hängen schlaff an ihren Körpern. Ausgemergelte Gesichter, die verwilderten Bärte bereits etwas gestutzt. Hinter den Fischern wachen Milizionäre mit geladenen Kalaschnikows. Abdisalam Osman, der mich über Facebook kontaktiert hatte, eilt auf mich zu. Er grinst: »Ihr seid wirklich gekommen!«

Fünf Stufen führen hinauf in das Flugzeug, in die zehn Meter lange Röhre aus Aluminium, diesen Weltenwechsler, der in wenigen Stunden schafft, was den Fischern elf Monate lang unmöglich war. Die Männer setzen sich in die blauen Polster, die meisten halten die Hände ineinander verschränkt, kneten sie, manche stützen den Kopf auf ihre Fäuste, blicken verwirrt über die Sitzreihen der Kabine. Die meisten sind noch nie geflogen. Beim Start sehen sie durch die Fenster ein letztes Mal hinaus auf dieses rote Land. »Sie haben mein Leben zerstört«, wird Ibrahim später sagen. »Der Tod«, sagt Yunis, »ist für die noch zu wenig.«

Ein erster Zwischenstopp in Nairobi. Die Plastiktüte in der Hand, läuft Ibrahim über das Rollfeld, einer vom Bodenpersonal geht voraus. Links und rechts kreuzen große Passagiermaschinen. In der Sicherheitsschleuse schieben sich Touristen aus Europa an den Fischern vorbei, sie beschweren sich, dass die Behörden die Gruppe bevorzugen. »Wir wollen auch nach Hause!«, rufen die Touristen laut. »Jeder hat es eilig!« Die Weißen kommen von einer Safari.

Also lassen die Kenianer Ibrahims Männer warten. Das Personal an der Schleuse herrscht Ibrahim auf Englisch an, er solle den Gürtel abnehmen, alles Metall, die Tüte auf das Band legen, er versteht nicht, sie rufen gereizter, er setzt sich wieder hin. Kurz vor dem Ziel will er keinen Fehler machen.

»Geburtsdatum«, fragt ihn der Beamte der Botschaft wenig später. »Geburtsort, Name.« Der Diplomat begrüßt die Gruppe im Transitbereich mit einem Kopfnicken. Er schaut durch die Männer hindurch, gibt ihnen nicht die Hand, versorgt sie nicht mit Wasser. Er hat mehrere Stunden im Flughafen gewartet und will nach Hause.

Hektisch kaut er auf seinem Kaugummi. Die Katastrophe, die Ibrahim und seinen Leuten widerfuhr, betrachtet der Beamte offenbar als ein ausschließlich bürokratisches Problem. Er lässt Passbilder machen, nimmt Fingerabdrücke. Drei Botschaftsmitarbeiter stellen an einem Flugschalter vorläufige Pässe aus. Immerhin den Flug nach Karatschi zahlt die Botschaft. Dann bekommen Ibrahim und seine Mannschaft ihre Tickets, die sie nicht lesen können, und werden zum Abfluggate geführt. Der Beamte lässt die Abgemagerten stehen, mit leeren Mägen. Die Fischer sind gerettet. Doch es ist eine Rettung dritter Klasse. Zu diesem Zeitpunkt wissen die Familien in Piskhan immer noch nicht, dass die Männer am Leben sind. Und niemand kommt auf den Gedanken, sie zu informieren.

Ibrahim führt die Gruppe bis zum Schluss, er ist ein Kapitän, wie jemand Kapitän sein kann, er versucht es zumindest, dirigiert die Crew mit leisen Gesten – auch im Flughafen in Dubai, wo sie den Anschlussflug nach Karatschi suchen. Die Fischer bewegen sich durch ein Labyrinth aus Rollbändern und Fahrstühlen. Ibrahim geht voraus, mit dem Zeigefinger weist er unsicher die Richtung. Die Köpfe im Nacken, ziehen sie durch die Glaskathedralen. Sie zögern vor Rolltreppen, denn Rolltreppen haben sie noch nie benutzt. Auf den Toiletten schauen sie zum ersten Mal nach zehn Monaten in den Spiegel.

»So sehe ich jetzt also aus«, sagt Ibrahim, der 30 Kilo abgenommen hat. Es ist nun die zweite Nacht, die sie nicht schlafen. In der Anschlussmaschine bestellt sich jeder ein Heineken, ein zweites noch, bald ist Pakistan unter ihnen, die Küstenlinie, die sie vor einem Jahr verließen. Im Landeanflug drücken sie die Gesichter an die Fenster.

Niemand erwartet sie in Karatschi. Es wartet nur die Polizei. Uniformierte verhaften sie und sperren die Ankömmlinge in einen vergitterten Bus.

Die Fischer kehren zurück in ein Land, das seit Jahren in der Staatskrise ist, in sich zerrissen, chronisch am Abgrund. Was Somalia ist, droht Pakistan zu werden. Geheimdienste sind der Zement dieses Staates, er wird zusammengehalten von Angst und Misstrauen. Noch haben die Entführten ihre Freiheit nicht zurück. Sie werden in eine Zelle gesperrt, verhört, an einer Wand wird ihre Körpergröße vermessen. Doch endlich, in der folgenden Nacht, sperren die Polizisten die Tore auf, endlich darf Ibrahim seinen Cousin anrufen, der holt ihn ab, umarmt ihn, umarmt die anderen. Nimmt sie mit in das Viertel von Karatschi, wo fast nur Belutschen leben und viele aus Piskhan.

Die Menschen strömen aus den Häusern, sie umringen die Wagen, mit denen Ibrahims Männer eintreffen, rufen, weinen, wirbeln vor Freude im Kreis, Männer wie Frauen, sie schlingen die Arme um die Totgeglaubten.

»Ich will nie wieder aufs Meer«, sagt Ibrahim beim Frühstücken am nächsten Tag. Er möchte Händler werden, Fisch verkaufen, es gibt ja nur Fisch in Piskhan, sagt er, aber nie wieder möchte er raus auf die offene See. Er senkt beim Essen den Kopf, die anderen sehen schweigend auf ihn.

Auch Saleh, der Koch, verkündet an diesem Morgen seinen Abschied. »Ich kann es nicht mehr. Wenn ich die Augen schließe, höre ich das Brüllen der Somalier.« Er wird sich in Piskhan ein Restaurant suchen, das einen Koch braucht, sagt er. »Und ihr«, er zeigt in die Runde, »habt dann da alle Hausverbot. Ich möchte da niemanden um mich haben, der mich an diese Zeit erinnert.« Die Männer lachen, dann lacht auch Saleh. Aber er lässt unklar, wie ernst er es meint.

In der Millionenmetropole Karatschi verbringen sie vier Tage. Die Marineverwaltung will weitere Auskünfte, Mohamad und drei andere müssen zum Arzt. Immer mehr Verwandte eilen zu ihnen ins Viertel. Es gesellen sich jetzt auch einzelne Fernsehteams dazu, sie parken ihre Übertragungswagen in den engen Gassen. Die Bewohner reagieren aggressiv auf ihre Ankunft. Schreien sie an. Warum sie jetzt erst kämen. Fast kommt es mit den Medienleuten zum Handgemenge. Es ist die Wut eines Volkes, das sich vom Staat sonst ignoriert fühlt.

Die Wiederkehr der Fischer droht zum politischen Streitfall zu werden. In ihrer Heimatprovinz ist Bürgerkrieg. Das Volk der Belutschen hat sein Nationalbewusstsein neu entdeckt, viele fühlen sich vom Zentralstaat unterjocht. Es gibt eine Untergrundarmee und Anschläge und Kämpfe. Ibrahim und seine Männer reden Belutschi. Die Sprache des Zentralstaates – Urdu – verstehen sie kaum. »Ich rede mit Ihnen Belutschi!«, keift Ibrahim einem Reporter in die Kamera. Der Reporter spricht aber nur Urdu. Die Stimmung ist aufgebracht. Die letzten Geiseln, die aus Somalia kamen, im Sommer des Jahres, waren ebenfalls Fischer, aber keine Belutschen, sondern Urdu sprechende Sindh. Sie empfing der Staatspräsident höchstpersönlich in Karatschi am Flughafen. Tausende Menschen warteten auf die Geretteten, warfen Blumen, das Fernsehen berichtete live auf allen Kanälen, ein nationales Ereignis. »Aber wir sind keine Menschen«, ereifern sich die Verwandten der Fischer von Ibrahim. »Wir gehören nicht dazu.« Die Familien im Viertel, bei denen wir untergebracht sind, erhalten in der Folge Anrufe vom Geheimdienst. Spitzel kommen in ihre Häuser. Wir fühlen uns jeden Tag beklommener.

Die Nachricht von der Rettung verbreitet sich entlang der Küste, die ganzen 700 Kilometer bis Piskhan. Unentwegt klingelt das Handy von Ibrahims Cousin, in dessen Haus die Freigelassenen wohnen. Der Kapitän spricht am Abend des zweiten Tages zum ersten Mal mit seiner Frau. Er entfernt sich von der Gruppe, steht da mit gebeugtem Haupt, das Telefon presst er ganz hart ans Ohr.

»Den Kindern geht es gut«, erzählt er anschließend. »Mein Junge hat immer noch keine Lust auf die Schule. Er will nur am Strand spielen.« Er strahlt. Imran. Er ist jetzt fünf, nach ihm hat er das Schiff benannt. Weil es ihm so wertvoll war, sagt er, wie das eigene Kind. Einige von der Gruppe nutzen die Wartezeit in Karatschi, um sich endlich von den westlichen Herrenhemden zu befreien, die sie in Somalia geschenkt bekamen. Sie gehen zum Schneider und bestellen sich den traditionellen Shalwar. Andere sitzen beim Friseur oder kaufen ihren Kindern Spielzeug. Mit den 100 Dollar, die sie an der Flugpiste in Adado bekommen haben. »Sonst denken die Kinder, wir waren im Ausland und bringen nichts mit.« Mohamad, der Älteste, geht zum Arzt. Er kann nachts vor Schmerzen in den Beinen kaum schlafen.

Die Menschen des Viertels säumen die Straßenränder, Kinder und Frauen treten an die Fenster, sitzen auf den Balkonen, sie winken den Fischern, die in einem Minibus den Ort verlassen. Der Wagen bringt die Gruppe zum Terminal am Stadtrand Karatschis, von wo die Überlandbusse nach Belutschistan abfahren. Dort nehmen sie Abschied von Mohamad, der mit einem anderen Bus fahren wird. Ibrahim kauft ihm eine Sitzkarte, telefoniert mit dem Fahrer, um sicherzugehen, dass Mohamad den Wagen gefunden hat. Acht Stunden später wird Mohamad ankommen. In den Straßen wird geschossen, nach einer Bombenexplosion feuern Armee und Separatisten aufeinander. Der Krieg in seiner Heimat hat ihn wieder, kaum setzt er seinen Fuß in den Staub der Stadt. Mohamad, dem die Beine schmerzen, hat keine Wahl.

Seine Familie ist zu arm, um ihn zu holen. Seine Dollar will er sparen, also setzt er sich an die Straße und wartet, bis ihn ein Lastwagen in sein Dorf mitnimmt.

Ich bleibe zurück. Ich verabschiede mich von den Fischern am Busterminal. Ausländischen Journalisten sind Reisen nach Belutschistan untersagt. Angeblich aus Sicherheitsgründen. Tatsächlich versucht Pakistan, den Bürgerkrieg vor der Welt zu verbergen. So wie die Männer der Al Imran aus dem toten Winkel der Weltöffentlichkeit kamen, verschwinden sie wieder in ihm.

Der Kapitän bringt seine Männer sicher nach Hause. Er ruft uns am nächsten Morgen an. Ich höre aufgeregte Stimmen. Die Leitung surrt. Ganz Piskhan ist auf den Beinen. Bereits morgens um fünf Uhr, als sie das Dorf erreichten, spielten Musikkapellen auf den Straßen.

»Mein Sohn sitzt auf meinem Schoß«, sagt Ibrahim. »Er schaut mich ganz seltsam an. Er kennt mich gar nicht mehr.« Die gesamte Verwandtschaft drängt ans Telefon. Seine Schwester weint. Sie alle wollen mit mir reden. »Wir wussten nicht, ob er am Leben ist.« Ibrahims Mutter will nur unsere Stimmen hören. Der Onkel, dem sie jetzt das Handy in die Hand geben, der frühere Besitzer der Al Imran, erzählt, wie die Familie nach Ibrahims Verschwinden verarmte. Eine Mahlzeit nur jeden zweiten Tag. Sie hätten sich von überall Geld geliehen und den letzten Obstgarten verkauft, von dem sie sich niemals hatten trennen wollen. »Ibrahim ist in diesem Jahr für uns tausendmal gestorben und tausendmal auferstanden«, erzählt der Onkel. Er wundert sich, wie sehr sich der Rückkehrer verändert habe. »Das macht mir Sorgen. Früher alberte der immer herum.« Jetzt sei er so ruhig. So ernst.

In den nächsten Wochen besuchen den Heimkehrer pakistanische Fotografen. Die Fotos, die uns Ibrahim schickt, zeigen ihn mit den Kindern. Die Kinder schauen zur Seite, der Blick ihres Vaters ist leer.

Ich, der Reporter, kehre nach Deutschland zurück und bin wieder dort, wo alles begann. Ich setze mich wie gewohnt an den Computer und sehe den Cursor, der aufblinkt und verschwindet und wieder aufblinkt. »Wie war es?«, springt eine Nachricht von Abdisalam Osman aus Somalia auf den Schirm.

»Geht es ihnen allen gut? Erzähl.«

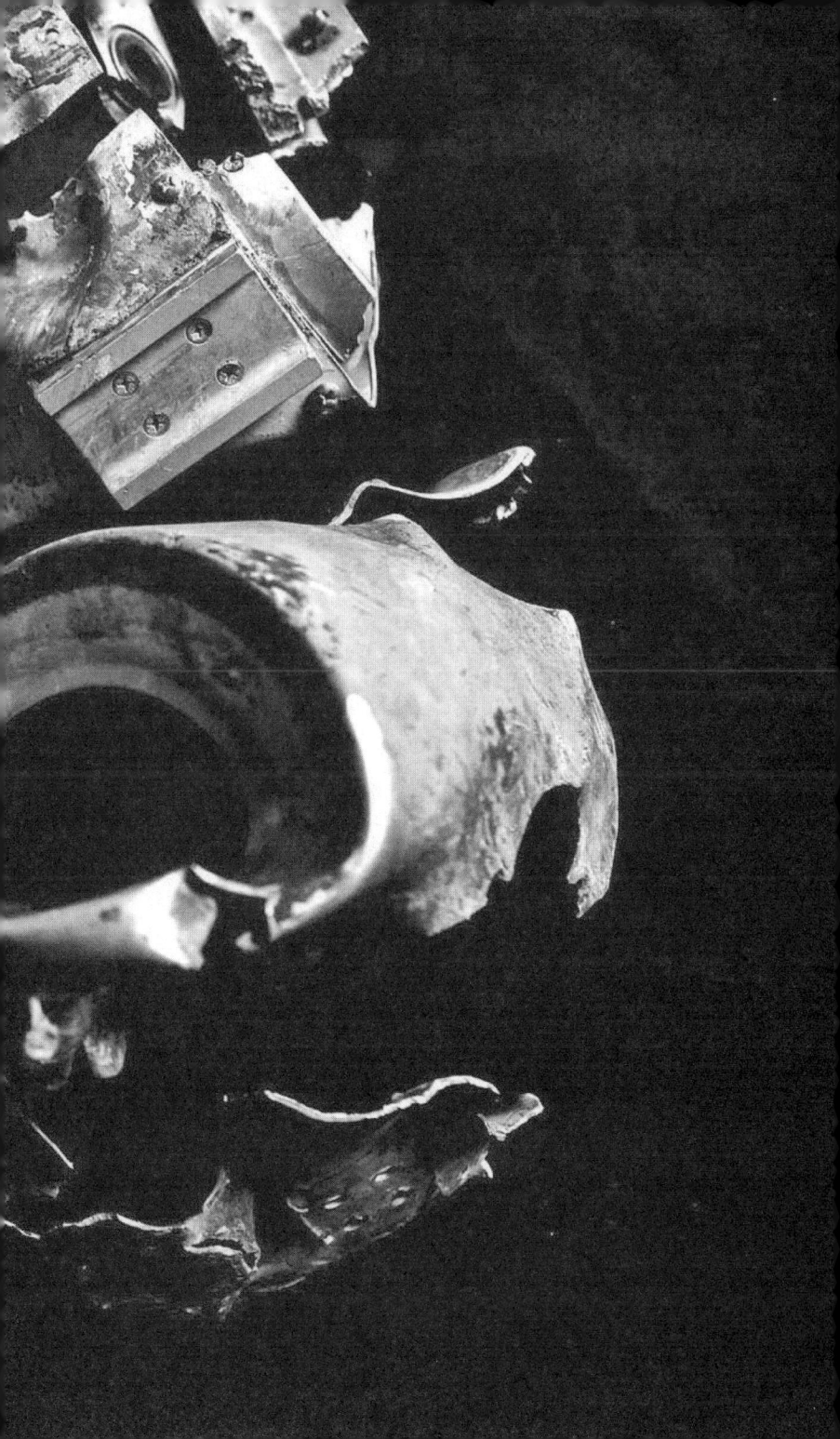

Reste einer von amerikanischen Drohnen abgefeuerten Rakete, Pakistan, 2013.
Foto: Eduardo Diaz.

Nachts sind die Drohnen besonders laut
Pakistan, 2013

Der Ort, der das Misstrauen für einen Moment aufheben soll, den Hass von über zehn Jahren, ist ein fast leerer Raum mit nackten Wänden. Ein Schreibtisch mit blanker Arbeitsfläche. Ein Raum ohne Eigenschaften. Es ist ganz still hier. Vormittags dringt vom Baum vor dem Fenster etwas Vogelgezwitscher hinein. Es sind jeden Morgen dieselben Vögel, zwei große schwarze. Am Nachmittag erklingt das Dudeln der Handkarre, die unten auf der Straße der Eisverkäufer vor sich herschiebt.

»Den würde ich in meinem Dorf ins Gefängnis sperren«, sagt Karim Khan, der am Fenster steht und auf den Eisverkäufer sieht. Er hat die Hände hinter seinem Rücken verschränkt. Er schüttelt den Kopf, schnalzt mit der Zunge und nimmt auf einem Stuhl Platz. Wir mustern uns gegenseitig. Khan trägt einen langen schwarzen Bart und einen schwarzen Turban, den er straff gebunden hat.

Khan sieht mich an, den Reporter, der ihm gegenübersitzt, den Mann aus dem Westen, den Christen, der sagt, dass er ein Journalist sei, aber womöglich doch ein Agent Amerikas ist. In Khans Heimat sind die Dinge selten so, wie sie scheinen. »Ihr«, sagt er zu mir, »werdet uns nie besiegen.«

Wir treffen uns an einem für uns beide sicheren Ort, in einem Anwaltsbüro in Islamabad, Pakistans Hauptstadt. Ich bin ihm mehr Feind als Freund, und doch ist er für dieses Gespräch zwei Tage lang unterwegs gewesen, hat sieben Checkpoints passiert, ist sieben Mal auf Sprengstoff untersucht worden. Karim Khan kommt aus einer Region, die Barack Obama als »die gefährlichste Gegend der Welt« bezeichnet hat. Khans Heimat trägt einen Namen, dessen Klang an das Geräusch von Haut erinnert, die sich an Stacheldraht reißt. Waziristan.

Es ist ein zerklüftetes Land, aufgefaltet von den Gewalten der indischen und der eurasischen Erdplatten, die hier aufeinanderstoßen, bis zu 3000 Meter hoch, der Gebirgsrücken des Koh-e-Sufaid im Norden und des Sulaiman im Süden. Im Winter bedeckt es der Schnee, im Sommer der Staub. Es liegt an der Grenze zu Afghanistan, wo nur wenige Straßen existieren, dafür ein Netzwerk an Ziegenpfaden. Drei Dutzend Stämme bewohnen das Land. Paschtunen sie alle, aber oft untereinander verfeindet.

Aus den Talauen ragen ihre Häuser auf wie mittelalterliche Burgen, mit wuchtigen Festungstürmen und bis zu sechs Meter hohen Mauern. Waziristan hat sich vom britischen Empire niemals vollständig einvernehmen lassen. Und auch im 21. Jahrhundert, als Teil Pakistans, besitzt es einen besonderen Status, gehört zur Sonderzone der Fata, der Federally Administered Tribal Areas, der zentral von Islamabad regierten Stammesgebiete. So ist der offizielle Anspruch. Tatsächlich wird Waziristan von niemandem regiert. Nach dem Einmarsch der USA in Afghanistan flüchteten die Kämpfer von Taliban und al-Qaida hierher. Waziristan wurde zum Sammelbecken des Hasses gegen Amerika.

Unter öffentlichem Protest der pakistanischen Regierung, aber mit ihrer heimlichen Duldung führt Amerika seit Jahren in Waziristan einen erbitterten Krieg. Zum ersten Mal in der Militärgeschichte brauchten die USA hierfür keine Armee. Washington schickt stattdessen eine Flotte ferngesteuerter Roboter. Seit 2004 starben in Waziristan über 3500 Menschen durch Drohnen. Ziele sind offiziell nur hochrangige Terroristen, die für die USA eine Bedrohung darstellen. Die Angriffe seien durch die neue Technik so präzise, dass es bislang keine zivilen Opfer gegeben habe, erklärte 2012 der damalige Präsidentenberater und spätere CIA-Chef John Brennan.

Die CIA mit Hauptquartier in Langley, im US-Bundesstaat Virginia, plant und betreibt dieses Töten. Den Krieg in Pakistan behandelt sie als Staatsgeheimnis. Sie bekennt sich nicht zu Angriffen und nimmt keine Stellung zu Opfern. Erfolgsmeldungen verbreitet sie über anonyme Quellen. Zugleich sperrt das pakistanische Militär die Zugänge zu Waziristan, für alle Pakistani, die nicht in den Stammesgebieten wohnen, für alle Journalisten.

Waziristan ist so abgeschottet wie nur wenige andere Regionen der Welt. Nur allmählich dringt nach außen, wie blutig der Drohnenkrieg der USA tatsächlich ist.

Ob ich heimlich das Gespräch mitschneiden würde, fragt mich Khan. Ich verneine. Schließlich fängt er an, zu erzählen. Vom Tod seines Bruders und seines Sohnes.

Ich heiße Karim Khan und wohne in Machi Khel, einem Ort, der nur 40 Häuser hat. Ich habe die höhere Schule besucht und Arabisch studiert. Ich versorge die Sender al-Jazeera und al-Arabiya mit Nachrichten aus meiner Region. Am 31. Dezember 2009 war ich gerade in Islamabad. Gegen ein Uhr nachts bekam ich einen Anruf von meinem Cousin. Bei mir zu Hause sei etwas Ernstes passiert. Er hat mir am Telefon nicht gesagt, dass mein Bruder und mein Sohn umgebracht worden waren. Das gehört sich in unserer Kultur nicht. Schlechte Nachrichten sagt man sich nicht am Telefon.

Als ich am nächsten Morgen im Dorf ankam, sah ich die Leichen, sah ich meinen Sohn. Ihm fehlte der ganze Hinterkopf. Er heißt Zainullah, mein Bruder heißt Asif Iqbal. Sie hatten gerade zu Abend gegessen und saßen in der Hudschra, dem Gemeinschaftsraum. Tagsüber hatten sie alle an der neuen Moschee gebaut, die ich am Haus errichten wollte. Einer der Maurer ist ebenfalls bei dem Angriff gestorben.

Mein Bruder war kein Terrorist, er hat Englisch studiert und im Dorf als Lehrer gearbeitet. Mein Sohn war kein Terrorist. Er war gerade 18 geworden und hatte als Wächter in der Mädchenschule im Nachbarort gearbeitet. Er konnte den Koran auswendig und war der Beste seines Jahrganges. Er liebte Kricket. Ich hasse es, weil sie im Dorf überall Kricket spielen. Überall treffen dich ihre Bälle, sogar im Haus! Ich schwöre dir, wenn so ein Kricketball meine Frau trifft, würde ich den Spieler umbringen! Aber ich habe Zainullah Kricket spielen lassen. Er war mein Sohn. Ich habe ihn so geliebt, wie nur ein Vater seinen Sohn lieben kann.

Karim Khan, 45, tat nach dem Tod der beiden, was unter Paschtunen äußerst ungewöhnlich ist. Khan reiste nach Islamabad und suchte sich einen Anwalt. Er suchte lange, die meisten lehnten ab, bis er schließlich auf Mirza Shahzad Akbar traf. Ein ehrgeiziger junger Mann, der in London Internationales Recht studiert hat und mit einer deutschen Entwicklungshelferin verheiratet ist. Gemeinsam beschlossen sie, die Verantwortlichen in den USA des Mordes anzuklagen. Viele andere Familien, die bei Drohnenschlägen Angehörige verloren haben, folgten Khan ins Büro von Akbar. Er fasste die Klagen zusammen und reichte sie bei verschiedenen pakistanischen Gerichten ein, nationalen wie regionalen. Die beiden Männer, die persönlich nicht viel mehr verbindet als der Kampf gegen die Drohnen, ahnten damals nicht, was sie auslösen würden.

Ich habe es geschafft, mich bei der Beerdigung am nächsten Tag zu beherrschen. Ich habe mir nicht die Haare gerauft. Ich habe mir nicht die Kleider zerrissen. Allah will nicht, dass du die Kontrolle verlierst. Die Menschen gratulierten mir, weil mein Sohn von Ungläubigen getötet wurde und deshalb als Märtyrer ins Paradies komme. Tausende kamen zur Beerdi-

*gung. Wenn du zu der Bestattung eines Märtyrers kommst,
glauben sie, dann geht ein Teil von Gottes Gnade auch auf
dich über.*

*Ich möchte, dass die Mörder bestraft werden. Ich fordere
von den USA, dass sie mir die Verantwortlichen übergeben.
Den CIA-Direktor und den Piloten im Operationszentrum
in Virginia, der auf den Knopf gedrückt hat. Sie werden dann
in meinem Dorf behandelt, wie man bei uns Mörder behandelt. Blut für Blut. Ich möchte, dass die Mörder meines Sohnes aufgehängt werden, an einem hohen Pfahl an der Straße.
Dort sollen sie hängen, bis ihre Kadaver verfaulen.*

Die Begegnungen mit den Klienten aus Waziristan sind für
den Anwalt Akbar nicht immer einfach. So fremd sind sie einander. Er ist Teil der liberalen Elite Pakistans, ambitioniert
und mediengewieft. Regelmäßig verbringt er mit seiner deutschen Frau den Urlaub bei seinen Schwiegereltern in Rostock.
In seinem Büro beschäftigt er zwei junge Kolleginnen, un-
verschleiert, selbstbewusst, bei deren Anblick seine Mandan-
ten beschämt die Köpfe abwenden. Wo die Klägerfamilien
herkommen, tragen Frauen Burka. Selbst das Zeigen nackter
Fingerspitzen gilt Frauen als sündhaft. Akbar, der früher für
die Antikorruptionsbehörde als Staatsanwalt gearbeitet hat,
ist der Erste, der strafrechtlich gegen die Drohnenkrieger in
Amerika vorgeht. Zusammen mit Khan hat er den ehemali-
gen US-Verteidigungsminister Robert Gates verklagt, den
Ex-CIA-Direktor Leon Panetta und den früheren CIA-Lei-
ter in Islamabad, Jonathan Banks. Khan fordert 500 Millionen Dollar Schadensersatz. Alle Kollegen rieten dem 35-jäh-
rigen Akbar davon ab, sich der Paschtunen anzunehmen. Die
Gegner seien zu mächtig, sagten sie ihm. Und die Klienten
mit ihren Bärten und Burkas nicht die typischen Sympathie-
träger. Niemand wird mehr mit dir arbeiten wollen, warnten
sie ihn. Warum opferst du dich für eine verlorene Sache?

Fahim Qureshi, 18, einziger Überlebender eines Drohnen-angriffes vom 23. Januar 2009, bei dem acht Menschen getötet wurden. Der erste Einsatz, den US-Präsident Barack Obama persönlich angeordnet hatte, drei Tage nach seiner Amtsein-setzung. Qureshi kommt aus Ziraki, einem Dorf wenige Ki-lometer von Karim Khans Wohnort entfernt. Das grobkörni-ge Satellitenbild auf Google Earth zeigt eine Siedlung auf einer Landzunge zwischen dem Strom des Tochi und einem seiner Zuflüsse. Am Ortsende zum Tochi hin ragt ein mäch-tiger Felskopf auf, wie ein Wellenbrecher im Schicksalslauf.

Der Junge hat zwei unterschiedliche Augen, mit dem rech-ten lacht er, misstraut er, verschließt er sich und öffnet sich wieder. Das linke Auge ist schwarz und immer starr.

Es war ein sehr kalter Tag, ein Freitag, und in den Pfützen auf dem Boden stand das Eis. Ich hatte den Tee auf die Veran-da gebracht, dort hatten sich am frühen Abend, es war gegen 17 Uhr, die Älteren versammelt. Ich wartete etwas abseits, weil es sich für einen Jüngeren nicht gehört, in der Gegen-wart der Älteren zu sitzen. Unter ihnen waren zwei meiner Onkel, beide Lehrer, und mein Cousin. Kurz davor war noch Laij dazugekommen, der ist geistig behindert. Sie hatten im-mer Späße mit ihm gemacht, er hatte Angst vor Geistern. Manchmal haben sich meine Onkel Tücher über den Kopf geworfen und ihn erschreckt.

Ich wollte die Teegläser gerade wieder abräumen, da habe ich das Zischen gehört, zwei Sekunden lang, alle warfen sich zur Seite. Dann habe ich nichts mehr gesehen. Ich habe für die nächsten 25 Tage nichts mehr gesehen.

Von der Wucht der Explosion wurde ich auf den Boden ge-worfen, und Schutt fiel auf mich herab, und als ich wieder zu mir kam, habe ich gebrannt. Meine Hände, meine Brust, die Kleidung. Ich bin blind hinausgerannt, um das Feuer auf mir im Bewässerungsgraben vor dem Haus zu löschen. Ich legte mich hinein, aber in dem Graben war kein Wasser. Der Graben war trocken. Dann trugen mich Leute in ein Auto, ich habe mich auf der Fahrt ein paar Mal übergeben. Ich war vier Wochen lang im Krankenhaus. Ich bin der Einzige, der überlebt hat. Im Krankenhaus sagte mir der Arzt, mein linkes Auge ist verloren.

Sie haben es durch ein Glasauge ersetzt. Im rechten Auge waren fünf bis sechs Metallsplitter, ganz klein und schwarz. In vier Operationen haben die Ärzte die aus dem Auge geschnitten. In nur einer Sekunde hat sich mein ganzes Leben verändert.

Wieso die uns bombardieren? Ich weiß es nicht. Sie glauben, wir sind Terroristen. Aber in meiner Nachbarschaft gibt es keine Terroristen. Die Drohnen sind seit Jahren über meinem Dorf. Sie sind wie Schatten am Himmel. Die Leute bei uns nennen sie »Beengana«, Fruchtfliegen. Weil das Geräusch ihrer Motoren wie das Surren der Fliegen klingt.

Sie bewegen sich meistens in Formationen von drei bis vier. Manchmal sind es bis zu zehn, dann weißt du, es steht irgendwo ein Angriff bevor. Es gibt zwei Arten von Drohnen, die einen sind schwarz, die anderen silbern. Die einen tragen nur Kameras, sie beobachten uns 24 Stunden lang. Sie fliegen niedriger als die Killerdrohnen. Wenn die bewaffneten Drohnen in den Sinkflug übergehen, ist das wieder ein Zeichen, dass ein Angriff bevorsteht. Ich kann jeden Tag ihr Geräusch hören, ständig, es verschwindet nie. Nur bei Regen und wenn es bewölkt ist. In der Nacht ist es lauter, weil sie dann dichter zum Dorf hinunterkommen. Viele unserer Leute schlafen im Sommer nicht mehr auf den Dächern, sondern weichen in die Häuser aus, trotz der Hitze. Weil die Drohnen nachts so laut sind.

Es gibt nur noch mich. Ich muss jetzt die Familie führen, alle anderen älteren Männer sind bei dem Angriff ums Leben gekommen. Mein Vater starb, da war ich klein. Bei uns ist es

Tradition, dass die Frauen und Kinder nie alleine gelassen werden dürfen. Immer muss ein Mann da sein, der sie begleitet bei allen Erledigungen außerhalb der Wohnung. Das bin jetzt ich.

Ich bin verantwortlich für 19 Frauen und Kinder. Ich gehe auf Beerdigungen, um die Familie zu vertreten, wässere die Felder, sitze unter den Älteren. Ich fühle mich noch nicht reif dazu. Ich bin doch erst 18. Ich kann mich nicht mehr auf die Schule konzentrieren. Ich will Medizin studieren. Ich will mich an den Amerikanern rächen, indem ich sie auf dem Gebiet der Wissenschaft schlage. Indem ich ihnen zeige, ich bin besser als ihr. Früher fiel mir das Lernen leicht, aber jetzt bin ich rastlos. Ich weiß nicht, ob ich noch lange auf die höhere Schule gehen kann. Die kleineren Jungs werden älter, müssen auch zur Schule, das kostet Geld. Wir haben vom Lehrergehalt unserer Onkel gelebt, das gibt es jetzt nicht mehr. Ich bin oft sehr ratlos. Ich weiß nicht, was werden wird. Wie ein Hagelsturm im Sommer die Felder zerschlägt, haben die Amerikaner unser Land vernichtet.

Der Luftkrieg über Waziristan hat in den vergangenen Jahren an Intensität zugenommen. Er begann 2004 mit der Liquidierung eines einzelnen Taliban-Kommandeurs. Ein weiterer Angriff folgte im Jahr 2005. Doch in dem Maße, in dem sich der Widerstand gegen die US-Truppen in Afghanistan versteifte, stieg in Waziristan die Zahl der Drohnenangriffe. Schließlich tötete die CIA jede Woche gleich mehrfach, 177 Angriffe waren es im bisher »aktivsten« Jahr 2011. 368 im gesamten Zeitraum. Die USA veröffentlichen keine Statistiken über ihren Roboterfeldzug. Diese Zahlen sind Schätzungen, die auf Meldungen der Bevölkerung basieren. Was ursprünglich als Geheimdienstmission gegen wenige Terroristenführer begann, wurde zu einem konventionellen Krieg, mit der Drohne als zentralem Waffensystem.

In den meisten Fällen weiß die CIA offenbar nicht, auf wen genau sie schießt. Eine Studie der Stanford Law School kam zu dem Schluss, dass lediglich zwei Prozent aller Attacken hochrangige Al-Qaida-Führer und Taliban-Kommandeure töteten. Nur von diesen seien die Namen bekannt. Die meisten Opfer werden im Rahmen von *signature strikes* umgebracht. Dieses Prinzip wurde unter der Präsidentschaft von Obama zum System erhoben. Die US-Regierung entschied, dass es nicht länger notwendig sei, die Identität der Zielpersonen zu kennen. Es dürfen nun auch Gruppen von Männern angegriffen werden, die »bestimmte Merkmale haben oder Charakteristiken, die mit terroristischen Aktivitäten in Verbindung gebracht werden können«. Der Schießbefehl wird auf Grundlage von »Verhaltensmuster-Analysen« erteilt. Wiederholt haben Mitglieder des US-Kongresses die Obama-Regierung aufgefordert, dass sie die genauen Kriterien offenlegt. Nie erhielten sie eine Antwort.

Der Lehrer Siddique ur Rehman ist mit seinem Zwillingsbruder und seinen fünf Kindern zum Interview angereist, mit zwei Söhnen und drei kleinen Mädchen. Am 24. Oktober 2012 töteten vier Hellfire-Raketen einer Drohne die Mutter der beiden Brüder und verletzten acht Kinder. Im Büro von Anwalt Akbar schauen die mitgereisten Mädchen neugierig den Ausländer aus dem Westen an. Noch nie haben sie einen gesehen.

Auf den Satellitenbildern wirkt ihr Heimatdorf Tappi wie eine Wagenburg. Es liegt wenige Kilometer westlich von Ziraki, dem Wohnort von Fahim Qureshi. Tappi war seit 2008 bereits fünfmal das Ziel von Drohnenangriffen. Aus der Luft sieht man eine kreisförmige Ansammlung von Lehmhäusern. Wie Waben wirken die Zellen der Innenhöfe, tief und hohl. Die Felder, die das Dorf umgeben, sind jeweils winzig, von Baumreihen und Gräben durchzogen. Tappi ist zwischen einem Bergrücken und dem mehrere hundert Meter breiten

Schotterbett des Tochi eingezwängt, eines Flusses, der oft nur ein Rinnsal ist und manchmal mächtig wie der Rhein. Rehmans Familie bewohnt eines der Häuser am Ortsrand.

Rehmans Sohn erzählt seine Geschichte als Erster, er heißt Zubair Khan, ist 13 Jahre alt, ihm wächst erster zarter Oberlippen-Flaum. Er ist Schüler der achten Klasse. Ein schüchterner Junge mit leiser Stimme.

Meine Großmutter Momina Bibi war seit den frühen Morgenstunden auf dem Feld, um Okragemüse zu ernten. Ich bündelte abgeschnittenes Heu, um es später im Stall zu lagern. Es war der Tag vor dem Opferfest, ich war gerade von der Schule gekommen, hatte eine Kleinigkeit gegessen, dann ging ich raus, um meiner Oma zu helfen. Ich beeilte mich, weil ich am Nachmittag mit ein paar Freunden auf den Jahrmarkt nach Miranshah wollte. Der findet bei uns einmal im Jahr statt. Das ist eine große Sache. Ich wollte dort Geschenke für die Kleinen kaufen. Meine Schwester hatte mir bei der Feldarbeit geholfen, die ist fünf. Sie ist keine richtige Hilfe. Sie spielt ein bisschen und hilft zwischendurch. Ich weiß noch, dass mein zweijähriger Bruder auf dem Dach unseres Hauses stand.

Als ich mich über das Heu beugte, zischte etwas über mir im Himmel. Ich wurde weggeschleudert, lag auf dem Boden. Ich lag immer noch da, als nur zwei, drei Meter vom ersten Einschlag die zweite Rakete einschlug. Ein Schrapnell zerfetzte mir das Knie. Ich verstand erst gar nicht, was passierte, ich schrie. Die Mädchen, die neben mir gealbert hatten, wurden von der Druckwelle mehrere Meter ins Feld geworfen. Mein zweijähriger Bruder, der oben auf dem Dach stand, fiel vom Haus. Er brach sich dabei mehrere Rippen. Dass Oma tot ist, habe ich lange nicht gewusst. Erst als ich nach einigen Wochen aus dem Krankenhaus in Peschawar zurückkam, haben sie es mir gesagt.

Der Vater, Rehman, ist 38, trägt einen gepflegten Schnurr-
bart, hat große blaue Augen, ist Lehrer, wie schon seine Vorfahren Lehrer waren. Er weint während des Gesprächs, seine Kinder schauen weg.

*Ich saß an diesem Mittag in der Moschee, in der Hudschra,
dem Raum, in dem die Männer zusammenkommen, da hörte ich das Fauchen im Himmel. Wir dachten alle, dass sie auf
die Moschee zielen, und rannten heraus. Als ich sah, dass die
Raketen ins Feld eingeschlagen hatten, war ich zuerst erleichtert. Ich dachte, Gott sei Dank ist niemand verletzt. Die
meisten der Männer hielten Abstand, weil wir ja wissen, dass
einem Angriff oft weitere folgen. Meine Frau rannte aus dem
Haus, ich hörte sie rufen: »Wo ist deine Mutter? Deine Mutter war auf dem Feld!«*

*Da lief ich auch los, so schnell ich konnte. Ich sah drei ver-
letzte Jugendliche, die gerade von der Schule gekommen waren, sah unsere Mädchen, die waren bleich und bluteten aus
vielen kleinen Wunden. Ich erreichte dann den Bewässerungsgraben in der Mitte des Feldes und fand dort eine Plas-
tiksandale, die meine Mutter getragen hatte.*

*Nachbarn hielten mich dann auf, hielten mich fest, an den
Oberarmen. Ich hatte meine Mutter nur kurz gesehen, wie
sie zerstückelt war, nur noch blutige Fleischstücke, die an Hautfetzen hingen. Sie warfen ein Tuch über die Leiche und zogen mich fort und brachten mich ins Haus, wo alles voll
war mit blutenden, verletzten Kindern. Sie schrien durcheinander, brüllten, weinten, ein Chaos, ein Chaos.*

*Es ist jetzt nichts mehr so wie früher. Unsere Mutter war
unser Glücksstern. Sie wurde 65 Jahre alt. Die sanfte Seele
unserer Familie. Solange deine Mutter lebt, bleibst du ihr Sohn,
egal, ob du zwei Jahre alt bist oder 50. Für sie wirst du immer
ihr Kind bleiben. Sie war die Hebamme unseres Dorfes, sie
hat alle zur Welt gebracht. Im Dorf sagen sie, es ist nicht dei-*

ne Mutter gestorben, es ist unsere Mutter gestorben. Die Frau meines Bruders hat vor Kurzem ein Kind tot zur Welt gebracht. Vielleicht war der Grund, dass meine Schwägerin nach dem Drohnenangriff noch so verstört war. Vielleicht lag es aber auch daran, dass meine Mutter fehlte. Es war die erste Geburt bei uns im Dorf nach Mutters Tod.

Das Feld, auf dem sie ums Leben gekommen ist, haben wir den Nachbarn verpachtet. Wir haben große Schulden, allein die Operationen für Zubair kosteten uns 9500 Dollar. Wir haben fast alles Land verkauft, zur Hälfte des üblichen Preises. Die Leute nützen dein Unglück aus. Sie wissen, du hast keine Wahl.

Die Hälfte der Menschen in Tappi ist in den letzten Jahren geflohen. Immer, wenn es Anschläge auf die pakistanische Armee gibt, beschießen sie unseren Ort, sie bestrafen uns kollektiv. Vor einigen Wochen ist ein Nachbar gestorben, als eine Granate in sein Haus einschlug. Helikopter beschießen die Straßen. Vor drei Wochen gab es einen Selbstmordanschlag auf den Militärposten wenige Kilometer von uns entfernt. Ein Lastwagenfahrer hat sich mit seinem Truck in die Luft gesprengt. Der tötete 24 Soldaten. Vier unserer Nachbarn aus Tappi starben, weil sie zufällig mit ihrem Auto am Checkpoint waren. Die Wucht war so stark, ich dachte, unser Haus ist wieder von einer Drohne getroffen. Die Armee erließ zur Strafe eine Ausgangssperre für die ganze Region. Niemand darf die Hauptstraße betreten. Sie wird dann zur Todeszone, auch die Felder links und rechts von ihr.

Wenn sie dich da sehen, schießen sie auf dich. Wir haben so oft Ausgangssperre. Die Händler schaffen die Lebensmittel über die Berge heran, auf den Rücken von Eseln. Das ist teuer. Die Preise sind in den letzten Tagen für 80 Kilogramm Mehl wegen der Kämpfe von 28 Dollar auf 50 Dollar gestiegen. Die Schulen sind geschlossen. Wie sollen unsere Kinder eine gute Ausbildung bekommen?

Das Schlimmste ist das Misstrauen untereinander. Es gibt Gerüchte, dass Spione Mikrochips vor den Häusern von Terroristen fallen lassen. Als Markierung für die Drohnen. Manchmal kommen Pick-ups mit schwarz getönten Scheiben und holen Leute ab, deren Leichen dann Wochen später gefunden werden. Ich weiß nicht, ob das immer wirklich Spione sind. Es gibt einen Hügel bei uns in der Nähe, der heißt Spayra Ghar, der »böse Berg«. Da oben werden oft die Leichen der Spione gefunden. So ist es, das Leben in unserem Dorf.

Eine Agenturmeldung, die von pakistanischen Zeitungen noch am Tag des Drohnenangriffs auf Tappi veröffentlicht wurde, berichtet vom Tod von vier mutmaßlichen Militanten und dem Tod einer Frau. Sie beruft sich auf anonyme Geheimdienstquellen. Die Identität der Toten sei nicht bekannt.

Der Tod aus der Luft führt in Waziristan zu Hysterie am Boden. Die Jagd auf US-Spione hält die Region in konstanter Zwietracht. Hunderte angebliche Informanten haben die Taliban in den vergangenen Jahren umgebracht. Sie binden ihnen vor laufender Kamera Sprengstoffgürtel um und jagen sie in die Luft. Sie führen ihre Opfer auf den Fußballplatz von Miranshah, dem Zentralort Nordwaziristans, und töten sie vor Hunderten Zuschauern. Meistens ermordet man sie aber im Stillen. Ihre Geständnisse werden unter Folter erzwungen. Oft dient die Anschuldigung nur als Vorwand, Unliebsame aus den eigenen Reihen loszuwerden. Doch auch die tatsächlichen Informanten nutzen die Drohne als Waffe, um persönliche Feinde auszuschalten. Die Drohne mag technisch präziser als ein Kampfjet sein. Wie präzise aber sind die Informationen, auf deren Grundlage die CIA entscheidet?

Für die Gespräche im Büro von Anwalt Akbar bleibe ich zwei Wochen lang in Islamabad. Der pakistanische Geheimdienst hat bereits am zweiten Tag meines Aufenthalts in meinem Gästehaus meinen Laptop durchsucht. Als ich vom ersten Treffen mit dem Anwalt in mein Zimmer zurückkehre, ist mein MacBook geöffnet. Ich sehe, dass das Fenster mit der IP-Adresse meines Geräts geöffnet wurde. Jemand will, dass ich weiß, dass ich beobachtet werde. Damit die Furcht mich davon abhält, tiefer zu schürfen.

Das sonst immer so stille Büro des Anwalts Akbar wird betriebsam, als in Waziristan nach mehreren Wochen die Ausgangssperre aufgehoben wird. Es kommen Abordnungen aus unterschiedlichen Tälern Waziristans. Akbars Besprechungsräume füllen sich mit Gruppen von Stammesältesten und Stimmen, so dunkel wie Schotterlawinen im Gebirge. Sie wollen ihre Klagen vorbringen. Akbar ist nervös, er schaut zum Fenster hinaus, läuft auf die Straße, will sicherstellen, dass sich in seinem Büro nicht Leute begegnen, die sich besser nicht begegnen sollten. Es gibt viele Privatfehden in Waziristan. Einer der wichtigsten Grundsätze des Ehrenkodex der Paschtunen ist die Rache. »Wenigstens bringen sie hierher ihre Gewehre nicht mit«, sagt er und lacht. Das Lachen klingt unsicher.

Er empfängt die Angehörigen von 23 Männern, die 2007 ums Leben kamen, als eine Drohne das Arbeitercamp einer Chromit-Mine traf. Die Väter und Onkel der Toten haben Dokumente mitgebracht, die belegen sollen, dass es sich um einfache Minenarbeiter handelte, nicht um Terroristen. In einem anderen Raum warten Überlebende und Hinterbliebene einer Jirga, einer Versammlung, die nach Tradition der Paschtunen Entscheidungen trifft, die am 17. März 2011 von zwei Raketen getroffen wurde. Die Jirga hatte Streitigkeiten zwischen zwei Grundstückseigentümern schlichten sollen. Der US-Angriff auf die Versammlung tötete 45 Dorfälteste, Regierungsbeamte und offenbar auch vier Talibanvertreter.

Den Anschlag überlebt hat Malik Jelal Khan, 54, ein von der Regierung eingesetzter Verwaltungschef des Dorfes Manzar Khel.

Für die Amerikaner sind wir nur Insekten. Wir leben 24 Stunden mit Drohnen über uns, fühlen uns beobachtet wie in einem großen Gefängnis. Die Menschen haben Angst, zu Beerdigungen zu gehen. Dreimal haben Drohnen in den letzten Monaten Trauerfeiern beschossen, einmal sogar in meinem Nachbardorf. Es gibt kein Dorf in der Umgebung, das nicht mindestens einmal angegriffen wurde. Die Schüler trauen sich nicht mehr zur Schule.

Neulich weckte mich mitten in der Nacht mein dreijähriger Sohn. Er heißt Hillal. »Papa«, *sagte er,* »so viele Drohnen fliegen am Himmel«. *In dieser Nacht schwebten die Drohnen sehr niedrig über der Erde und machten großen Lärm. Ich nahm meinen Sohn an der Hand und ging mit ihm nach draußen, zu einem großen Baum abseits des Dorfes. Wir haben uns gegen seinen Stamm gelehnt, und mein Sohn hat hinauf zum Himmel gezeigt und gesagt:* »Schau, Papa, die Drohnen. Ich will nicht, dass sie dich töten.« *Er ist dann irgendwann in meinem Schoß eingeschlafen, und ich habe ihn ins Haus zurückgetragen.*

80 Prozent der Drohnenschläge zielen auf ein relativ kleines Gebiet, Nordwaziristan, das in etwa nur so groß ist wie zwei mittelgroße deutsche Landkreise. Bevölkert von 361000 Menschen. Es besteht dort eine Art Nichtangriffspakt zwischen der pakistanischen Armee und den Taliban. Die Armee verlässt nur selten ihre Stützpunkte. Die eigentlichen Machthaber der Region sind die Tehrik-i-Taliban und ihr lokaler Führer Hafiz Gul Bahadur. Sie betreiben ihre eigenen Gerichte, Steuerämter, Schulen und Kliniken. Viele Dorfbewohner stehen auf ihrer Gehaltsliste in dem an Jobs so ar-

men Land. Viele sehen in den Taliban die Befreier von korrupten Beamten und bestechlichen Ältesten. Die Taliban in Nordwaziristan kooperieren wiederum eng mit dem Haqqani-Netzwerk, das in Afghanistan zu den berüchtigtsten Terrorgruppen zählt. Wie die US-Geheimdienste glauben, waren sie es, die Osama bin Laden nach Afghanistan brachten. Hauptsächlich ihnen gilt die Drohnenjagd, angeblich konnten die Amerikaner einige ihrer wichtigsten Führer töten. Doch um welchen Preis? Wie viele tote Zivilisten nimmt die CIA für den Tod eines Topterroristen in Kauf?

Und wie viele tote Kinder nehmen die Taliban in Kauf, um sich vor den Drohnen zu schützen? »No drones, no polio«, deklarierten sie vor einigen Monaten und stoppten auf ihrem Territorium alle staatlichen Polioimpfungen. Ihre Kommandeure haben die knapp 240000 Kinder Waziristans in Geiselhaft genommen. Sie wollen die Impfungen erst dann wieder erlauben, wenn alle Drohnenangriffe eingestellt werden. Über die Taliban und ihre Repressionen sprechen die Opfer der Drohnenschläge, die wir in Akbars Büro treffen, nur in vorsichtigen Andeutungen. Es wäre zu riskant.

Sadam Hussain, 17, neunte Klasse, absolvierte am Vortag seiner Reise nach Islamabad die Jahresabschlussprüfung der höheren Schule in Miranshah. Auf dem Satellitenbild wirkt seine Heimatstadt wie fragmentiert, in sich zersplittert. Rasterförmig angelegte Viertel wechseln mit Arealen, denen jede Ordnung fehlt. Viele unterschiedliche Stämme wohnen in der Hauptstadt Nordwaziristans. Die Repräsentanten Pakistans verschanzen sich in einem wuchtigen Fort, das vor 100 Jahren die britischen Kolonialherren bauten. Am 10. März 2010 starben hier bei einem Drohnenangriff auf Hussains Haus seine acht Monate alte Nichte und ihre Mutter, die Frau seines älteren Bruders. In der Jackentasche trägt er ein Foto des toten Kindes.

Ich habe gestern bei der Prüfung versagt. Ich habe von 525 möglichen Punkten nur 380 erreicht. Ich schau auf eine Aufgabe, und dann weiß ich gar nichts mehr. Als ich nach dem Examen hinaus auf die Straße ging, flog eine Drohne über der Stadt. Sie fliegen ja ständig über der Stadt, aber gestern flog sie wirklich sehr niedrig. Alle Leute liefen hinein in die Häuser. Ich konnte an ihren Tragflächen vier Raketen erkennen. Ich weiß nicht, welche Farbe sie hatte. Je nach Sonneneinstrahlung wechselt die Farbe. Ich will weg aus Waziristan. Ich will Arzt werden, dort, wo kein Krieg ist, aber dafür muss ich auf der Schule noch viel besser werden.

Ich kann mich gut an den Tag erinnern, als die Rakete mein Haus traf. Es war die Zeit, in der die Moskitolarven aus der Erde schlüpfen und die ersten Rosen blühen. Ich hatte unruhig geschlafen in dieser Nacht und bin ab dem Morgengebet um fünf Uhr wach gewesen. Ich ging dann mit der Steinschleuder raus, um Vögel zu jagen. Das machen alle Jungs bei uns im Ort. Du ahmst ihr Zwitschern nach, lockst sie an und zielst auf ihren Kopf. Wir werfen die Vögel dann ins offene Feuer, sie sind ganz klein und schmecken sehr lecker. Sehr lecker! Meine Freunde und ich filmen uns gegenseitig. Einer bearbeitet die Videoclips auf dem Computer. Er sitzt immer vor dem Computer und hat schon ganz viereckige Augen. Wir haben später an diesem Tag Fußball gespielt, ich liebe Fußball. Ich bin der Einzige bei uns in der Nachbarschaft, der richtige Fußballschuhe hat. Mein Bruder aus Karatschi hat sie mir geschickt. Sie sind weiß, haben rote Streifen und sind von Adidas, mit echten Stollen!

Abends bin ich früh ins Bett, so müde war ich. Mein älterer Bruder hat mit mir gestritten, weil ich an diesem Tag nicht in die Schule bin. Ich hatte einfach keine Lust, und das Wetter war so schön. Mein Bruder ist das Oberhaupt der Familie, seit mein Vater von einem Onkel bei uns zu Hause erschossen wurde. Aber da war ich noch sehr klein.

Vor dem Einschlafen habe ich aus dem Nachbarraum das Quengeln von Jawarya gehört, meiner Nichte. Meine Tante hat den Ventilator angeschaltet, damit das Baby besser schläft. Gleich danach traf die Rakete unser Haus. Sie zerstörte die Hudschra und das Zimmer meiner Tante. Ich weiß nicht mehr genau, was mit mir geschah. Ich war plötzlich wach. Alles war schwarz. Alles war still. Meine Ohren haben nichts mehr gehört. Als ich wieder etwas sah, sah ich Rauch. Zwei Arten von Rauch, hellen und dunklen. Das weiß ich noch. Ich begann zu husten. Ich hatte mit meiner Mutter und drei Schwestern in einem Zimmer gelegen. Wir rannten raus. Die Menschen trauten sich erst nicht zu unserem Haus, aus Angst, dass die Drohne noch einmal schießt. Nur wenige begannen zu graben, um nach Verschütteten zu suchen. Nachbarn haben das Baby und seine Mutter dann unter Trümmern im Obstgarten gefunden.

Ihr Tod ist jetzt drei Jahre her, und doch hat sich mein Bruder immer noch nicht davon erholt. Er arbeitet als Teeboy im Büro des Verwaltungschefs. In den ersten Wochen nach dem Tod seiner Familie wanderte er viel umher, mied das Haus, saß in der Moschee und betete. Einige der Ältesten fragten ihn, warum kommst du nicht zu uns herein und schaust ein wenig fern? Aber er wollte nicht. Jemand hat ihm dann Pillen gegeben, damit er besser schlafen konnte. Die Pillen waren rot. Mein Bruder war früher sehr sanftmütig, aber jetzt ist er oft zornig. Und wenn er so zornig ist, muss man wirklich Angst vor ihm haben. Wir versuchen, alle schlechten Nachrichten von ihm fernzuhalten. Er hat mich neulich verprügelt, weil ich zu spät vom Fußballspielen kam, grün und blau hat er mich geschlagen. Respekt vor den Älteren muss sein, aber ich würde meine Kinder nie so schlagen, wie mein Bruder mich schlägt.

In dem Verfahren der Familien wurden bislang keine Urteile gesprochen. Anwalt Akbar hat im Laufe der letzten zwei Jahre Klagen beim Obersten Gericht der Provinzhauptstadt Peschawar und beim Bezirksgericht in Islamabad eingereicht. Islamabad ist der Sitz der US-Botschaft und damit auch des CIA-Landesdirektors, der die Abschüsse genehmigt. Akbar rechnet nicht mit raschen Urteilssprüchen, zu groß ist die Angst der pakistanischen Richter vor internationalen Konsequenzen.

Die CIA hat bislang offiziell nicht auf die Gerichtsverfahren und die Beschwerden der Familien reagiert. Sie musste aber gleich zu Beginn der Anti-Drohnen-Kampagne den CIA-Direktor für Pakistan abziehen. Akbar hatte ihn des hundertfachen Mordes angeklagt, seinen Namen öffentlich gemacht und sein Gesicht auf Transparente gedruckt, die er in Islamabad aufhängen ließ. Die CIA warf Akbar vor, er habe damit das Leben des Spitzenspions gefährdet.

126 Familien haben bislang bei dem Anwalt Klageschriften eingereicht. Er selber kann den Wahrheitsgehalt ihrer Aussagen nur teilweise nachprüfen, weil auch ihm die Einreise nach Waziristan verwehrt ist. Er kann sich nicht auf eine Polizei stützen, die Tatorte aufsucht und Zeugen befragt, weil es dort keine Polizei gibt. Die Sicherheitskräfte Pakistans trauen sich in Waziristan nur selten aus ihren Festungen. In den Stammesgebieten existieren weder staatliche Gerichte noch Staatsanwälte.

Der Anwalt würde gern Fotos von den Tatorten machen lassen. Immer noch dauert es Wochen, bis Informationen über zivile Todesfälle nach außen dringen. Vor einiger Zeit hatte Akbar die Idee, Klägerfamilien aus unterschiedlichen Dörfern mit 50 Kameras auszustatten. Sie sollten damit die Zerstörungen dokumentieren. Doch die meisten lehnten ab, hatten Angst, von den Taliban als Spitzel verdächtigt zu werden. Einer, der trotzdem mitmachen wollte, war der 16-jährige Tariq Aziz. Er hatte kurz zuvor einen Cousin bei einem Drohnenangriff verloren. Der Jugendliche traf den Anwalt in Islamabad und erklärte sich bereit, an dem Dokumentationsprojekt teilzunehmen. Es kam jedoch nicht dazu.

Auf der Fahrt zurück nach Waziristan wurde er getötet, zusammen mit einem zwölfjährigen Cousin – von einer Drohne.

Dadaab, Kenia, 2011. Foto: Matthias Ziegler.

Dadaab
Kenia und Somalia, 2011

Er tastet im Halbschlaf nach ihr, greift um sich, von der Hitze des Nachmittags benommen. Die Knie hat Isaak Aden zum Bauch gezogen. Die Finger des 55-Jährigen gleiten über das Laken, auf dem er liegt, aber sie fahren ins Leere. Sie fühlen nichts, was ihnen Halt gibt, tasten erst träge, dann hektisch, dann reißt sich Isaak Aden verstört von der Matratze hoch. Er blickt in den Krankenhaussaal. Es ist die zweite Woche, die er hier verbringt. Er sieht die Plastikschläuche und Beatmungsmaschinen an den Nachbarbetten, riecht den Durchfall. Er sieht das Erbrochene der Kinder, das ihre Mütter und Väter schweigend wegwischen. Sie wischen es von den Laken, sie wischen es vom Betonboden. Es ist ganz still in diesem Saal. Die Kinder, die hier leben, schreien nicht. Isaak Aden findet seine Tochter in einer Lakenfalte neben sich. Spürt die Brust des Kindes, die sich unter seiner Hand hebt und senkt. Ihre Wärme. Fardosa. »Das Paradies«. So heißt ihr Name übersetzt. Sieben Monate, 22 Tage. Er beugt sich hinunter und sucht ihren Blick. Seit Wochen ringt sie mit dem Tod.

Das Leben hat sich hierher zurückgezogen, in eine Gegend, in der es eigentlich keines gibt. Hierher, in die Wüste Kenias. Hunderttausende sind in den vergangenen Monaten aus Somalia geflohen, weil zum dritten Mal in Folge der Regen ausblieb. Weil der Boden ausgetrocknet ist und es kein Grün mehr gibt. Ihre Tiere verendeten. Die Massen setzten sich bereits Ende 2010 in Bewegung, die Reicheren mieteten sich Lastwagen, die Armen gingen zu Fuß. Der Zug der Flüchtenden ist seither nicht mehr abgerissen. Ein Land evakuiert sich selbst, es entleert sich in die Nachbarstaaten, nach Äthiopien und eben nach Kenia. Dort, in einem unfruchtbaren Streifen Land an der Grenze zu Somalia, ist das größte Flüchtlingslager der Welt entstanden. Eiterblase des Nachbarstaates, der sich selbst zerfleischt. Jeden Tag wächst das Camp um 1200 Einwohner, Dadaab, einst ein Dorf von Ziegenhirten, gilt heute mit einer halben Million Menschen als drittgrößte Stadt Kenias. Es ist auch sein größtes Gefängnis. Die kenianische Regierung fürchtet das Volk auf der Flucht und pfercht es auf 50 Quadratkilometern zusammen. Hier endet der Horizont somalischer Hoffnungen. Hierhin hat es vor zwei Monaten der Viehhändler Isaak Aden mit seiner Familie geschafft. In Dadaab fand er Rettung und das Verderben.

Das Kind in Isaaks Nachbarbett ist heute Morgen gestorben, einfach so. Er war nur kurz draußen, um im Hof die Wäsche zu waschen, und als er zurückkam, atmete der Zweijährige nicht mehr. »Er lag da mit offenen Augen«, erzählt Aden. »Stabilisierungstrakt« steht auf der Doppeltür des Krankensaals. In ihm bekämpfen Mediziner ein Übel, das in Europa längst ausgerottet wurde. Den Hunger. »Nur dort kann man euch noch helfen«, wird im Lager den Eltern über das Zentralkrankenhaus gesagt. Also tragen sie ihre Kinder hierher, das, was von ihnen übrig ist. Etwas Knochen, etwas Sehnen, oft nur ein paar Kilogramm Muskelgewebe. Das bisschen Körper umschlossen von einer dünnen Haut, in der blutige Risse klaffen. In den vergangenen Monaten verwandelte die Dürre das Krankenhaus in eine Intensivstation für Kleinkinder; an den Türen die deutsche Flagge, im Sommer war der Bundesentwicklungshilfeminister da. Das Spital wird teilweise durch die Gesellschaft für internationale Zusammenarbeit (GIZ) finanziert. Die erwachsenen Patienten hat die Verwaltung in Zelte ausquartiert und die Kleinen auf die festen Gebäude verteilt. In ihnen ist die Hitze erträglicher. Die lebensbedrohlichsten Fälle kommen in den Zwölf-Betten-Trakt, wo Isaak Aden mit seiner Tochter liegt.

Zwei Wege führen aus diesem Saal. Der eine ist an der Westseite des Raumes, wo die Kinder morgens gewogen werden und das Milchpulver gemischt wird. Der andere, im Osten, liegt neben dem Büro, in dem die Pfleger die Totenscheine verwahren.

Ich, der Reporter, sitze jeden Tag am Bett von Isaak Aden. Oft fühle ich mich unnütz. »Bist du ein Arzt?«, fragt mich Aden. In seiner Heimat gibt es weder Ärzte noch Journalisten. Für anderthalb Wochen bin ich aus Deutschland angereist, um über eine Katastrophe zu berichten, die vergessen zu werden droht. Zu lange dauert sie schon für die Medien, die sich abgewendet haben. CNN, BBC, sie alle waren schon einmal da und kommen so bald nicht wieder. Der Tod in Dadaab hat seinen Nachrichtenwert verloren, das Unfassbare ist gewöhnlich geworden.

»Du siehst es ihnen nicht an«, sagt der leitende Krankenpfleger Mohamed Shakur, 31. Er ist zur Spätvisite an die Betten getreten. »Du glaubst, alles ist okay, die Werte sind gut, dann drehst du ihnen den Rücken zu, und sie sind tot.« Er arbeitet seit drei Jahren in der Kinderabteilung. Er lacht viel, wenn er unter Kollegen ist. Traurig wirkt er, glaubt er sich unbeobachtet. Shak rufen sie ihn, er hat zwei Kinder, die sechs Autostunden entfernt im Süden wohnen, alle acht Wochen kann er sie sehen. Er vermisst sie. »Wie ging es die letzten Stunden?«, fragt er am Bett von Isaak Aden. Der Viehzüchter, klein, klug, schaut ihn an, aber versteht ihn nicht. Shakur spricht Somali. Wie die meisten der Dürrevertriebenen in diesem Jahr, die tiefer aus Somalia kamen als alle anderen Flüchtlinge zuvor, spricht Aden nur Maay-Maay. Die Brust Fardosas bewegt sich so rasch wie ein zuckender Herzmuskel. 3,8 Kilogramm hat sie heute Nachmittag gewogen, 100 Gramm mehr als gestern. Shakur liest das Krankenblatt, »kein Durchfall?«, fragt er. Verständigt sich durch Gesten, erhöht die Milchration um vorsichtige zehn Gramm. Ein Etappensieg.

Er geht von Bett zu Bett, klatscht manchmal in die Hände, um die Reaktion der Kinder zu testen. »Hallo Hassan!«, streicht er einem Dreijährigen über den Kopf, dem fast alle Haare ausgefallen sind. Der Schlauch der Magensonde ist ihm über den Nasenrücken zur Stirn hochgeklebt. »Er macht uns Sorgen«, sagt Shakur, der unschlüssig auf den Jungen sieht. Hassan, dessen Vater ihn rastlos umsorgt, gewinnt seit Wochen Gewicht und verliert es sofort wieder. Die Darmwände des Kindes nehmen keine Nährstoffe mehr auf. Sie haben ihre Fähigkeit verloren, Proteine zu absorbieren. Der Junge hat Arme und Beine, dürr wie Wurzelgeflecht. Er erbricht weißen Schaum und hockt in einer Lache gelben Kots. Es gibt Eltern, die setzen sich mit ihren Kindern von ihm weg, sobald in einer anderen Ecke des Raumes ein Bett frei wird.

Die Namen merkt sich Shakur nicht, zu kurz bleiben die Patienten. Da ist die Großmutter, erstes Bett, linke Reihe, die ihren dreieinhalbjährigen Enkel hütet. Ganz still auch er. Nur einmal am Tag hört man ihn, wenn die Alte ihn badet. Dann wimmert er und weint. Sie reibt die Seife über seine Haut, die in breiten Streifen blutig aufgeplatzt ist. Als sei Napalm auf ihn herabgefallen.

Der Hunger ist wie der HI-Virus, er attackiert den Körper in vielfältigen Formen. Unter dem Proteinmangel löst sich bei manchen Kindern die Haut auf, sie büßt ihre Elastizität ein. Shakur verschreibt Salbe. »Schau mal«, zeigt er auf hellrosa Wundränder, »es heilt schon.« Im Bett nebenan liegt ein Vater, der immer lacht. »Warum lachst du immer?«, fragt ihn Shakur. »Das ist meine Art«, sagt der Vater. »Ich bin nun mal gerne fröhlich.« Seine zweijährige Tochter hat als Komplikation eine Hirnhautentzündung bekommen. »Sie ist jetzt für immer behindert«, weiß er. Ihre Augen rollen, und ihr Mund grimassiert. Oft liegt der Vater auf dem Bett und schaut sie nur an, küsst ihre Füße, birgt seinen Kopf zwischen ihren Armen und Beinen.

Die Welt des Flüchtlingslagers gliedert sich in drei Sektoren, die Camps Dagahaley, Hagadera und Ifo. Jedes von ihnen besitzt die Ausmaße einer Großstadt. 1991 war Dadaab nach dem Ausbruch des Bürgerkrieges für 70 000 Menschen angelegt worden. Nun verfestigt sich das Lager zur Stadt. Die erste Generation wohnt in Steinhäusern, sie unterhält Schulen und bildet sogar ihre eigenen Lehrer aus. Die nachkommenden Familien ließen sich in ihrer Nachbarschaft nieder. Wie Jahresringe der Not umschließen die neuen Quartiere die alten Kerne. Jede militärische Offensive der letzten Jahrzehnte findet in Dadaab in Elendsbehausungen ihre Entsprechung. Die Neuen leben in Zelten, eine Vielzahl an unterschiedlichen Modellen masert die Wüste. Aus der Luft wirkt Dadaab, als habe das ausgedörrte Land die Windpocken bekommen.

»Wenn so ein Kind zum ersten Mal wieder lacht«, sagt Shakur, »dann weißt du, es hat das Schlimmste überstanden.«

Fardosas Fieber steigt. Lungenentzündung. Isaak Aden beträufelt sie mit einem nassen Lappen. Der nächste Morgen bricht an. Draußen aufflirrende Hitze. Seine Frau Muslima hat sich zu den beiden aufs Bett gelegt. »Wie war die Nacht?«, fragt sie ihn. Die 35-Jährige hat erstmals seit Fardosas Einweisung nicht im Spital geschlafen. »Ich muss mich um die anderen Kinder kümmern«, sagt sie. Muslima kann kochen, Isaak nicht. Ihre vier Jungs leben allein im Flüchtlingslager, in dem Zelt, das der Familie vor zwei Monaten zugewiesen wurde. »Ich traue den Nachbarn nicht«, klagt Muslima. Die Jungs seien noch zu klein; beim Wasserholen am Brunnen würden sie weggestoßen. Muslima ist selber unterernährt, leidet unter Blutarmut, hat Grippe, doch nimmt sie jetzt jeden Tag zwei Stunden Fußmarsch in Kauf, um zwischen Fardosa und den Jungs zu pendeln. Sie redet viel, Isaak schweigt. Gleichermaßen erschöpft schlafen Mutter und Tochter nebeneinander ein.

Da stirbt an diesem Tag das erste Kind, drei Betten von Fardosa entfernt.

Es ist kaum zugedeckt, als das zweite stirbt.

Der Zweijährige ist seit acht Tagen im Saal. Über einen Plastikschlauch in der Nase bekommt er Sauerstoff. Der Krankenpfleger Shakur sucht schweigend nach einer Vene am Hals. Will ihm ein Kreislaufmittel verabreichen, schnell, doch findet er keine Vene. »Wir müssen es durchs Knochenmark geben«, sagt Shakur und setzt die Injektion am Knie an. Das Kind zieht ruckartig die Luft ein. Die Mutter am Bettrand beginnt zu weinen, zieht den Schleier über die Augen. Shakur sticht in den Knochen, das Kind reagiert nicht auf den Schmerz. Es ringt um Atem, mit aufgerissenen Augen. Shakur lässt vom Knie ab, setzt zwei Fingerspitzen auf die Brust des Kleinen. »Ich kann keinen Puls mehr fühlen«, sagt er und massiert das Herz, das aufgehört hat zu schlagen. »Er ist tot«, flüstert die Mutter. Doch Shakur kämpft weiter, zählt bis zwei, drückt aufs Herz, zählt bis zwei, drückt wieder. Schweißperlen treten auf seine Stirn. Die Mutter will die Augen ihres Kindes zudrücken, Shakur schiebt ihre Hand zur Seite. Er versucht es immer noch, wischt sich zwischendurch den Schweiß ab, dann hält er inne. Er hält inne, mit hängendem Kopf, die Arme auf den Bettrand aufgestützt.

Fardosas Mutter ist aufgewacht. Sie beobachtet von ihrem Bett, wie Shakur den Beatmungsschlauch aus dem Jungen zieht. Er entfernt die Pflasterstreifen von Stirn und Wangen. Löst die Kanüle am Knie. Shakur meidet die Blicke der anderen Eltern. »Ich habe alles getan«, sagt er in den Saal hinein. Den Jungen bedeckt er mit einer Filzdecke. Nur der große Zeh ragt noch heraus. Dann verlässt er den Saal, für einige Stunden, und niemand weiß, wohin. Fardosas Mutter geht zum Bett des Toten und zieht die Decke auch über den nackten Zeh.

»Dieses Haus ist Gottes Schlachthaus«, sagt der immer lachende Vater. Er grinst und zuckt mit den Augenbrauen.

Abends fließt das Blut einer Ziege, die die Krankenpfleger schlachten. Sie feiern den Abschied einer Kollegin, sie hat gekündigt. Ich treffe mich mit Shakur auf dem Wohnareal der GIZ, von Wachposten und Stacheldraht gesichert. Ärzte und Pfleger arbeiten in Dadaab unter ständiger Entführungsgefahr. Shakur lächelt wieder. »Ich bin auf Amphetamin«, versucht er ein Lachen. »Ein scheiß Tag.« Er kaut die Droge Kath, ein Bündel dunkelgrüner Blätter liegt vor ihm. »Ich habe mir das nach vier Monaten in Dadaab angewöhnt.« Die meisten Pfleger sind auf Droge, zumindest nach Dienstende. Es steht zurzeit nicht gut um die Stimmung in den Krankenhäusern. Immer wieder werden Streiks ausgerufen. Die Beschäftigten wollen mehr Geld und Urlaub. Acht Wochen Arbeit, fünf Tage frei, so ist beispielsweise die Regel der GIZ. »Früher hatten wir acht Wochen Schicht und zwei Wochen frei«, klagen die Leute. Die Katastrophe, die dieses Jahr über Dadaab hereinbrach, zehrt an den Nerven aller. »Ich bin bei der Arbeit nur noch körperlich anwesend«, sagt ein Kollege von Shakur.

Bis tief in die Nacht tanzen sie, um den Abschied der Kollegin zu feiern. Sie liegen sich in den Armen, um für einige Momente die Bilder des Tages zu vergessen.

Die Betten, in denen gestern die Kinder starben, sind heute von Neuankömmlingen belegt. Ihre Mütter bewegen sich wie tastend durch den Raum, so fremd ist ihnen alles, noch nie waren sie in einem Krankenhaus. »Warum bist du nicht früher gekommen?«, schaut Shakur auf ein bewusstloses Kind, das eine Mutter zur Tür hereinträgt. Zuckerwerte alarmierend, die Blutwerte auch, das Blut so dünn wie Wasser. Doch die Frau spricht nicht seine Sprache.

Heute ist Isaak Aden mit Fardosa abermals allein. Sie hat in der Nacht eine Kanüle in die Kopfhaut gesetzt bekommen. Damit Shakur besser die Lungenentzündung bekämpfen kann. Stundenlang verweilt der Vater auf dem Bett und verscheucht die Fliegen über seiner Tochter. Bei ihrer Geburt hatte ihr seine Frau einen anderen Namen geben wollen. Sie favorisierte »ein Schiff, das Lasten trägt«. Und es ist die Sache der Mütter, die Namen der Kinder zu bestimmen. Aber Aden setzte sich durch, er wählte »Paradies«. Das Neue sollte das Alte beschwören, das Leben der Familie vor der Katastrophe.

Er hatte sich hochgearbeitet, ehrgeizig, war als junger Mann in die Stadt Dinsor gezogen, weg vom Vater, der Vieh züchtete im Busch. Er eröffnete einen Tee-Ausschank, sparte Geld, kaufte Ziegen, später auch Kamele, lernte, sie zu Tiefpreisen zu kaufen und zu Höchstpreisen zu verkaufen. Die ganze Familie arbeitete ihm zu, er wurde wohlhabend, litt nie Not, überstand viele Dürren, ohne nach Kenia fliehen zu müssen. Ein kluger Kaufmann, der nie lesen und schreiben lernte. Die Mutter Fardosas wurde ihm zur Frau gegeben, da war er 35. Die zweite Ehe für beide. Sie war im Alter von zehn Jahren verheiratet worden, lief dem Mann dann aber davon. »Fardosa soll es besser haben«, sagt sie. »Sie wird selber ihren Mann wählen.« Aber dann erkrankte Isaak Aden, lag zwei Jahre mit Fieber im Bett, wurde fast taub. Das Geschäft litt, und es war ihm nicht mehr viel geblieben, als in diesem Jahr die schwere Dürre über Dinsor hereinbrach. Sie entschieden sich zu gehen, mit den letzten Ziegen als Wegzehrung.

Fardosa überlebte alle Strapazen, alle Entbehrungen, drei Wochen Flucht, die Hitze, die Kämpfe an der Grenze, wo sich somalische Regierungstruppen gegenseitig beschossen. Isaak trug zwei Kinder, eines am Bauch, eines am Rücken. Seine Frau nahm die Tochter und das Gepäck. Sie marschierten jeden Tag von Sonnenaufgang bis zur Mittagszeit, dann wieder vom Nachmittag bis in den Abend. Die älteren Jungs, sechs und zwölf, liefen nebenher, jammerten oft, doch ihr Vater richtete sie immer wieder auf, zeigte auf den Horizont, sagte, dort, unter diesem Baum, rasten wir und trinken Tee. In der Nacht, um ihren Schlafplatz herum, entzündeten sie einen Kreis an Feuern. Das hielt die Löwen fern. Wenn sie den Schein von Taschenlampen sahen, versteckten sie sich, legten sich auf den Boden, fürchteten Banditen, die wie Geier die Fluchtwege der Hungernden säumen, Banditen, die rauben, vergewaltigen und töten. Alles überstand die Familie mit ihrer Tochter, doch dann erreichte sie vor zwei Monaten das Lager.

Masern bekamen sie hier und die Grippe. Unterschiedlichste Infektionskrankheiten befielen die Adens. »Wir wussten bei uns zu Hause nicht, was Grippe ist«, sagt Isaak. Die ersten Wochen lag er krank in der Hütte, die er aus Ästen und aufgelesenen Plastiktüten gebaut hatte. Zu viele Menschen lagern auf zu engem Raum. Stecken sich gegenseitig an. Treten überall in Exkremente, weil die Frauen aus Angst vor Vergewaltigungen ihre Notdurft direkt an der Hütte verrichten.

Fardosa, die sie auf der Reise mit Ziegen- und Kamelmilch durchgebracht hatten und die gut ernährt ankam, weigerte sich jetzt zu essen. Das Welternährungsprogramm der Vereinten Nationen versorgt die Bewohner vor allem mit Weizenmehl und Mais. Das Essen wird in Ausgabezentren verteilt, die große Käfige sind und an Fütterungsanlagen aus der Massentierhaltung erinnern. Wie Rinder werden die Menschen durch die vergitterten Gänge geschleust. Ein genau durchdachtes System. 2100 Kilokalorien für die Erwachsenen, 3000 für die Kinder. Doch Fardosa mochte den Mais nicht. Ihre Mutter schaffte es nicht, ihn an sie zu verfüttern. Fardosa ist Ziegenmilch gewöhnt, auch etwas Reis, aber all das gibt es im Lager nicht. Die Kinder in Dadaab ringen nicht nur deshalb um ihr Leben, weil sie unterernährt hier ankommen. Sie werden auch krank wegen der ungewohnten Ernährung.

»Das Problem der Unterernährung ist ein Camp-Management-Problem«, sagt Sarah Oteri, die Ernährungsbeauftragte des GIZ-Krankenhauses. »Du kannst die Kinder nicht mit etwas versorgen, das sie nicht mögen.« Die Essensgewohnheiten der neuen Flüchtlinge unterschieden sich von denen der alten. Oteri fordert die Ausgabe von Reisrationen. »Die Kleinen kommen bereits unterernährt ins Camp, aber bauen erst hier so richtig ab.« Dieses Problem haben die meisten Eltern, die im »Stabilisierungstrakt« des Krankenhauses um ihren Nachwuchs kämpfen. Ihre Kinder fallen durchs System.

Norto, »das Licht«, ein zweieinhalbjähriger Junge, liegt seit dem Mittag in Fardosas Nachbarbett. Isaak sieht ratlos auf dessen Mutter. Sie kümmert sich nicht, lässt das Kind allein auf der Matratze. Geht im Hof spazieren. Sie streitet mit Shakur. Norto darf nur über die Magensonde ernährt werden, aber seine Mutter lässt ihn immer wieder Milch aus dem Becher trinken. »Das ist zu viel für ihn!«, sagt Shakur. »Er kann daran sterben. Das Herz schafft es nicht.« Heimlich reicht ihm die Mutter weiter den Becher. Es gibt Eltern, die den Sinn der Anweisungen des Personals nicht begreifen. Sie haben im Leben noch keine Spritze gesehen. Ein Beatmungsgerät ist für sie Magie. Andere Eltern töten die Kinder vorsätzlich, um ihnen Leiden zu ersparen. Ziehen die Beatmungsschläuche, pressen Nase und Mund zu. »Ich könnte denen manchmal ins Gesicht schlagen«, sagt Shakur. »Ich kämpfe um ihre Kinder, und die Eltern geben auf.«

Der Junge reißt den Mund auf, als seine Mutter wieder draußen unterwegs ist, ich trete an sein Bett. Norto, der sonst nur still auf dem Rücken lag, bewegt plötzlich hektisch seine Kiefer. Als wolle er Luft beißen. Es ist kein Pfleger im Raum, wie überhaupt selten einer da ist. Bei nur zwei Kräften für 46 Kinder in vier Krankensälen. Ich lege meine Hand auf seine Brust, sie glüht. »Er stirbt«, sagt Isaak. Ich laufe hinaus, um Shakur zu holen. Als der bei Norto eintrifft, ist er bereits tot.

Allah gibt, und Allah nimmt. Die Eltern trösten sich gegenseitig mit kargen Worten. Weine nicht, sagen sie zu einander. Zweifle nicht. Es ist Allahs Kind, und er hat es wieder zu sich gerufen. Weine nicht, sagen sie, und Allah wird dir vielleicht beim nächsten Mal ein noch besseres Kind schenken. Ein klügeres, ein kräftigeres. Frauen halten sich an den Händen. Männer werfen ihre Umhänge über die Köpfe, verstummen.

Das Kind mit der Hungerhaut stirbt, in den Armen der Großmutter, trotz Einsatz des Beatmungsgeräts, das sein Vater zunächst abgelehnt hatte. Und auch das Mädchen des lachenden Vaters liegt eines Morgens tot im Bett. Sie würde es schaffen, hatten alle gedacht. Eine Grippe hat sie dann ganz schnell hinweggerafft.

18 Kinder sterben in den anderthalb Wochen, die ich in diesem Krankentrakt verbringe. Fardosa ist die Einzige, die überlebt.

Am letzten Tag vor meiner Abreise erhöht Shakur für Fardosa die Dreistundenration Milch auf 120 Milliliter, zehn mehr als am Tag zuvor. Er hat die Kanüle an ihrem Kopf entfernt. Sie streckt ihren Arm aus, als ihre Mutter von draußen hereinkommt, erschöpft, sich kaum noch auf den Beinen haltend. Die Nacht über hat das Grippefieber Muslima wach gehalten. Fardosa lacht, zum ersten Mal. Muslima legt sich neben sie, strahlt plötzlich, kitzelt ihr Mädchen, Mutter und Tochter lachen sich an. Isaak sieht ihnen zu, bis Fardosa ihren Kopf dreht und auch ihn anlacht.

Er wendet sich ab. Er weint.

Bagdad, Irak, 2012. Foto: Marcel Mettelsiefen.

Bombenjob
Irak, 2012

Am Anfang, der immer gleich ist, brechen Elektronen aus ihren Umlaufbahnen. Tief im Innern der Dinge kollabiert die Ordnung. Das Gitter der Moleküle zerreißt. Atomkerne geraten aus dem Gleichgewicht, sie taumeln, ziehen sich an und stoßen sich ab. Sie drängen sich gegenseitig hinaus, schnell, bis zu 9600 Meter in der Sekunde, schneller als der Schall, der ins Land hinausrollt und den nur noch die Lebenden hören und nicht mehr die Toten.

Als sich eine halbe Stunde später der Rauch gelegt hat, steht der Chemiker Hayder al-Jizany auf der ausgebrannten Straße. Wasser rieselt aus geplatzten Leitungen. Die Asche auf dem Boden wird zu schwarzem Brei. Das Leben von sechs Frauen und Männern ist ausgelöscht. Hayder, ein 29-Jähriger mit schmalen Schultern, der Schmalste von allen, zwängt sich durch die Menschen, die die enge Gasse füllen und ihre Fäuste zum Himmel ballen, den anrückenden Polizisten drohen, sie an den Uniformen reißen und mit verzerrten Mündern schreien, schreien, schreien.

Die Polizisten fordern Verstärkung an, rufen in ihre Funkgeräte, halten die Gewehre schützend vor sich und brüllen und brüllen. Hayder folgt der Spur der Asche, konzentriert, unbeachtet von den Wütenden, als sei er hier ganz allein.

Die Spur führt ihn zu einem Haufen in sich verdrehtes Blech, der ein Mittelklassewagen vom Typ Daewoo LeMans war. Der Ursprung des Chaos. In ihm ist die Bombe explodiert. Aus dem Augenwinkel sieht Hayder die abgerissene Hand einer Frau, den Ehering noch am Finger.

Im Chaos ist eine feste Ordnung, und Hayder macht sich

daran, sie zu bestimmen. Er ist Offizier einer Einheit der irakischen Polizei, zu der sich nur selten jemand freiwillig meldet. Im Funkverkehr heißen sie die »Falken von Bagdad«, die Silhouette des Raubvogels ist auf ihre Einsatzwagen gesprüht. In vier Teams zu jeweils zwölf Männern rasen sie durch die irakische Hauptstadt. »Wir sind die, die schon tot sind«, sagen sie über sich. Die Falken sind die Bombenräumer von Bagdad. Rund um die Uhr entschärfen sie Sprengsätze, die in der Stadt gefunden werden. Seit der Gründung ihrer Einheit 2005 haben sie im Auftrag des Innenministeriums über 11 000 Bomben unschädlich gemacht. Sie untersuchen explodierte Bomben, um noch nicht explodierte besser zu begreifen. Das deutsche Bundeskriminalamt unterstützt sie seit Jahren und lud Hayder auch schon zur Weiterbildung nach Usedom ein.

Außer Hayder al-Jizany wollen die Polizisten nicht mit Nachnamen genannt werden, aus Angst.

Ich, der die irakische Einheit eine Woche lang begleitet, habe in dieser Zeit gelernt, was die wahre Bedeutung eines altertümlichen Wortes ist, das ich sonst nur widerwillig ausspreche: Helden.

Hayder bleibt nicht viel Zeit. Er geht auf die Knie, zieht sich die Plastikhandschuhe über und kratzt Rußproben vom Boden. »Ihr Hurensöhne!«, ruft es hinter ihm aus der Menge. Junge Männer aus dem Viertel bauen sich vor den Polizisten auf, einige fangen an, auf sie einzuschlagen. Die Ladenbesitzer hatten begonnen, Trümmer von der Straße zu räumen, und die Polizisten befahlen ihnen, das zu lassen. Damit die Spurensicherung und Hayder Beweise sammeln können. Im Viertel Al-Rabia hat es in den vergangenen Jahren zu viele Razzien und Festnahmen gegeben. Vertreter der Regierung sind hier verhasst, egal welche. Es drohen Hinterhalte. »Wir müssen aufpassen«, hat Hayder auf der Fahrt hierher gesagt. »Ich habe kein gutes Gefühl.« Er fürchtet, dass sie von Scharfschützen auf den Dächern unter Beschuss genommen werden könnten. Möglicherweise ist die Explosion der ersten Bombe auch nur der Köder gewesen, um die Polizei anzulocken und dann bei deren Eintreffen eine zweite oder dritte zu zünden. So passiert das oft in Bagdad. Jede Situation könnte eine Falle sein. Er beeilt sich, sammelt Materialproben in einem Plastikbeutel, wortlos. Die Polizisten hinter ihm können die Menge nicht länger kontrollieren, einer entsichert sein Gewehr, die Menge grölt, Hayder bricht ab. Er will keine weiteren Toten.

Die Stadt am Tigris liegt im Juli 2012 unter einem braunen Schleier aus Wüstensand. In den Straßen flirrt die Hitze. Die Temperaturen steigen auf bis zu 48 Grad. Der Krieg ist für die rund fünfeinhalb Millionen Einwohner offiziell vorbei. Die letzten amerikanischen Besatzungstruppen sind vor einem Jahr abgezogen. Doch von der alliierten Invasion 2003 und dem Bürgerkrieg hat sich Bagdad noch nicht erholt. Das Sterben geht weiter. Bis November sind in diesem Jahr 3843 Menschen ermordet worden, relativ viel, und relativ wenig. 2006, zu den schlimmsten Zeiten des Bürgerkrieges, waren es noch 28 814.

Der Statistik nach sterben heute täglich zwölf Menschen durch Attentate – 2007 waren es noch 81. Wobei die Mehrzahl der Morde wohl nie vermeldet wird. Die Stadt ist auseinandergefallen in sunnitische und schiitische Wohngebiete, hohe Betonmauern trennen sie. Es gibt 10 243 Checkpoints. Sie halten die Stadt zusammen, notdürftig wie Eisenklammern einen morschen Schiffsrumpf. Immer noch sind tagsüber ab und an Gewehrsalven zu hören. Misstrauisch belauern sich die früheren Milizen. Ihre Mitglieder arbeiten jetzt in Ministerien, den Verwaltungen, in den Läden ihrer Familien, doch jederzeit können sie wieder zu den Waffen greifen.

Die Regierung des Premierministers Nuri al-Maliki wankt.

Seine schiitischen Verbündeten, die Anhänger des eratisch-eigensinnigen Muktada al-Sadr, die Sadristen, unterstellen ihm, er konzentriere zu viel Macht auf sich. Die Sunniten werfen ihm vor, er wolle den Irak in einen schiitisch dominierten Staat umbauen. Das Parlament arbeitet an einem Misstrauensantrag. Angeblich sind die sunnitischen Untergrundmilizen kurz davor, sich wieder zu erheben.

An der Oberfläche scheint Bagdad erstarrt, eine hässliche graue Kruste, aber darunter schieben immer noch die Kräfte des Krieges. Alle paar Tage brechen sie durch und schleudern den Ascheregen der Vernichtung. Es sind Mörsergranaten aus alten Armeebeständen und Selbstmordattentäter, Autobomben, Straßenbomben größter Sprengkraft, Haftbomben unter Fahrzeugen, ausgelöst durch Handys oder Bewegungssensoren.

Die Stimmung beim Spezialkommando ist nach dem abgebrochenen Einsatz miserabel. Müde sitzen die Männer in ihren weißen Jeeps und quälen sich durch den Verkehr. Kreuzung für Kreuzung. »Du Arschloch!«, sagt ein Unteroffizier zu dem Beamten, der eben am Ort der Explosion fast das Feuer eröffnet hätte. »Sie haben mir das Kabel vom Funkgerät gerissen«, wehrt der sich. Dann fallen sie wieder ins Schweigen.

Es ist fast Mittag, als der Konvoi sich dem Hauptquartier der Falken nähert, dem sogenannten Direktorat. Ein einstöckiges Geviert mit einem staubigen Innenhof, überragt vom Tulpenbau der Verwaltung, vor einem halben Jahr eingeweiht, in dem die Generäle residieren. »Unsere Vagina«, scherzen sie im Jargon über das bunte Stabsgebäude, weil ihm der Architekt die Form einer Muschel gab. Der Neubau der Verwaltung wiederum liegt tief im Schatten eines noch größeren Baus. Nur einen halben Kilometer dahinter ragt das irakische Innenministerium über 30 Stockwerke auf wie ein monströser Geschützturm, Fenster schmal wie Schießscharten, ei-

ne Trutzburg aus Saddams Zeiten, sichtbar bis zu den Stadt-
grenzen.

Die Einheit besteht aus 48 Männern. 53 Polizisten kamen
seit ihrer Gründung 2005 ums Leben, der letzte starb vor
einem halben Jahr. In nur sieben Jahren ist die Einheit praktisch einmal aufgerieben worden. Die Porträts der Getöteten
hängen im Durchgangsflur zwischen Kantine und Mannschaftsräumen. Sie sind unscharf, grobkörnig und manchmal schon etwas verblichen, und trotzdem bleiben die Augen der Polizisten im Vorbeigehen oft an ihnen hängen.

Die Stadt ist in dieser Woche so verletzbar wie lange nicht.
Die Menschen, die sonst kaum aus ihren Häusern gehen,
werden sich bald ins Freie wagen. Am Freitag werden sieben
Millionen Schiiten in schwarzem Schador und Trauerklei-
dung durch Bagdad ziehen. Der alljährliche Pilgerzug zum
Schrein von Musa al-Kazim, dem siebten der zwölf Imame
im Schiitentum und einem Nachfahren des Propheten Mohammed, ist eine der größten Prozessionen der Welt. In allen
Himmelsrichtungen werden sich die Straßen schwarz fär-
ben. Jede Bombe, die an diesen Tagen am Wegesrand deto-
nieren wird, droht Dutzenden das Leben zu kosten.

»Hayder!«, rufen die anderen Offiziere, als Hayder al-
Jizany von seinem Einsatz in den Aufenthaltsraum zurückkommt. Sie machen sich manchmal lustig über ihn, weil er
ein sehr Stiller ist. Muthanna schlägt ihm lachend auf den
Rücken. Wie Hayder hat er Chemie studiert, keine Arbeit
gefunden und sich bei der Polizei beworben. Thamer, ein
ehemaliger Verkehrspolizist, schaut grinsend auf, im Feinripp-Unterhemd, tief im Polster seines Sessels versunken.
Er hat kürzlich seinen zweiten Versetzungsantrag gestellt,
um in eine andere Polizeieinheit zu kommen. Der Antrag
wurde abgelehnt. Jassim, der beim Versuch, eine Bombe zu
entschärfen, schwer verletzt worden ist, ebenfalls Chemiein-
genieur, einer, der wie Hayder selten lacht, der bei Spötte-

leien stets zu ihm hält, spielt am Computer die Eroberung von Stalingrad.

Hayder legt seine Splitterschutzweste ab, hockt sich auf ein Feldbett und beginnt seinen Rapport zu schreiben. Thamer zeigt auf den Fernsehschirm – »ein schlimmer Tag«. Im Liveticker laufen die Meldungen über Explosionen in Endlosschleife.

Überall in Bagdad gehen Sprengsätze hoch, abwechselnd in schiitischen und sunnitischen Wohnvierteln. 21 Autobomben und 50 Sprengsätze werden es bis zum Abend sein. 70 Menschen sterben bis 18 Uhr, es ist der bisher blutigste Tag des Jahres. Gleichzeitig jagt eine Welle von Fehlalarmen die Bombenentschärfer durch die Stadt. Hier ein zu lang parkender Wagen, dort ein Imbissstand, dessen Inhaber seit Tagen nicht gesehen wurde.

Mittags ist es wieder Hayder, der ausrücken muss. Er bricht den Kühlschrank einer Garküche auf, in dem Anwohner eine Sprengladung vermuten, aber da ist nichts.

Am Abend beruft Ministerpräsident Maliki das Kabinett zu einer Krisensitzung ein. Das Sicherheitskonzept für den Freitag, den Höhepunkt des Pilgerzugs, soll nochmals überprüft werden. Fast alle verfügbaren Ordnungskräfte im Land werden nach Bagdad beordert. »Ein Witz!«, lacht Thamer vor dem Fernseher, kurz bevor der Generator ausfällt. Das geschieht oft. Das Licht geht aus, auch die Klimaanlage funktioniert nicht mehr. Hitze kriecht aus der Dunkelheit. Noch so viele Polizisten könnten den Zug der Millionen nicht schützen, sagt Thamer in die Finsternis hinein.

Es ist ein ungleiches Duell zwischen Bombenlegern und Bombenentschärfern, ein Zweikampf, bei dem der eine Techniker den anderen zu überlisten sucht – ihr Einsatz ist ihr Leben.

In schneller Fahrt rauscht der Konvoi am nächsten Morgen über breite Autobahnen. Ahmed, der Hayder heute abgelöst hat, ist der diensthabende Offizier, ein Lebemann, der sich gern als Frauenheld und Partylöwe gibt und in Wahrheit nichts davon ist. Die Straßenränder sind gesäumt von den Zelten der Pilger, schiitische Fahnen flattern auf den Dächern. »Bombe am Al-Qanna-Highway«, lautet der Funkspruch, den sie bekommen hatten. Mehr wissen sie nicht. »Welchen Weg soll ich nehmen?«, ruft der Fahrer, Ahmed rät zu einem Umweg, um den Morgenstau zu umgehen, trotzdem stecken sie bald fest. Sie weichen auf den Mittelstreifen aus, bis plötzlich ein Taxi den Weg versperrt. Blinkend, hupend kommt der Konvoi dahinter zum Stehen.

Zwei Menschen steigen aus dem Taxi und rennen davon. »Das sieht beschissen aus!«, flucht einer der Polizisten in Ahmeds Wagen. »Das könnte eine Autobombe sein. Wenn die hochgeht, sind wir alle tot.«

In einem ruhigen Moment vor dem neuen Einsatz hat Ahmed gesagt: »Du hast zwei Möglichkeiten, wenn du einen Sprengsatz entschärfen willst: Du jagst ihn in die Luft. Zerstörst ihn mit einer anderen Bombe. Aber dann ist alles dahin, jeder Hinweis auf den Bombenbastler, jede Chance, dem Terror eines Tages ein Ende zu machen. Oder du suchst den Stromkreis, der die Detonation auslöst. Du gehst zur Bombe hin, beugst dich dicht über sie und versuchst, sie zu begreifen.«

Sie überholen das Taxi, das dieses Mal nur ein Taxi war.

Als die Kolonne der Bombenentschärfer am Ziel eintrifft, wandern Gruppen von Pilgern auf dem Al-Qanna-Highway. Die Sprengfalle liegt nur zehn Meter von der Fahrbahn entfernt. Zwischen den Grasbüscheln ist sie kaum zu sehen. Gegenüber sind Zelte und Imbissstände aufgebaut, die die Prozession mit Getränken und Lebensmitteln versorgen. Überall Gruppen von herumtollenden Kindern. »Fuck«, sagt Ahmed, was nicht der Bombe gilt, sondern dem Bombenräumkommando der Bundespolizei. Hayder und seine Leute sehen die »Löwen«, wie sie sich nennen, als Konkurrenz. Die waren eher da und haben die Zündkabel des Sprengsatzes bereits gekappt.

Die Experten beider Einheiten stehen jetzt vor der Bombe wie vor einem erlegten Tier. Zwei mit Klebeband umwickelte Mörsergranaten haben sie aus dem Gras geholt und einen Plastikkanister mit Sprengstofffüllung. »Die Terroristen haben nicht sauber gearbeitet«, sagt Ahmed, die Hände in den Hosentaschen. »Ich bin sicher, die haben beim Verkabeln einen Fehler gemacht.« Die drei Sprengladungen waren mit einem Zeitzünder verbunden, einem Nachttischwecker chinesischer Produktion.

Plötzlich ein lauter Knall. Ahmed zuckt zusammen. Hinter ihm ist in einer Garküche eine Kühlschranktür zugefallen.

Jeder Angriff auf den Pilgerzug kann Bagdad zurück in die Anarchie bomben. Wie die meisten Länder der arabischen Welt ist der Irak eine Kreation der Kolonialmächte, ein künstliches Gebilde, das umfasst, was sich nicht zusammengehörig fühlt. Die machtvollen schiitischen Pilgerzüge, unter Saddam verboten, sind in diesem geteilten Land für viele eine Provokation. 2005 starben auf einer Brücke in Bagdad bei einer Massenpanik mehr als 950 Pilger. Sie drängten sich gegenseitig in die Tiefe, weil Gerüchte über eine Bombe kursierten. Der Bürgerkrieg eskalierte vollends, als in den Tagen nach dem Anschlag auf die Goldene Moschee in Samarra 2006 mehrere tausend Menschen ums Leben kamen. Diese eine Bombe war das Fanal zum großen Abschlachten, dem Albtraum Iraks, der Auftakt zum Krieg zwischen Sunniten und Schiiten, in dem Hunderttausende ermordet wurden – und der im Grunde bis heute anhält.

Thamer schaut bei Ahmeds Rückkehr wieder fern, einen türkischen Polizeithriller mit vielen Flammen und Explosionen. Jassim sitzt am PC, hat aber das Computerspiel gewechselt. Muthanna betet auf dem Boden zwischen den Betten.

»Wir sind zu spät gekommen!«, klagt Ahmed in die Runde. »Die Löwen haben die Zündkabel mit der Hand zerrissen, nur damit sie zeigen können, wie schnell sie sind.« – »Deshalb haben die auch so viele Unfälle«, ruft Thamer aus der Tiefe des Sessels.

Lange Jahre waren die Falken die Einzigen in Bagdad, die Bomben entschärften, sie sind die Muttereinheit, sagt Thamer, der von Anfang an dabei ist. »Wir haben alle ausgebildet. Ohne uns wären die anderen nichts.« Mittlerweile gibt es fünf untereinander konkurrierende Trupps, jedes Ministerium hält sich einen. Jedes Ministerium misstraut dem anderen. Bisher haben sie es noch nicht geschafft, die Stadt in Zuständigkeitsbereiche aufzuteilen. Oft stürzen sich alle fünf auf einmal auf eine Bombe. Auf den Straßen finden regelrechte Wettrennen zwischen den Bombenkommandos statt. Sogar zu Unfällen ist es deswegen schon gekommen.

Im korruptesten Land der Welt hat die Falken zudem ein Korruptionsskandal schwer in Mitleidenschaft gezogen. Ihre Kassen sind geplündert. Es ist kein Geld da für moderne Ausrüstung. Für bessere Roboter und Schutzanzüge. Ihre ehemalige Führung ist in Haft. Der Gründungsvater der Einheit, ein General, sitzt mit drei weiteren Offizieren im Gefängnis, verurteilt zu viereinhalb Jahren. Er hatte 800 Sprengstoffdetektoren des Typs ADE 651 im Wert von Dutzenden Millionen Dollar aus England gekauft. Jeder Checkpoint im Irak verwendet diese Handgeräte. »Zauberstäbe« heißen sie im Volksmund. Der General wurde verurteilt, weil er Geld hinterzog und die Detektoren für 60 000 Dollar statt für 18 500 Dollar pro Stück erwarb. Das größere Verbrechen blieb hingegen ungesühnt: Die Detektoren funktionieren nicht. Die Sicherheit von Millionen Irakern, das ist der begründete Verdacht, stützt sich auf Scharlatanerie. Noch ist der Zauberstab überall im Land im Einsatz.

Ihre Gegner, die Bombenbauer, sehen die Sprengstoffexperten nie. Doch manchmal reden sie mit ihnen am Telefon. Thamer erzählt, wie er vor einem Jahr versuchte, eine Autobombe zu entschärfen. »Ich hatte am Gaspedal den ersten Stromkreis gekappt.« Einen zweiten habe er unter dem Beifahrersitz durchgeschnitten. »Okay, dachte ich, das war's jetzt. Doch plötzlich klingelt irgendwo im Auto ein Handy.«

Handys sind in Bagdad die gebräuchlichsten Zünder, ihr Klingeln gibt der Bombe den elektrischen Impuls. Thamer rettete der Umstand, dass er zuvor zufällig ein Kabel durchgeschnitten hatte, das den Zünder mit dem Sprengstoff verband. Was er nicht wusste. Als er das Handy fand, nahm er den Anruf an und brüllte hinein. »Du hast mich nicht erwischt, du Ratte!« Mit ruhiger Stimme habe der Anrufer erwidert: »Ich krieg dich ein andermal.«

Am Donnerstag füllen sich die Straßen stündlich mit mehr Menschen. Wo am Vortag Dutzende liefen, sind es jetzt Tausende. Freiwillige besprühen die Pilger am Wegesrand mit parfümiertem Wasser, damit sie nicht in der Hitze kollabieren. Musik spielt aus wuchtigen Lautsprechertürmen.

Für die Falken bleibt es vorerst still. Sie führen ein Leben zwischen Extremen. Da sind Tage voller Langeweile, in denen sie sich auf ihren Betten rekeln, auf ihren Sofas, über die Hitze und die Bezahlung klagen, in denen sie Pornos auf ihren Handys abspielen, Tee trinken – ins Endlose gedehnte Zeit. Sie endet abrupt, mit dem Schrillen der Klingel im Flur. Diesem kleinen bonbonroten Ding, das die Zeit tausendfach beschleunigt. Die rote Klingel des Alarms komprimiert Stunden zu Sekunden, in denen über Leben und Tod entschieden wird.

Die ganze Stadt ist am Tag vor dem Höhepunkt des Pilgerzugs ein Sperrgebiet. Nur noch wenige Straßen dürfen befahren werden. Das soll die Gefahr von Autobomben minimieren. Am Nachmittag schellt die rote Klingel, und es trifft wieder Hayder. Die älteren Offiziere wie Thamer und Muthanna lassen gern die jüngeren vor. Hayder läuft zum Spind, wo das Foto seines vier Monate alten Sohnes hängt, Qaswr, sein erstes Kind, schließt dann die Klettverschlüsse seiner Schutzweste, schweigend wie immer, geht noch ein letztes Mal auf Toilette. Eine Hayder-Regel. Nie mit voller Blase zur Bombe.

Die Mannschaften rennen zu den Fahrzeugen. Sie rasen durch leere Straßen. Am Rande von Sadr City ist ein verdächtiges Fahrzeug gemeldet worden, an der 83. Kreuzung, aber dort ist nichts zu sehen. Die Kontrollposten wissen von nichts, und gerade als Hayder beginnt, misstrauisch zu werden, ob sie hier nicht in eine Falle geraten, finden sie den Wagen.

Ein gelbes Taxi in einer Nebenstraße, dessen Fahrer angeblich nach einem Streit mit einem Nachbarn geflohen ist. »Macht den Roboter klar«, sagt Hayder zu seinen Leuten, weil das die Vorschrift ist. Doch sie wissen, dass das nicht nötig sein wird. Sie lassen den Roboter im Transporter, denn Hayder geht selbst zu dem Wagen.

Das ist der Grund, warum ihn die niederen Dienstgrade anders als die Offiziere nicht als den Stillen verspotten, der nie auf harten Kerl macht, so ganz ohne Machogehabe. Hayder ist der Furchtloseste. »Du hast da so einen Instinkt«, sagt er später. Er hätte den Roboter benutzen können, im schlimmsten Fall wäre die Maschine auf halber Strecke stehen geblieben. Wegen der alten Batterien. Im besten Fall hätte es der Roboter zum Taxi geschafft, ein Schütze hätte das Seitenfenster zerschossen, und der Roboter hätte eine Sprengladung ins Innere geworfen. Dann hätten sie den Wagen in die Luft gejagt. So ist das Standardverfahren, so machen es die älteren unter den Offizieren.

»Ich habe keine Lust mehr, mein Leben zu riskieren«, sagt etwa Thamer.

»Es hätte den ganzen Tag gekostet«, sagt dagegen Hayder. »Wir hätten alles evakuieren müssen und hätten alles zerstört.«

Als er das Taxi erreicht, schaut er durch die Fensterscheiben, geht mit etwas Abstand drum herum. Angespannt beobachten seine Leute aus sicherer Entfernung das Geschehen. Die Terroristen lassen ihre Bomben selten allein. Sie beobachten aus der Ferne, lauern manchmal nur darauf, dass die Sicherheitskräfte näher kommen. Dann wählen sie die Nummer des eingebauten Handys und zünden. Hayder hätte keine Chance.

»Warum hat Allah dem Menschen die Nasenlöcher nach vorne wachsen lassen und nicht an den Schläfen?«, fragt Muthanna neugierig in die Runde, als Hayder eine Stunde später in den Aufenthaltsraum tritt. Muthanna liest gern in theologischen Abhandlungen. Allah hat einen Plan, will er damit sagen, egal, wie grausam die Wirklichkeit sein sollte. Es gibt hinter Allahs Plan einen Sinn. »Fehlalarm«, sagt Hayder, die Offiziere schauen nur kurz auf. »Warum hat Gott«, fährt Muthanna fort, »die Augenbrauen über die Augen gesetzt und nicht darunter?«

Hayder öffnet seinen Spind, sieht das Foto seines Kindes, legt die Weste ab. Für den Rest seiner Schicht schweigt er wieder. Er hat bei seinem Einsatz mit einem Brecheisen das Seitenfenster eingeschlagen, dann die Wagentür geöffnet, sehr behutsam, nur wenige Millimeter, um zu sehen, ob ein Draht dazwischen gespannt war. Er öffnete den Wagen, suchte mit zwei weiteren Polizisten in jedem Winkel und fand – nichts.

Den Tod haben die Bombenbauer über die Jahre in immer vielfältigere Formen verpackt. Thamer musste schon Thermoskannen entschärfen, Colaflaschen und eine Zigarettenschachtel. In den Moscheen Bagdads haben sie religiöse Bü-

cher gefunden, das Innere ausgeschabt und mit Plastik-
sprengstoff gefüllt. Die Buchbomben hatten inmitten der
Betenden gezündet werden sollen. Berüchtigt bei den Bombenentschärfern sind Türvorleger, die an der Unterseite ver-
drahtet sind. Wer draufsteigt, geht hoch. Es gibt Bombenbauer, die sich auf die Herstellung von Ziegelstein-Minen
spezialisiert haben. Sie sind von echten Ziegeln nicht zu un-
terscheiden. Die Sprengstoffe kommen aus den Nachbarlän-
dern, vornehmlich dem Iran, oder werden aus Düngemitteln
gemischt. Erhältlich überall im Irak. Bei den Zündern ver-
wenden die Untergrundwerkstätten zunehmend elektroni-
sche Sensoren statt Handys. So umgehen sie Störsender.

Hayders Einsätze sind für ihn schwerer geworden, seit
sein Sohn auf der Welt ist. »Ich habe ihn so sehr gewollt. Ich
habe schon Kinder gewollt, als ich zehn Jahre alt war.« Zu
Hause trägt er den Säugling durchs Haus und kann gar nicht
von ihm lassen. Er konnte bei der Beschneidung nicht zusehen, weil er den Schmerz im Gesicht seines Sohnes nicht er-
trug. Nach Schichtende, wenn er die Uniform auszieht, geht
er in den Handyladen seines Bruders und hilft beim Verkauf.
Fast alle Sprengstoffexperten der Falken haben einen Zweit-
job. Mit dem Gehalt eines Polizisten allein, 900 Dollar monatlich, könnten Hayder und seine Familie nicht auskom-
men.

Am Freitag erreichen die Pilger unbeschadet das Heilig-
tum im Vorort al-Kazimiyya, kilometerweit umsäumen
sie den Schrein. Nur Luftaufnahmen können die gewaltigen
Dimensionen fassen. Beim Gebet flehen die Gläubigen in re-
ligiöser Verzückung, beweinen den Imam, der im 8. Jahrhundert vergiftet wurde. Frauen und Männer klammern sich an
die Gitterstäbe seines Grabes. Ihr Wimmern und Schluchzen
erfüllt den Raum. Das Trauern ist aber auch Feiern, der Be-
weis für ihre Liebe zum Propheten Gottes.

Es hält nun auch die Bombenentschärfer der Falken nicht

länger auf ihrem Stützpunkt. Sie alle sind Schiiten. Muthanna läuft mit seiner Familie quer durch die Stadt, kehrt aber vorzeitig um, weil ihm die Menschenmassen für die Kinder zu bedrohlich erscheinen. Thamer nutzt die Gelegenheit für den ersten Ausflug nach der Geburt seiner Zwillinge. Den Kinderwagen vor sich herschiebend, folgt er seiner Frau im Strom der Gläubigen. »Achte auf deinen Diabetes«, belehrt sie ihn bei jedem Imbissstand. Die Kleinen weinen, sie sind erkältet.

Die Bombenanschläge aber bleiben bislang aus.

Am Ende, als die Massen auf dem Heimweg sind und niemand mehr damit rechnet, sprengt sich ein Attentäter an einem Stand von Sammeltaxis in die Luft. Er tötet elf Menschen und verletzt 45.

Die Offiziere des Bombenkommandos sitzen wenig später im Aufenthaltsraum. »Ich habe so etwas noch nicht erlebt«, sagt ein junger Polizeileutnant, der für die Feiertage zur Verstärkung aus der Provinz hierher versetzt worden ist. »Fleisch und Knochensplitter überall. Ich weiß nicht, was ich da gesehen habe. Ob dieses Fleisch auf dem Boden Frauen oder Kinder waren.« Er sitzt zitternd im Polstersessel, presst die Handflächen aufeinander, versucht, nicht zu schluchzen.

»Ein paar Minuten vorher bin ich da mit meiner Familie noch durchgelaufen«, sagt Thamer erschrocken. »Es ist so entsetzlich«, sagt der junge Leutnant. »Wie soll ich solche Bilder aushalten können? Ich bin doch nur ein Mensch.« »Die Pilgerfahrt müsste man polizeilich verbieten«, sagt Ahmed lakonisch. »Wir können sie nicht sichern.«

Ahmed hat seinen eigenen Albtraum in ein weißes Handtuch gewickelt und seit Monaten ganz hinten im Spind verstaut. Eine Zange. »Ich benutze sie nie wieder.« Mit ihr hatte er an den Tatorten Beweisstücke aufgelesen und in Plastikbeutel gesteckt. Vor einem halben Jahr war während seiner Schicht eine Straßenbombe unter einem Linienbus explodiert. Ahmed hat die Fotos noch auf seinem iPhone. Er wendet den Kopf ab, als er sie mir zeigt. Die Armaturen glutrot und leuchtend weiß gepunktet mit Muskelfetzen und Knochenstücken. »Ich habe mittendrin nach den Überresten des Sprengkörpers suchen müssen.«

Ahmed hat bei den Bombenentschärfern angefangen zu trinken. Er prahlt mit dem, was er verträgt. Zwei Flaschen Arrak, und dann mit 150 Stundenkilometern nach Hause.

Er treibe es aber nicht mehr so wild. Er gehe auch nicht mehr so oft in die Bordelle. »Bagdads Falke!«, rufen ihn dort die Ansager aus. »Applaus für unseren Helden!« Ahmed nimmt mich, den Reporter, einmal dorthin mit. Minderjährige Mädchen, hochgeschminkt, tanzen im Kreis zu wuchtigen Trommelschlägen. Der Lärm brennt in den Ohren. Ahmed sitzt mit Freunden an kleinen runden Tischen, bittet hin und wieder ein Mädchen zu sich heran, das an Ahmed nestelt, ihn mit schnellen Küssen bedeckt, ihn eindeckt mit Illusionen.

In den Tagen nach dem Zug der Millionen kommt Sturm vom Norden auf. Er vertreibt die Hitze nicht, sondern macht sie nur noch drückender. Wie die Staubwelle einer einzigen großen Explosion legt sich ein Kranz von schwarzen Wolken um die Stadt. Mitten im Sandsturm untersucht Muthanna einen Anschlag auf einen Kontrollposten, drei tote Soldaten, vier Verletzte, ferngezündete Straßenbombe, Routine.

»Wind aus der Wüste«, sagt Jassim im Stützpunkt. Er ist dazu verdammt, hinter seinem leeren Schreibtisch zu sitzen. Er hasst diesen Schreibtisch. Die anderen, auch Hayder, vermeiden es, in Jassims Büro zu kommen. Der Anblick dieses Mannes weckt die Ängste, die sie vor sich selbst verbergen. »Ich vermisse die Arbeit da draußen«, sagt Jassim. Im Juni 2010 war er zu einem Einsatz vor der Stadtverwaltung von Sadr City aufgebrochen, um eine explodierte Sprengladung zu untersuchen. Sie entdeckten eine zweite Bombe, drei Granaten, 57 Millimeter dick, mit Klebeband umbunden. Er wollte gerade das Kabel vom Zünder kappen, tief über die Bombe gebeugt, als fünf Meter hinter ihm eine dritte explodierte.

Die Aufnahme der Explosion hat er auf seinem Handy, ein Kollege filmte ihn bei der Arbeit. Die Metallsplitter zerfetzten seinen Unterleib, verbrannten den Darm, brachen die Hüfte. Jassim lag sieben Monate mit Schläuchen im Bauch auf der Intensivstation.

Es vergeht immer noch kein Tag ohne Schmerzen. Im Gewebe der Blasenwand wandern vier Schrapnelle. Die Ärzte in Bagdad wagen es nicht, sie zu entfernen. Das könnten nur Spezialisten im Ausland, aber die Regierung zahle ihm die Behandlung nicht. Derweil bewegen sich die Splitter weiter und drohen die Reste der Blase zu zerschneiden. Schon jetzt schmerzt ihn jedes Pinkeln. Jassim ist ein trauriger, zerstörter Mann. Die anderen meiden seinen Blick, und er meidet den ihren.

»Ist das der Tod?«, fragte er sich in dem Moment der Explosion. Er erinnert sich, wie er seinen rechten Fuß sieht, dann pinkfarbenen Rauch, dann den blauen Himmel. Er schlug auf dem Boden auf und sah das Blut und fühlte den Schmerz. »Nein«, dachte er sich da. »Das ist nicht der Tod. Das ist das Leben.«

In den schlaflosen Nächten steigt Hayder, der liebevolle Vater, der Tapferste aller Falken, in seinen Wagen, dreht die Musik auf und fährt ganz langsam durch die Stadt. Wie Schweben sei das. Sich ganz der Musik hingeben. Seine Frau ruft ihn manchmal in der Nacht an und fragt, wo er denn bleibe. »Ich glaube, sie ist ein bisschen eifersüchtig.« Er lacht traurig. Hayder aber trifft sich mit keiner anderen Frau. Er kann es nur schwer erklären. Er fährt von Checkpoint zu Checkpoint, bis er nichts mehr fühlt und eins wird mit der Stille der Nacht.

Sierra Leone, 2010. Foto: Toby Binder.

Das Sterben der Mütter
Sierra Leone, 2010

»Du löschst sie aus wie einen Traum in der Nacht.« Psalm 90,5; Übersetzung aus einer lokalen Bibel.

Ihre Fingernägel kratzen über die Wand, die schwarz und speckig ist von den Händen unzähliger Frauen. Sie krallen im Putz, brechen kleine Körnchen aus ihm und ziehen von oben nach unten eine helle Bahn. Haltlos fällt der Arm hinab auf den gekrümmten Körper. Die 20-jährige Fatmata Kammal windet sich auf einem Bettgestell, ausgezehrt, mit zitternden Beinen, in der 41. Woche schwanger. Sie dreht den Kopf steil in den Nacken und würgt die Kiefer auseinander. »Gott, komm näher«, keucht sie, »lieberlieberlieber Gott.« Die Wehen haben vor zwei Tagen begonnen, sie blutet seit zwei Wochen, und schon längst hätte Fatmata das Baby bekommen sollen. Der Boden unter ihrem Bett ist bedeckt von Urin, Erbrochenem und blutiger Watte. »Pressen!«, rufen die alten Frauen, ihre Geburtshelferinnen, die jetzt immer nervöser auf die Schwangere schauen. Drei von ihnen haben sich in dieser dunklen Kammer versammelt, dem Ort, an dem sich das Leben und der Tod berühren.

»Pressen!«, rufen die alten Frauen. Das Kreischen Fatmatas dringt durch die Fenster auf den Dorfplatz hinaus und mischt sich ins fröhliche Kindergeschrei. Es ist Anfang März, ein Montag, kurz nach 14 Uhr. Eine halbe Stunde zuvor hatte ein 19-köpfiger Tross aus Mutter, Tanten und Geburtshelferinnen die Schwangere zum staatlichen Gesundheitsposten des kleinen Zentralortes Bandajuma gebracht, der in der Provinz Kailahun im Südosten Sierra Leones liegt.

337

Ein Steinhaus mit halbzerrissenen Aufklärungsplakaten und einem Gemüsebeet zur Selbstversorgung der Krankenschwester. Die Familie war am späten Vormittag vom sechs Kilometer entfernten Nachbarort Yendema hierher aufgebrochen. »Wir müssen nach Bandajuma zur Schwester Hawa«, drängten die Frauen. »Nur Gott und Hawa können noch helfen.«

Das Sterben der Mütter ist eine der größten Katastrophen unserer Zeit, kaum eine fordert so viele Opfer. Sie erzeugt keine Schlagzeilen – aber Millionen von Witwern und Halbwaisen. Nach Angaben der Weltgesundheitsorganisation sterben jedes Jahr 536 000 Frauen aufgrund von Komplikationen während der Schwangerschaft oder der Geburt, mehr als die Hälfte davon in Afrika. Während 2008 in Deutschland bei 682 514 Entbindungen 36 Frauen ums Leben kamen, registrieren Hilfsorganisationen die weltweit höchste Müttersterblichkeit im westafrikanischen Sierra Leone. Eine von acht überlebt dort die Geburt nicht. Die Frauen gehen an Infektionen zugrunde, sie verbluten, weil die Nachgeburt in ihnen vergessen wurde. Sie krepieren an und mit ihrem Baby, weil sie keinen Kaiserschnitt bekommen. Weil ihre inneren Organe versagen. Weil unwissende Geburtshelferinnen mit dem falschen Medikament zur falschen Zeit die Wehen einleiten. Oder der Weg zum nächsten Krankenhaus einfach zu weit ist. Hier in Sierra Leone gibt es nichts, was für eine Frau lebensbedrohlicher ist als: ein Kind in sich zu tragen.

Die Füße knickten ihr ein, als Fatmata hinter dem mächtigen Kolabaum, der ihr Dorf überragt, den Pfad in die Wälder nahm. »Du willst doch nicht hier im Busch gebären?!«, trieben sie die alten Frauen voran, wenn die Schwangere vor Erschöpfung auf die Knie sank. Fatmata selber wurde von ihrer Mutter auf einer Bastmatte zur Welt gebracht. Sie lebt seit anderthalb Jahren mit dem Bauern Fomba Kamor zusammen, der ihnen am Ortsrand eine kleine Lehmhütte baute. Stumm läuft der 29-Jährige dem Zug der Frauen hinterher. Er ist ein verbissener Arbeiter, wie kaum ein anderer im Ort, der alles aus seinen Feldern herausholen will. Cassava-Pflanzen bauen Fomba und Fatmata an, Reis und Palmfrüchte. Für beide ist es die zweite Ehe, auch das zweite Kind. Zurzeit scheint es nicht so gut um ihre Beziehung bestellt, Fomba und Fati streiten sich häufig. Sie ist eifersüchtig, er wirft ihr vor, bei der Feldarbeit faul zu sein. Nach der Geburt, hofft er, wird etwas mehr Frieden einkehren. Wird alles besser werden.

Der Weg führt durch drei Sümpfe, erinnert sich später die Mutter von Fati, auf schmatzender Erde, durch die bei jedem Schritt das Wasser drückt. Es riecht nach Verwesung und Moder auf diesem Pfad, der oft nicht breiter ist als zwei Paar Sandalen. Ameisen beißen Fatis Beine wund, Wurzeln lassen sie stolpern. Zwei Stunden dauert es, bis die kleine Gruppe den Fluss erreicht, fünf Meter breit, über den nur eine quer liegende Palme führt. Braunes Wasser wälzt unter ihr, auf ihrem Stamm muss jeder für sich allein balancieren. »Es ist nicht mehr weit«, sagen die alten Frauen. Fatmata kauert sich ans Ufer und weigert sich, weiterzugehen. Schlägt um sich, wenn sie jemand an die Hand nimmt. Windet sich unter einer weiteren Wehenwelle. Rafft sich dann auf, setzt ihre Füße vorsichtig auf die Palme und steht schließlich vor Schwester Hawas Tür. Meistens ist die nicht da, aber Fatmata hat Glück. Hawa ist da. Doch auch sie weiß jetzt nicht, was tun.

Das Kind ist lange überfällig. Es ist zu groß und Fatmatas Becken zu zierlich, sieht Schwester Hawa. Folge einer Mangelernährung in ihrer Kindheit. Den Wehen gelingt es nicht, das Baby durch dieses schmale Nadelöhr hindurchzuzwängen.

Hawa drückt ihr Hörrohr sanft auf die Schwangere, die Blicke der beiden Frauen treffen sich über dem Bauch. Unter

339

dem tosenden Herzschlag der Mutter erlauscht Hawa den leisen des Kindes. »Es lebt noch«, sagt sie. Zwölf Dörfer mit knapp 15000 Einwohnern betreut die 29-Jährige. Ein ganzes Netzwerk aus solchen Gesundheitsposten liegt über Sierra Leone. Laut Vorschrift des Gesundheitsministeriums müssen alle Frauen in solchen Stationen gebären, doch sind die meist weit weg von den Dörfern. Tatsächlich kommen sie nur in Notfällen zu Hawa. Sie hat eine Ausbildung von ein paar Monaten absolviert, bei der ihr einige medizinische Grundlagen beigebracht wurden. Monatlich 50 Dollar hat man ihr beim Gesundheitsministerium versprochen, selten bekommt sie das Geld.

Hawa stülpt die Hände in ihr einziges Paar Gummihandschuhe. »Ich möchte fühlen, wo der Kopf des Babys ist«, sagt sie und greift in die Scheide Fatmatas. Die Handschuhe sind eben noch von den alten Frauen zum Aufwischen von Erbrochenem benutzt worden, und sonst wäscht Hawa sie vor Gebrauch mit Seife ab. Dieses Mal hat sie es vergessen. »Es ist noch sehr weit drin«, sagt Hawa und verlässt den Raum.

»Mamie«, wimmert Fatmata und packt eine Geburtshelferin, zerrt sie am Hemd zu sich heran. »Hilf mir!« – »Ich kann dir nicht mehr helfen«, sagt Mamie Momoh, 50, hartkantiges Gesicht, glasiger Blick, die sie durch die ganze Schwangerschaft begleitete. »Du musst es alleine tun, du und Gott.« Momoh hat ebenfalls seit zwei Tagen nicht geschlafen, heute nichts gegessen. Sie gehört der Berufsgruppe an, der das Müttersterben in Afrika hauptsächlich angelastet wird. Die Geburtshelferinnen haben selten eine Schule besucht, vererben ihr Wissen durch die Generationen. Sie machen viele Fehler, arbeiten nur mit Hörrohr und nackten Händen, aber sie sind die Einzigen, die sich kümmern. Auch jetzt. Denn meistens ist Krankenschwester Hawa nicht zu sehen. Im Grunde mag sie ihren Beruf nicht, er widert sie an, das erzählt sie jedem.

Aber er ist einer der wenigen, für den sich Frauen in Sierra Leone schulisch ausbilden lassen können. Hawa liegt mit ausgestreckten Beinen vor dem Haus und sieht, wie die Sonne hinter dem Horizont versinkt.

Die Nacht fällt über das Land, das schon vor Jahren aufhörte, zu existieren. Nach dem Bürgerkrieg und bis zu 300 000 Toten ist Sierra Leone wie ausgelöscht. Ein Staatsgebilde, niedergerissen bis auf die Grundmauern. Zwischen 1991 und 2002 wurde die Vorzeigenation Westafrikas mit ihren Musteruniversitäten von Armeen aus Kindersoldaten zermalmt. Unter Drogen hackten sie den Menschen die Hände ab, die Arme, schnitten ihnen die Lippen von den Mündern. Fatmatas Familie rettete sich nach Liberia, ihr Mann Fomba ging nach Guinea. Bei ihrer Rückkehr klaffte dort, wo einst ihr Dorf stand, eine leere Waldlichtung. In acht Jahren haben sie ihre Heimat wiederaufgebaut, ohne Hilfe. Sierra Leone gilt heute als eines der ärmsten Länder der Welt, 70 Prozent der Menschen leben von weniger als einem Dollar am Tag. Was früher Stein war in diesem Staat, ist heute Lehm.

Nackt stemmt sich Fatmata auf, mit zu Fäusten gekrümmten Händen. Ihr Kopf hängt zwischen den Schultern. Ein Zittern durchläuft die Arme, als sie ihren Oberkörper langsam aufrichtet. Die vier Geburtshelferinnen treten an sie heran, legen schweigend ihre Handflächen auf ihren Kopf. Andere Frauen kommen dazu, stellen ihr einen Plastiktopf mit gesegneten Süßigkeiten auf den Scheitel, berühren sie. Fatmata schließt die Augen. Sie beten. Die Gemeinschaft der Frauen. Es sind sehr alte Gebete in einer Sprache, die sie längst nicht mehr verstehen. Danach kippt Fatmata um. Die Geburtshelferinnen hocken sich wieder an den Bettrand, wo sie ihre knorrigen Finger kneten.

Die Familie kauft Kerosin für die Lampe, die in der Kammer angezündet werden soll. Es gibt hier kein anderes Licht. »Was ist das nur für ein Kind, das mir solche Schmerzen bereitet?«, flüstert Fatmata und rammt ihre Beine gegen die Mauer. »Du solltest Buße tun!«, rät Mamie Momoh. Gott strafe die Schwangere für ihr wildes Temperament. »Bitte deinen Mann um Vergebung«, drängt Momoh. »Du hast ihn gedemütigt. So oft hast du ihn beschimpft.« Draußen vor dem Fenster sinkt Fomba auf die Knie und betet für die Erlösung seiner Frau. Doch Fati hört sie alle nicht, sie hört nur ihr eigenes gellendes Schreien.

Die Zeit, die Mutter und Kind bleibt, schwindet. Es ist gegen 20 Uhr. Schwester Hawa drängt die Familie. »Bei mir wird sie sterben. Ihr müsst sie ins Krankenhaus bringen.« Die Schwangere auf der Pritsche hebt den Kopf. »Das ist viel zu teuer.« Ihre Familie besitzt keine Ersparnisse. »Dein Leben ist doch wichtiger als das Geld!«, ruft Hawa. Der Familienrat entscheidet, das Angebot von mir, dem hilflos beistehenden Reporter anzunehmen, und mit meinem Jeep ins 25 Kilometer entfernte Nixon Memorial Hospital in der Kleinstadt Segbwema zu fahren. Dort gibt es eine Entbindungsstation und die einzige qualifizierte Hebamme im Umkreis von 80 Kilometern. 300 Meter vor dem Ziel erleidet Fatmata einen Anfall, ihre Augen drehen ins Weiße, Schaum quillt aus dem Mund, ihre Muskeln zucken und werden starr.

Der Wagen erreicht Minuten später das Gebäude des Geburtentrakts. Fatmata scheint verloren. Marianna Kamara, ihre Mutter, die während der Fahrt neben ihr gesessen hatte, hält den reglosen Körper im Arm. »Tu uns das nicht an, Fati! Lass uns nicht alleine!«, schreit sie im Wagen. Weinend wirft sie sich beim Erreichen des Krankenhauses auf die Erde, schlägt mit den Fäusten in den Staub. »Mein Juwel! Mein kleines Mädchen!« Eine ältere Schwester rennt außer sich auf und ab. Die Augen schockgeweitet. »Fati ist tot!«, schreien Tanten, Nichten, Schwestern. Sie raufen sich die Haare. »Fati ist tot!« Sie brüllen in die Nacht, sie brächten sich um. Ihr Ehemann Fomba legt Fatmata auf dem Boden ab. Sie atmet noch.

Doch das Nixon Memorial, das ihre Rettung sein soll, bietet Hoffnung nur in geringen Dosen. Stolz auf einem Hügel gelegen, von den britischen Kolonialherren in den fünfziger Jahren errichtet, in der Folge immer weiter ausgebaut, galt es als modernste Klinik der östlichen Landeshälfte. Die Erinnerung daran ist geblieben, mehr nicht. Die Kriegsjahre verwandelten den Bau in eine Ruine, Gras überwucherte das Gelände, und im OP-Trakt von einst nisten die Schlangen. Jetzt operieren sie im Nixon in der früheren Mitarbeiterkantine, das Chirurgiebesteck wird zum Sterilisieren in heißem Wasser abgekocht. Es gibt einen Arzt und eine Hebamme, die sich jedoch um Fatmata nicht kümmern kann. »Ich bin müde«, sagt sie schroff, als sie telefonisch benachrichtigt wird. »Ich habe den ganzen Tag vor lauter Arbeit nichts gegessen. Ich kann nicht kommen.«

Der Himmel öffnet sich, es bricht aus ihm heraus, Regen, der in Bachstärke vom Krankenhausdach schäumt. Blitze erhellen kurzzeitig die unbeleuchteten Innenräume. Fatmata liegt auf der endlich aufgetriebenen Bahre. Der diensthabende Krankenpfleger steht neben ihr und erbittet von der Familie zunächst eine »persönliche Geste«, bevor er sich dem Notfall widmen könne. Er will bestochen werden. Lustlos setzen sich die Schwesternschülerinnen in Bewegung, erstes Ausbildungsjahr, es gibt im Entbindungstrakt zehn von ihnen. Sie rennen nicht, sie schreiten in ihren blauen Uniformen. Fatmata hat eine sogenannte Eklampsie, hochschießenden Blutdruck und Krampfanfälle. In Sierra Leone verläuft diese Krankheit häufig tödlich. Ihr Gehirn wird unterversorgt. Das des Kindes ebenfalls. Sie bräuchte dringend eine Magnesiumsulfat-Injektion, um die Muskeln zu lösen, dazu einen Kaiserschnitt. Sie wird im Kreißsaal auf eine Pritsche gelegt und bekommt stattdessen: nichts.

Die Todesrate im Nixon Memorial ist hoch. Hier starben im Jahr 2009 zwölf von 125 Patientinnen. Am geringsten sind die Überlebenschancen von Frauen, die in der Nacht eingeliefert werden. Der Krankenpfleger überlässt Fatmata den Schwesternschülerinnen, er flirtet mit ihnen, füllt Formulare aus, dann geht er schlafen. Die in Lebensgefahr Schwebende hat er nur einmal kurz angeschaut. »Ich kann euch nicht mehr ertragen«, herrscht eine Schülerin Fatmatas Mutter und ihre Geburtshelferin an und wirft sie aus dem Kreißsaal. Nun gibt es niemanden mehr, der der Schwangeren Aufmerksamkeit schenkt. Der Raum ist erfüllt vom Scherzen, Lachen, Kichern der Auszubildenden – und dem Schreien des Mädchens. »Du darfst nicht so schreien«, tippt eine Schülerin mit der Fingerkuppe auf ihr nacktes Fleisch, »dann wirst du hässlich, hässlich, hässlich«. Wenig später fließt Blut aus Fatmatas Mund.

Die Sehnen heben sich zentimeterdick aus ihrem Hals, der Kopf biegt sich zurück, die Beine strecken sich, dass die Knie knacken. Ein zweiter Anfall, gegen neun Uhr. Die zehn Auszubildenden unterbrechen das Blödeln, jemand weckt den Krankenpfleger. »Schnell«, sagt er. Fatmata hat sich im Krampf in ihre Zunge verbissen, daher das Blut, an dem sie jetzt zu ersticken droht. »Schnell«, sagt er wieder. Jeder Atemzug gurgelt in der Luftröhre. Die Auszubildenden drücken die zuckenden Beine auf die Pritsche. Er zieht endlich eine Spritze mit Magnesiumsulfat auf, schickt eine Schülerin ins Labor, um einen Esslöffel zu holen. Sticht die Nadel in die Hüfte der Starren, lässt die Schülerin mit dem Watte umwickelten Löffelstiel den verbissenen Kiefer aufbrechen. Sie schafft es allein nicht, andere treten hinzu, halten den Kopf, zu dritt, zu viert. Dann gelingt es ihnen, und das Gurgeln wird schwächer, bis es verklingt.

Schweigend sammelt sich die Familie an der Glastür zum Kreißsaal, die ist mit weißer Farbe bestrichen, doch es gibt

Risse. Durch die starren sie, im Stehen, in der Hocke, auf dem Bauch liegend. Fatmatas Mutter drückt ihr Gesicht an das Glas, legt ihre Hände darauf. Marianna Kamara ist unter den Frauen bereits eine Art Kriegsveteranin. Die 40-Jährige hat die Kinderphase lebend überstanden, sechs Geburten, die von Fatmata nur ganz knapp. »Zwei Tage lang«, sagt sie. »Solche Schmerzen.« Doch viele andere um sie herum waren gestorben, Nachbarinnen, Frauen, die sie von der Feldarbeit kannte, erst neulich eine Cousine wieder. Das Kinderkriegen schlägt größere Lücken in die Frauenjahrgänge Sierra Leones, als sie der Krieg in die Reihen der Männer jemals riss.

»Aber nicht Fati«, sagt die Mutter an der Glastür. »Nicht sie.«

Die Krämpfe flauen ab, geben Fatmatas Körper wieder frei. Sie dämmert dahin, glaubt, sie sei zu Hause, in der Hütte in ihrem Dorf. Die Fruchtblase platzt kurz vor Mitternacht. Der Krankenpfleger zieht die Gummihandschuhe an. Er horcht mit dem Hörrohr, das Baby lebt, ist aber noch tief in der Mutter. Die immer erschöpfter wird. Die Wehen werden schwächer. Wieder und wieder krümmt sie sich in den nächsten Stunden auf ihrer Pritsche, bäumt sich auf. Sie schreit längst nicht mehr, sondern wimmert nur. Liegt oft reglos da wie ein Opferlamm auf der Schlachtbank.

»Vielleicht«, sagt der Krankenpfleger gegen 2:40 Uhr, »ist es schon zu spät für das Kind.« Er beugt sich zu Fatmata hinunter und spricht ihr ins Ohr. »Streng dich an. Du kriegst sonst einen Kaiserschnitt. Der wird deine Familie ein Vermögen kosten.« Den Erlös einer ganzen Jahresernte.

Das ist der Grund für die große Leere im Nixon Memorial, die vielen unbelegten Betten. Wie verloren bewegen sich die wenigen Patienten zwischen ihnen. Während draußen die Menschen darben, einfachste Leiden nicht kurieren können, langweilt sich hier das Pflegepersonal. Und so wie hier ist es überall in Sierra Leone. Es gibt Krankenhäuser, aber nur wenige gehen hin. Nur wenige können sie sich leisten. Es muss in bar bezahlt werden, jede Kanüle, jede Handreichung. Die als Notfälle Eingelieferten werden so lange im Krankenhaus gehalten, bis ihre Familie sie auslösen. Im Entbindungstrakt des Nixon Memorial lebt seit über drei Monaten eine Frau mit Säugling, die der Klinik 80 Euro für einen Kaiserschnitt schuldet. Ihr Mann, ein Diamantenschürfer, kam zum letzten Mal vor Wochen vorbei. Sie ernährt sich von Essensresten der Schwesternschülerinnen. »Ich habe daran gedacht, einfach wegzulaufen«, sagt sie. »Aber ich habe Angst vor den Schwestern. Sie würden mich finden.« Deshalb bleiben die Menschen in den Dörfern. Der Tod dort ist günstiger als der hinter Klinikmauern.

Die einzige Ausnahme im Land ist die Klinik der französischen Hilfsorganisation Ärzte ohne Grenzen im Distrikt Bo, vier Autostunden entfernt. Die Behandlung ist kostenlos, die 21 Betten im Entbindungstrakt sind häufig doppelt belegt. Aus allen Landesteilen kommen verzweifelte Frauen. Doch selbst diese letzte Zuflucht ist bald keine mehr. Die Helfer, auf Krisen spezialisiert, ziehen sich in zwei Jahren zurück – wie viele andere Organisationen, die das Land bereits verlassen haben. Denn in Sierra Leone wird seit vielen Jahren nicht mehr gekämpft. Es gilt nicht länger als Krisengebiet.

Unweit des Nixon Memorial steht der Sarg am Altar der methodistischen Kirche, die Trauergemeinde trägt weiß. Es ist der Tag, bevor Fatmata im Kreißsaal mit dem Leben ringt. »Sehr bald werdet ihr an ihrer Stelle sein«, zeigt der Priester auf den aufgebahrten Sarg. Darin liegt die Frau eines hohen Regierungsbeamten. Sie ist mit 37 in der Hauptstadt Freetown während ihrer vierten Schwangerschaft gestorben und wurde von ihrem Mann in ihre Heimat überführt. Er klammert sich an den Sarg, so wie sich die kleinste seiner Töchter an ihn klammert. Sechs ist sie neulich geworden. Sie weicht nicht von seiner Seite. »Ich weiß nicht, wie es jetzt weitergehen soll«, sagt er und klopft weinend auf den Sargdeckel. »Sie hat mich geliebt.« Freunde lösen ihn vom Sarg, und der Priester zitiert Psalm 90,5: »Du löschst sie aus wie einen Traum in der Nacht.« Der vergängliche Mensch. Das ist der einzige Trost, der ihnen in dieser Kirche bleibt.

Das Leben bricht aus Fatmata hervor. Eine letzte Kraftanstrengung drückt den Kopf hinaus, ein letztes Schreien presst die Schultern heraus. Der Krankenpfleger umfasst behutsam den Leib des Babys. Die Uhr im Kreißsaal steht auf 3:47 Uhr.

Es ist ein Mädchen.

Dank an meine Übersetzer

Sie müssten fast immer als Mitautoren über den Reportagen dieses Buches stehen. Sie haben für diese Texte ihr Leben riskiert, oft weit mehr als ich. Sie haben diesen Texten ihren Tonfall gegeben, oft klarer als ich. Sie waren und sind meine Lehrer, kundige leidenschaftliche Führer durch die Kulturen und die politischen Labyrinthe ihrer Länder. Es ist das größte Glück, mit diesen Menschen zu arbeiten. Waheed Masoud, der große Geschichtenerzähler, der wie kein anderer über seinen Schmerz so wundervoll lachen kann, und von ihm hat er so viel. Ich danke Hajooj Kuka für seine unerschöpfliche Poesie, für die er lebt. Ich kenne keinen Menschen, der so viel für die Poesie riskiert. Oh Jin Myong, einer meiner großen Lehrer in schwerem Umfeld. Er begleitet mich nun schon seit 14 Jahren. Nie werde ich seinen Trost vergessen, und ich meine das nicht zynisch: »Das ist immerhin schon was.« Den stolzen Youssif Ismail Al-Timimi, dessen unbändige Wut jetzt hoffentlich im Exil in den USA ihren Frieden gefunden hat. Zayer Hassan, der mich gelehrt hat, was in unserem Beruf Hartnäckigkeit bedeutet. Ich danke Anwar Mohamed schlicht für mein Leben, danke Emad Salem für den Mut, den er 2011 am Kai von Bengasi aufbrachte, nicht mit mir nach Misrata zu fahren. Weil er es seiner Mutter schuldig war. Ich entschuldige mich bei Swetlana Wassiltschenko für all die Zumutungen, danke Maria Stikhina dafür, dass sie sich so oft auf unseren Recherchen überwunden hat. Ich danke Latif, dessen Nachnamen ich nicht nennen darf, für seine große Ruhe, die mir so viel Schutz gibt. Und ich danke Lina. Es sind jetzt sieben Jahre vergangen, seit sie mich in ihrer Wohnung versteckte. Sie riskierte ihr Leben, damit ich berichten konnte. Ich hoffe, das war es wert. So hätte ich jetzt fast geendet. Doch welch schrecklicher hilfloser Satz.